AF341941

CONCEPTION

ET

NATURE JURIDIQUE

DE

QUELQUES ACTES ADMINISTRATIFS

AUTORISATIONS, ACTES D'EXÉCUTIONS, CONCESSIONS

PAR

Jean GUILLOUARD

AVOCAT PRÈS LA COUR D'APPEL DE CAEN

DOCTEUR EN DROIT

PARIS

A. PEDONE, EDITEUR

LIBRAIRE DE LA COUR D'APPEL ET DE L'ORDRE DES AVOCATS

13, RUE SOUFFLOT, 13

1903

CONCEPTION ET NATURE JURIDIQUE

DES ACTES ADMINISTRATIFS

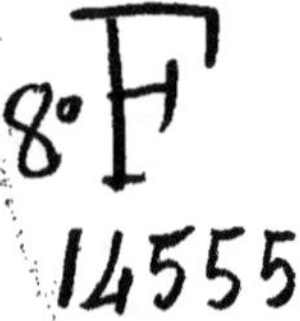

CONCEPTION

ET

NATURE JURIDIQUE

DE

QUELQUES ACTES ADMINISTRATIFS

AUTORISATIONS, ACTES D'EXÉCUTIONS, CONCESSIONS

PAR

Jean GUILLOUARD

AVOCAT PRÈS LA COUR D'APPEL DE CAEN

DOCTEUR EN DROIT

PARIS

A. PEDONE, EDITEUR

LIBRAIRE DE LA COUR D'APPEL ET DE L'ORDRE DES AVOCATS

13, RUE SOUFFLOT, 13

1903

BIBLIOGRAPHIE

Acollas. — Introduction à l'étude du Droit, 1 vol. in-8.

Aguesseau (D'). — L'Institution au Droit public (Œuvres, Paris, 1787, 1868, 13 vol.).

Allart. — Traité des Brevets d'invention, 1 vol. in-8.

— De la propriété des Brevets d'invention et de leur validité, 1 vol. in-8.

Andler.— Les origines du Socialisme d'Etat en Allemagne, Paris 1897, in-8 (Thèse).

André (Maurice). — La sépulture.

Ansaldo. — De Commercio, disc. XXIII.

Armanni. — La riforma del consilio di stato.

Artus. — Séparation des pouvoirs et des fonctions (Revue de Droit public, 1900, t. XIV).

Aschehoug. — Das Staatsrecht des Vereinigten königreiche Schweden und Norwegen.

Aubry et Rau. — Cours de Droit civil français, 3ᵉ édit.

Aucoc. — Conférences sur l'administration et le droit administratif, 3 vol. in-8.

Auger. — (V. Christophle).

Austin. — Lectures ou Jurisprudence, t. I.

Ballot (Ch.). — Du droit d'inhumation dans une propriété privée (Revue pratique du Droit français, V. 136.)

Baron. — Pandekten, Leipzig, 1890.

Barthelemy (Joseph). — Essai d'une théorie des droits subjectifs des administrés dans le droit administratif français, Toulouse, 1899 (Thèse).

Batbie. — Traité de droit public et administratif, Paris, Cotillon, vol. I.

Baudry-Lacantinerie. — Précis de Droit civil, 3ᵉ édit., 1902, 3 vol.

Baudry-Lacantinerie & Hougues-Fourcade. — Traité de Droit civil.

Bazille. — Etudes sur la Juridiction administrative, 1 vol., 1867.

BAZILLE. — Des autorisations de plaider nécessaires aux communes et aux établissements publics, 1878.

— Du refus d'alignement et de l'action en dommages-intérêts pouvant en résulter (Revue générale d'administration, 1883, t. I.)

BECCARIA. — Des délits et des peines, 2ᵉ édit., in-8, 1869.

BÉDARRIDE. — Commentaire des lois sur les brevets d'invention, etc., 3 vol. in-8, 1869.

BENARD. — Le socialisme d'hier et celui d'aujourd'hui.

BENOIST (Charles). — Article dans la Revue des Deux-Mondes du 15 janvier 1902.

BÉQUET. — Répertoire de Droit administratif (passim.).

BERTHÉLEMY. — Traité élémentaire de Droit administratif, 2ᵉ édit., Paris, 1902.

BERTOLINI. — Delle garanzie della legalita in ordine alla funzione amministrativa, Rome 1890.

BEUDANT. — Le Droit individuel et l'Etat.

— Introduction à l'Etude du Droit, Paris, 1891.

BINDING. — Die Gründung des norddeutschen Bundes.

BLACKSTONE. — Commentaries of the law of England London, 1803, 4 vol.

BLANCHE. — Etudes pratiques sur le Code pénal, t. VII.

BLANCHE. — Dictionnaire général d'admiuistration (et supplément, passim).

BLOCK. — Dictionnaire de l'administration française, Paris, 4ᵉ édit, Paris, 1896.

BLUNTSCHLI. — Allgemeines Staatsrecht, 1851.

— Le Droit public général, Traduction Riedmatten, 1885.

— die Lehre von modernen Staat.

BONASI. — Della responsabilità penale e civile du ministri et degli ufficiali pubblici, Bologne, 1874.

BORELLI. — Studi filosofico-sociali, Roma, 1881 (Dissertazione, 2ª appunti sociali sul matrimonio e sulla familia).

BOUCHENÉ-LEFER. — Principes et notions élémeutaires du droit public-administratif, Paris, 1862.

— Quel est le véritable objet du droit administratif ? (Revue pratique du droit français, t. XVI).

BORGATTI. — Il matrimonio civile e il matrimonio ecclesiastico, Firenze, 1874.

BOURBEAU. — De la Justice de Paix, Compétence et procédure civile, 1862, Paris.

Boutmy. — Etudes de droit constitutionnel, 2ᵉ édit.

Bozérian. — Journal de la propriété industrielle (passim).

Braulde. — (V. Rigault).

Brémond. — Traité théorique et pratique de la compétence administrative, 1 vol., Paris, 1894.

Brouckère (de) & Tielemans. — Dictionnaire administratif, voir Concession.

Bulletin de la Société d'Etudes législatives. 1ʳᵉ année, article de M. Michoud, 1901-02.

Bulow (O.). — Das Gestandnisrecht.

Cabantous & Liégeois. — Répétitions écrites sur le droit administratif.

Cammeo. — I monopoli communali (Archivio giuridicho, t. 54, 55, 56).

Cauwès. — Cours d'économie politique, 3ᵉ édit., Paris 1893, 4 vol.

Chauveau & Tambour. — Code d'instruction administrative, 5ᵉ édit., 1877, 2 vol. in-8.

Championnière. — Du droit des riverains à la propriété des eaux courantes, sous l'ancien régime et sous le nouveau.

Chante-Grellet & Pichat. — Répertoire du droit administratif (passim).

Chareyre. — Des inhumations, des lieux de sépulture, des exhumations, des violations de tombeaux, Paris, 1884, in-8 (Thèse).

Chauveau. — Journal du Droit administratif, 1875.

Christophle & Auger. — Traité théorique et pratique des travaux publics, 2ᵉ édit., 2 vol. in-8, 1889-90.

Constant. — Code des établissements industriels classés, ateliers dangereux, insalubres ou incommodes.

Contuzzi. — Diritto internazionale publico, Milano, Hœpli, 1889.

— Diritto costituzionale.

Cormenin. — Droit administratif, 1840.

Cotelle. — Cours de Droit administratif appliqué aux travaux publics. Paris, 1859-62.

Courcelle. — Répertoire de police (au mot Sépulture).

Curcio. — Lettere sub Codice civile, Bologna, 1866.

Dalloz. — Répertoire de législation et de jurisprudence.

Dareste. — La justice administrative en France, 1 vol. in-8, 1898, Paris.

Daviel. — Traité de la législation et de la Pratique des Cours d'eau, 3ᵉ édit., 3 vol.

Dejamme. — Les droits de stationnement sur le domaine public (article dans la Revue générale d'administration, 1886, t. II).

Delallau. — Expropriation, vol. I.

Delamarre. — Traité de la Police, Paris, 1715.

Delanney. — De l'Alignement, Jurisprudence et Pratique administrative, Paris, 1892.

Delorme. — (V. Rendu).

Derouin & Worms. — Des autorisations de plaider nécessaires aux communes et aux établissements publics, 1 vol., 1891.

Demante & Colmet de Santerre. — Cours analytique du droit civil, 1881-96 (9 vol. in-8).

Desjardins (Arthur). — De la liberté politique dans l'état moderne, Paris, 1894.

Dieudonné. — Manuel de Droit administratif, 1 vol. in-18.

Devoti. — Instituziones Canonicae.

Ducrocq. — Etudes sur la loi municipale du 5 avril 1884, in-8, 1886.
— Cours de droit administratif, 7e édit., Paris 1897, 5 vol.
— La personnalité civile en France du Saint-Siège (Revue générale du Droit, 1894).
— De la personnalité civile de l'Etat, etc., Paris, 1894.

Dufour. — Traité général de Droit administratif appliqué, Paris, 1854 (7 vol.).
— Supplément par M. Taudière, Paris 1900 (4 vol.).

Duguit. — L'Etat, le Droit objectif et la Loi positive, Paris, 1901.
— Les fonctions juridiques de l'Etat moderne (v. Revue internationale de sociologie, mars 1894).

Duvergier. — Lois annotées (passim).

Fauveau. — Des monopoles naturels (Journal des Economistes, 4e série, tome I).

Fay. — Les cimetières et la police des sépultures.
— Traité pratique de législation, 2e édit., in-8, 1890.

Féraud-Giraud. — Servitudes de voirie, 2 vol. in-8, 1850.
— Traité de la grande voirie et de la voirie urbaine, 1865, 1 vol. in-12.

Filomusi-Guelfi. — Enciclopedia giuridica, Napoli, Jovene, 1885.
— Recensione all'opera di G. Franceschelli, etc. (Rivista per la scienze giuridiche, vol. XIII, fasc. I).

Fontaneau. — Des actions exercées par ou contre les communes, 1888.

Forni. — (V. Malapert).

Foucart. — Eléments de droit public et administratif, 4e édit., 1856, 3 vol. in-8.

Fouillée. — Psychologie du peuple français.

Foxwell — Du développement des monopoles dans leurs rapports avec les fonctions de l'Etat, (Revue d'économie politique, 1889).

Fremy-Ligneville & Perriquet. — Traité de la Législation des Bâtiments et Constructions, comprenant les règles en matière de devis et marchés, etc., 2 vol. in-8.

Fur (Le). — Etat fédéral et confédération d'Etats, Paris 1896 (Thèse).

Gandilhon. — (V. Laband).

Gareis. — Allgemeines Staatsrecht (Recueil de droit public de Marquadsen, 1884, 1ʳᵉ édit. I).

Garnier. — Traité des rivières et cours d'eau.

Gaupp. — Wurttembergisches Staatsrecht (Recueil de Droit public de Marquadsen, 1ʳᵉ édit., 1884).

Gaudry. — Traité du Domaine, 1862, 3 vol. in-8.

Gautier. — Précis des matières administratives dans leurs rapports avec les matières civiles et judiciaires, 1880, 1 vol. in-8.

Gianzana. — Note dans le Foro Italico, 1880, I.

— Le acque nel diritto italiano, Turin, 1879, vol. I.

Gerber (Von). — Grundzüge des deutschen staatsrechts, 3ᵉ édit., 1880, Leipzig.

— Uber öffentliche Rechte.

Gide. — Principes d'Economie Politique, Paris, 1899.

Gierke. — Die Grundbegriffe des Staats und die neusten Staats Rechtstheorien, dans : Zeitschrift fur die gesammte Staatswissenschaft, tome XXX, l'article : Die Grundbegriffe des Staats und die neusten Staats Rechtstheorien. Die Genossenschafts Theorie und die deutsche Rechtsprechung, Berlin, 1887.

Gillon & Stourm. — Traité de la grande voirie, etc., 1836, in-12.

Gillon & Villepin. — Nouveau Code des Chasses, 1851, 1 vol. in-8.

Gioannis-Gianquinto (De). — Corso di diritto publico, amministrativo I, (1877).

Giorgi. — La dottrina delle persone giuridiche, Firenze, Cammelli, vol. III (1892), vol. IV (1894).

Giraudeau, Lelièvre & Soudée. — La chasse suivie de la louveterie, le droit sur le gibier, la responsabilité des chasseurs, 1 vol., Paris 1882.

Glasson. — Eléments du Droit français, Paris, 2 vol., 1883.

Gluth. — Genehmigung und subjectives Recht (Archiv für offentliches Recht, III).

Goodnow. — Comparative administrative law. Londres, 1893.

Gonner. — Der Staatsdienst aus den Gesichtspuncten des Rechts und der Nationalœkonomie betrachtet (1808).

Gravina. — Instituzione juris receptionis, titre I.

Grivaz. — La question des Eglises de Savoie et la théorie des droits acquis (Revue Pillet, Septembre-Octobre 1897).

Grivellé (Prosper). — De la distinction des actes d'autorité, des actes de gestion, Thèse, Paris, 1901.

Guillouard (Jean). — De l'état de nécessité et du délit nécessaire, Caen, 1902.

Guillouard (L.). — Traité du contrat de louage, 3ᵉ édit., 2 vol. in-8, 1891.

— Traité des privilèges et hypothèques, 4 vol. in-8, 1897-99.

Haenel. — Studien zum deutschen Staatsrechte, Leipzig, 1873.

Halevy. — Handworterbuch des Staatswissenschaften, Iéna, 1891, vol. II.

Hauriou. — Précis de Droit public et administratif, 1 vol. in-8, 4ᵉ édit.

— La gestion administrative (Etude théorique de Droit administratif, Paris, 1899).

— La science sociale traditionnelle, Paris, 1896.

Henrion de Pansey. — Du pouvoir municipal, in-8.

Heusler. — Rechtsgutachten über die rechtliche Natur der Eisenbahn-concession, 1877.

Holzendorff. — Encyclopadie der Rechtwissenschaft (5ᵉ édit., Leipzig. passim).

Humboldt. — Essai sur les limites de l'action de l'Etat.

Isambert. — Traité de la Voirie urbaine, 2ᵉ édit., 1851.

Jacquelin. — Les principes dominants du contentieux administratif, Paris, 1899.

— Une conception d'ensemble du droit administratif, Paris, 1899.

Jellinek. — Staatenverbindungen, Vienne, 1882.

— System der öffentlichen subjectiven Rechte. Fribourg, 1892.

Jèze. — Notions sur le contrôle des délibérations des assemblées délibérantes (Revue générale d'administration, 1895).

Jhering. — L'esprit du droit romain ; traduction Meulenaere, Paris, 1880.

Kammerer. — La fonction publique d'après la législation allemande, Paris, 1898 (Thèse).

KLÜBER. — Oeffentliches Recht des deutschen Bundes.

KOCH. — Deutschland Eisenbahnen, Versuch einer systematischen Dar-
Stellung der Rechtsverhältnisse, 1860, II.

LABAND. — Das Staatsrecht des deutschen Reichs, Tübingen, Mohr,
Laupp, 1878, vol. II.

— Le même ouvrage, traduction Gandilhon, 1900-01 (4 vol.).

LAFERRIÈRE. — Traité de la Juridiction administrative et des recours
contentieux. 2ᵉ édit., 1896.

LARNAUDE. — (Article dans le Bulletin de la Société de législation comparée, année 1902, p. 176 et suiv.),

LAURENT. — Droit civil international.

LEBLOND. — Code de la Chasse et de la Louveterie, 1878, 2 vol. in-8.

LECHALAS. — Manuel de Droit administratif. Service des Ponts et chaussées, 2 vol. in-8, 1888-98.

LEFEBVRE. — Le mariage civil n'est-il qu'un contrat ? Paris, 1902.

LEUTHOLD. — Konigl. Sachs. Verwaltungsrecht, 1878.

— Hirth's Annalen, 1884.

LEROY-BEAULIEU. — Précis d'économie politique, Paris, 1896.

— L'Etat moderne et ses fonctions, Paris, 1890.

LE MASNE (Ludovic). — Occupation temporaire du domaine public,
Grenoble, 1900, in-8 (Thèse).

LOCKE. — Essay on Civil government.

LOMONACO. — Instituzioni di diritto civile, Napoli, Jovene, 1883,
vol. I.

LONGO. — Li odierne difficulta del diritto amministrativo (Archivio giuridico, XLIII, 1892).

LÓNING. — Lehrbuch des deutchen Verwaltungsrechts. Leipsig, Breitkop
und Hartel, 1884, § 1, p.

— Die Haftung des Staates ausrechtwidrigen Handlungen seiner
Beamten, 1879.

LOYSEAU. — Cinq livres du Droit des offices, Châteaudun, 1610.

MALAPERT & FORNI. — Nouveau commentaire des lois sur les Brevets
d'invention, 1 vol. in-8, 1879.

MALON. — Le Socialisme intégral.

MALGARINI. — Della liberta civile nella constituzione moderna.

MANTELLINI. — Lo stato e il codice civile, Firenze, Barbera, 1882.

MARCADÉ. — Explication théorique et pratique du Code Napoléon,
13 vol. in-8.

Marie (Jean). — Eléments de droit administratif, Paris, 1890.

Marie (Léon). — De l'avenir du recours pour excès de pouvoir en matière administrative, Paris, 1901.

Marquadsen. — Handbuch des offentlichen Rechts, vol. II, Freiburg, Tübingen, Mohr, 1883.

Mayer. — Grundsatze des Verwaltungsrechtes, Tübingen, Laupp, 1862.

Mazzocolo. — La riforma del Consiglio de Stato.

Meili. — Zeitschrift für Handelsrecht, XXIV.

Meucci. — Istituzioni di diritto amministr. Torino, Bocca, 1892, p. 3.

Meyer (O.). — Das Verwaltungsrecht (Encyclopadie der Rechts Wissenschaft von Holtzendorff, Leipsig, 1882, vol. 1. Abschluss von Staatsvertragen).

Meyer (F.). — Lehrbuch des Deutschen Verwaltungsrecht, Leipsig. Duncher et Humblot, 1883, 2 vol.

Meyer (G.). — Lehrbuch des deutschen Staatsrecht, Leipsig, 4e édit. 1895.

Michoud. — De la responsabilité de l'Etat à raison des fautes de ses agents (V. Revue du Droit public et de la Science politique, 1895, I et II).

— Responsabilité des communes.

Michel (Henry). — L'idée de l'Etat, Paris, 1894. (Thèse).

Miriel (Emile). — Des rapports des municipalités et du pouvoir central en matière de police, Paris, 1897 (Thèse).

Mohl. — Württembergisches Staatsrechts, 1843.

— Polizei Wissenschaft, 1886.

— Encyclopaedic der Staatswissenschaften, 2e édit., Tübingen, 1872.

Molinari (de). — Cours d'Economie politique, 2e édit.

Monteil. — De la domanialité publique. Etude historique et juridique, Paris, 1902 (Thèse).

Montesquieu. — De l'esprit des lois, 1 vol. 18.

— Lettres persanes.

Morgand. — La loi municipale, 5e édit., 1896, 2 vol. in-8.

Moullart. — Traité de Droit français privé et public, 2e édit., 1886.

Neumann. — Hirth's Annalen (année 1888).

Nézard. — Théorie juridique de la fonction publique, Paris, 1901 (Thèse).

Nouguier. — Des brevets d'invention et de la contrefaçon, 2e édit., 1858.

Orlando. — Principii di diritto amministrativo. Firenza, Barbera, 1891. Diritto amministrativo e scienza dell' amministrazione.

ORLANDO. — Guarentigie della libertà Diritto costituzionale (Archivio giuridico, XXXVIII, fasc. 5 et 6).

PACIFICI-MAZZONI. — Istit. di diritto civile, vol. II.

PALMA. — Corso di diritto costituzionale, Firenze, Pellas, 1882, vol. III.

PARDESSUS. — Traité des servitudes ou services fonciers, 8e édit., 2 vol. in-8.

PELATANT. — De l'organisation de la police (Etude historique, théorique et pratique, Dijon, 1899 (Thèse).

PELLETIER (Michel). — Manuel de droit commercial (passim).

PERRIQUET. — (V. Fremy-Ligneville).

— Contrats de l'Etat, Concessions de mines, de propriétés, Concessions sur les cours d'eau, etc., 1 vol. in-8.

PERSICO. — Principii di directo amministrativo. Napoli, Marghieri, 1890, vol. 1 et 2.

PICARD (Edmond). — Le Droit pur, Bruxelles, 1899.

PICARD. — Traité des eaux, Droit et administration, 5 vol. in-8, 1896.

— Traité des chemins de fer, 4 vol. in-8, 1887.

PICHAT. — (V. Chante-Grellet).

PILON. — Monopoles communaux, Caen, 1898 (Thèse).

PIRRO (DE). — Della Enfiteusi. Lanciano, Caratta, 1892.

PISANELLI (Codacci). — Le azioni popolari.

PLANIOL. — Traité élémentaire de droit civil, Paris, 1901.

PORRINI. — La giurisdizione d'annulamento (Archivio giuridico, 1892).

POSADA. — Tratado de derecho amministrativo (Madrid, 1897-98, 2 vol.)

POUILLET. — Traité théorique et pratique des brevets d'invention et de la contrefaçon, Paris, 1899.

PORRINI. — La giurisdizione d'annulamento (archivio giuridicho, 1892).

PRADIER-FODÉRÉ. — Droit administratif (7e édit. Paris, 1872).

PRAZAK. — Archiv. für offentliches Rechte, IV.

PROUD'HON. — Traité du Domaine public, 5 vol., Paris, 1844.

RANELETTI. — Theoria generale delle autorizzazioni e concessioni amministrative; I, concetto e natura, II, Capacita e Volonta, III, Facolta da esse create, Torino, 1894, 1897.

— A proposito di una questione di competenza della sezione del Consiglio di Stato, Avezzano, 1892.

RAU. — (V. Aubry).

RAU. — Ueber Begriff und Wesen der Polizei (Zeitschrift für die gesammte Staatswissenschaft, vol. IX).

Recy (De). — Traité du Domaine public, 2 vol. in-8, 1874.

Recueil de droit public de Marquadsen (année 1884, art. de Gaupp), (année 1884, art. de Gareis); (année 1894, tome III. art. de Stengel).

Regray. — Des faits de jouissance privative dont le domaine public est susceptible (Thèse), Paris, 1900.

Rehm (H.). — Die Rechtliche Natur der Gemerbskoncession, Munich, 1889.

Renouard. — Traité des brevets d'invention, Paris, 1865.

Reverchon. — Des autorisations de plaider nécessaires aux communes, etc., 1853, in-8.

Revue des concessions départementales et communales, fasc. 1 à 10 (passim).

Revue du Droit public et de la Science publique (1895, II), article de M. Michoud (année 1900, t. XIV, article de M. Artus).

Revue pratique du Droit français, (article de Ballot : Du droit d'inhumation dans une propriété privée, t. V).

Revue générale d'administration (article de M. Bazille, 1883, t. I; article de M. Dejamme, 1886, t. II).

Revue générale du droit (année 1994, article de M. Ducrocq).

Revue internationale de sociologie (mars 1894, article de M. Duguit).

Revue d'économie politique (1889, article de Foxwell).

Revue administrative du culte catholique (passim).

Reyscher. — Zeitschrift für deutches Recht, XIII.

Rhem. — Die rechtliche Natur des Staatsdienstes nach deutschem Staatsrecht (Annalen des deutschen Reiches. Munich, 1884).

Rigauld & Maulde. — Dictionnaire d'Administration municipale. Voir Etablissements insalubres.

— Dictionnaire d'Administration municipale, (passim).

Roguin. — La Règle de Droit, in-8, 1889.

Roscher. — Grundlagen der National-Oekonomie.

Rœsler. — Deutsches Verwaltungsrechts.

Rönne (Von). — Das Staatsrecht der Preussischen Monarchie, 4e édit., Berlin, 1883.

Rosler. — Sociales Verwaltungsrecht, t. I.

Rosin. — Das Polizeiverordnungsrecht in Preussen, 1882.

Saleilles (R.). — Essai d'une théorie de l'obligation, d'après le projet de code civil allemand, Paris 1900,

Sarwey. — Das öffentliche Recht und die Verwaltungsrechtspflege, Tübingen, 1880.

Schmithenner. — 12 Bücher vom Staat, III, 1845.

Schulze. — Das preussische Staatsrecht, vol. II, Lipsia, 1877.

Seignobos. — Histoire politique de l'Europe contemporaine (ch. XXIV).

Serafini. — Istituzioni di diritto romano, Firenze, Pellas, 1881.

Serrigny. — Compétence administrative.

Seuffert. — Von dem Verhältniss des Staats und der Diener des Staats gegeneinander im rechtlichen und politischen Verstande, 1793.

Seydel. — Allgemeine Staatslehre.

— Baierisches Staatsrecht, 2ᵉ édit., Munich, 1896.

— Grundzüge einer allgemeinen Staatslehre, 1873.

Simonet. — Traité Elémentaire de Droit public et administratif, Paris, 1897.

Sirey. — Lois annotées.

Sollier. — Dictionnaire du Timbre et de l'Enregistrement en ce qui concerne les Actes administratifs, in-8, 1896.

Soudée. — (V. Giraudeau).

Spencer. — Principes de Sociologie (trad. Cazelles, Paris, 1878-87).

— L'individu contre l'Etat (trad. Gerschel, Paris, 1885).

Stahl. — Philosophie des Rechts (II).

— Staats-und Rechtslehre.

Stammhanmer. — Bibliographie de Sozialismus, 1895.

Stein. — Verwaltungslehre, Stuttgart, 1888, 3ᵉ édit.

— Handbuch der Verwaltungslehre.

— Lehrbuch des deutschen Finanwissenschaft, 2° édit.

Stengel. — Begriff, Umfang, und System des Verwaltungsrechts, (Zeitschrifft für die gesammte Staatswissenschaft, vol. XXXVIII).

— Lehrbuch des deutschen Verwaltungsrecht.

— Staatsrecht der konigreichs Preussen (Recueil de Marquadsen, 1894, t. III, 2ᵉ édit.

Stourm. — (V. Gillon).

Taudière. — (V. Dufour).

Tavernier. — (V. Bulletin de la Société d'Etudes législatives).

Tielemans. — (V. de Brouckère).

Tiepolo. — Le acque pubbliche nella legislazione italiana, Torino, 1889.

— La giustizia amministrativa e il dicentremento, dans la Giustizia amministrativa, IIIᵒ année, fasc. 13-17.

Toutain (R.). — Des Autorisations et des Contrats portant concession d'éclairage, etc. (Revue générale d'administration, 1882).

Ulbrich. — Lehrbuch des österreichischen Staatsrechts, Berlin, 1882.
— Rechtsbegriff der Verwaltung (Zeitschrifft für das. Privat-und offentliche Recht der gegenwart, vol. IX).

Vangerow. — Lehrbuch der Pandekten, Leipsig, 1867.
Vareilles-Sommières (Marquis de). — Les Lois d'Ordre public et de la Dérogation aux lois, Paris, Cotillon, 1899.
Villey. — Principes d'Economie politique, Paris, 1894.
— Du rôle de l'Etat dans l'ordre économique, Paris, 1882.
Vita-Levi. — Delle locazioni di opere e piu specialmentè degli appalti, Turin, Union-typ., 1876.

Wach. — Handbuch des deutschen Civilprocesrechts, I.
Weiss. — Pandectes françaises (v. Domaine et passim), Paris, 1897.
Weisz. — System des deutschen Staatsrechts (1843).
Wodon. — Traité des choses publiques en général et des droits qui en dérivent, Bruxelles, Bruyland et Christophe, 1870.
Wolff. — Jus naturale (t. VIII).
Worms. — (V. Derouin).
Worms (René). — De la volonté unilatérale considérée comme source d'obligation, Paris, 1901 (Thèse).
Windscheid. — Lehrbuch des Pandektenrechts, Lipsia, 1887.
— Die actio des romischen civilrechts, etc., Dusseldorf, 1857.

Zachariae. — Deutsches Staat-und Bundesrecht, II.
Zimmermann. — Deutche Polizei in 19 Jahrhundert, I.
Zöpfl. — Grundsatze des Allgemeinen und deutschen Staatsrechts, I.
Zorn. — Das Staatsrecht des deutschen Reicht, 1880, vol. 1.

INTRODUCTION

Déterminer la nature juridique d'un acte, c'est établir
la place qu'une manifestation de l'activité humaine occupe
dans le domaine du droit; cette mission, toujours délicate en soi, est rendue plus difficile encore, lorsque les
limites de ce domaine sont mal définies; il en est malheureusement ainsi du droit administratif. S'il est établi que
le droit administratif est une branche du droit public (1),

(1) V. Aucoc, *Conférences sur l'administration et le Droit administratif,* t. I, n° 4, p. 9. Marcadé, t. I, p. 27. Demante et Colmet de
Santerre, p. 6. Massé et Vergé, t. I, p. 4. Moullart, *Droit français
public et privé,* p. 9. Boileux, t. I. Introduction, p. xxxvii. Aubry et
Rau, t. I, §§ 2 et 48. Dieudonné, *Manuel de Droit administratif,* p. 1
et suiv. Pradier-Fodéré, t. I, p. 28. Ducrocq, *Cours de Droit administratif* (5ᵉ édit.), t. I, p. 2 et suiv. Batbie, *Droit public et administratif,*
t. II, p. 4. Cabantous et Liégeois, *Répétitions écrites sur le Droit administratif,* n° 3. Laferrière, *La Juridiction administrative,* t. I, p. 5.
Acollas, t. I. Introduction, p. xii et suiv. Berthélemy, *Traité élémentaire de Droit administratif,* p. 2. Hauriou, *Précis de Droit administratif,* p. 242 et suiv.

La délimitation dans l'ancien Droit était beaucoup moins nettement
établie : voir d'Aguesseau, *Institutions au Droit public.* Montesquieu,
Lettres persanes (lettres 95 et 96); *Esprit des Lois,* liv. X, ch. III. Le
premier distingue le Droit public extérieur du Droit public intérieur et
sa définition du Droit public extérieur est très restreinte : pour Montesquieu, le Droit public désigne souvent le Droit international. En sens
inverse, Domat déclare que le Droit public contient les matières qui se
rapportent à l'ordre général d'un Etat « et les règles des fonctions et des
devoirs de toutes sortes de professions par rapport à cet ordre »; pour
Domat, une confusion s'établit entre les vrais éléments du Droit public

avec lequel il ne se confond pas, l'accord n'est pas encore complètement fait sur l'extension qu'il convient de donner à son domaine.

Deux courants très distincts peuvent être observés ; tandis que d'une part, l'étude du droit administratif est restreinte à la seule administration interne, (1) considérée comme

et les lois commerciales et de procédure civile : comme M. Ducrocq l'explique, cette confusion a pour cause l'absence du principe de la séparation des pouvoirs et des autorités. — V. encore Merlin faisant rentrer dans le Droit public particulier nombre d'objets qui font essentiellement partie du Droit administratif proprement dit. (V. Foucart, *Eléments de Droit public et administratif*, t. I, p. 14. Cabantous et Liégeois, *op. cit.*, n° 2. Aucoc, *op. cit.*, p. 9, n° 3. Ducrocq (5ᵉ édit.), t. I, n° 2. Boileux, (*loc. cit.*). Conf. Pandectes françaises. Répertoire au mot *Droit administratif*, nᵒˢ 225 et suiv. — V. Bluntschli : *Le Droit public général*, traduction Riedmatten, 1885, ch. II : « Le Droit public proprement dit se distingue enfin du Droit administratif, comme la politique ou le gouvernement se distingue de l'administration. *La différence n'est pas tranchée* et se fonde moins sur l'essence des choses que sur des raisons de méthode ». — Malgré quelques divergences isolées, l'on peut dire aujourd'hui que tout conflit a cessé sur le sens respectif des mots : Droit public, Droit administratif. La première expression est compréhensive de la seconde ; la première n'est qu'un terme général sous lequel se classent, en plus du Droit administratif, le Droit constitutionnel, le Droit des gens, et pour certains esprits, car la question est controversée, le Droit criminel, au moins pour les crimes et délits autres que ceux commis contre les particuliers.

(1) Voir Stein, *Verwaltungslehre*, II, p. 46 et suiv. et *Handbuch der Verwaltungslehre*, p. 43 et 100. V. Meyer, *das Verwaltungsrecht, Encyclopädie der Rechtwissenschaft von Holtzendorff*, Leipzig, 1882, vol. I, p. 1089. V. encore Lœning, *Lehrbuch der deutschen Verwaltungsrechts*, Leipzig, Druch und Verlag, *von Breitkopf und Härtel*, 1884, § 1. *Verwaltung und Verwaltungsrechts*, p. 3 et § 48, p. 225. Il existe cependant entre ces auteurs une divergence : à part Lœning, les autorités ci-indiquées voient dans l'administration interne cette activité de l'Etat qui offre à l'individu les conditions de son développement, développement que par ses propres forces l'individu n'eut pu atteindre tout entier. Lœning s'élève contre cette conception, soutenant que l'activité

l'ensemble des actes publics qui ont pour fin immédiate et directe la satisfaction des intérêts de la collectivité, — et par là même tout ce qui concerne l'administration des affaires extérieures, l'administration militaire et l'administration financière sont laissées de côté, — d'autre part, pour une école opposée, la notion du droit administratif comporte l'étude de ces diverses administrations.

Peut-être, est-ce surtout dans l'administration interne proprement dite que l'activité de l'Etat se développe le plus : cependant la théorie qui semble dominer en France (1) et même à l'étranger (2) fait rentrer l'étude de l'administration

de l'Etat doit se manifester dans un sens conforme non aux intérêts de l'individu, mais de l'agregat social.— Voir encore Meyer, *Lehrbuch des deutschen Verwaltungsrechts (Zeitschrift für die gesammste staatswissenschaft*, vol. XXXVIII, p. 232 et suiv.). Il la conçoit comme l'activité de l'Etat qui se développe dans la société. Consulter encore Rœsler, *Deutsches Verwaltungsrechts*, § I, p. 1 et suiv. qui parle de l'administration sociale au lieu et place de l'administration interne. V. sur cette définition Bouchené-Lefer : *Quel est le véritable objet du Droit administratif. Revue pratique*, 1864, t. XVII, p. 105. On peut encore utilement consulter sur ce point, c'est-à-dire sur le domaine du Droit administratif, Orlando : *Principii di diritto amministrativo*, Firenze, Barbera, 1891, p. 10 et suiv., p. 15 et suiv., not. p. 53, p. 41, nᵒˢ 410 et suiv., p. 237 et suiv. Conf. le remarquable ouvrage de M. le professeur Oreste Raneletti, que nous aurons souvent occasion de citer dans les développements qui suivront : *Teoria generale delle autorizzazioni è concessioni amministrative*, 1ʳᵉ partie. Concetto e natura. — Unione tipografico, p. 4 et suiv. V. les notes.

(1) Voir Aucoc, *op. cit.*, p. 20, Ducrocq, 7ᵉ édit. Berthélemy, *op. cit.* p. 1 et suiv. Marie, *Eléments de Droit administratif*, Larose, 1890, p. 5 et suiv. Hauriou, *op. cit.*, p. 235 et suiv., etc.

(2) Voir Edmond Picard, *Le Droit pur*, Bruxelles, 1899, p. 147 et suiv. Laband, *Le Droit public de l'Empire allemand*, traduction Gandilhon, Giard et Brière, 1901. T. II, p. 513. Meyer, *op. et vol. cit.*, II, 1885. Persico, *Principii di diritto amministrativo*, Naples, Marghieri, 1890, vol. I et II. Meucci, *Istituzioni di diritto amministrativo*, Turin, Bocca,

financière et de l'administration militaire dans celle du droit administratif ; quant à l'administration des affaires extérieures, bien que par certains côtés, elle nous appartienne, la doctrine dominante l'a complètement détachée du droit administratif.

Pour graves qu'elles soient, ces difficultés sont loin d'être insurmontables : on peut toujours, avec vraisemblance, délimiter le domaine du droit administratif ; et, malgré quelques divergences qui se produisent, surtout dans la doctrine étrangère, nous sommes en mesure d'affirmer que sur ce point l'accord est fait.

1892, p. 3 et p. 576-581. De Gioannis Gianquinto, *Corso di diritto publico amministrativo,* I (1877), § 45, p. 20 et suiv. Ces auteurs en détachent la partie de l'administration des affaires intérieures qui forme l'objet du droit international public. Quant à Contuzzi, *Diritto internationale publico,* Milan, Hœpli 1889, capo VI, dont l'opinion résume assez bien l'opinion qui prévaut en Italie et même en France, il fait rentrer dans le droit international public tout ce qui concerne les agents diplomatiques : il ne réserve pour le droit administratif que ce qui concerne l'administration centrale (ministères). Meyer, *op. cit.* (vol. II), au contraire, fait rentrer la nomination de tous les fonctionnaires diplomatiques dans le Droit administratif. Peut-être, cette conception est-elle plus logique, car toutes les règles du droit administratif, en ce qui concerne la nomination de ces fonctionnaires et leurs rapports avec l'administration publique, trouvent ici leur application. Toujours est-il que la Science française et la Science italienne, pour des raisons pédagogiques et de méthode, n'adoptent pas cette manière de voir qui, nous le répétons, serait peut-être plus rationnelle.

Signalons enfin, et cela seulement pour montrer combien, en ces points fondamentaux, toutes les questions sont controversées, une autre difficulté. Le droit administratif étudie-t-il seulement l'*activité juridique ?* ou l'*activité sociale ?* De quelle manière doit-il effectuer cette étude ? La réponse fournit la base de la controverse qui s'établit entre le droit administratif et la Science de l'administration. V. Orlando. *Diritto amministrativo e Scienza dell' amministratione* (*Archivio Giuridico,* XXXVIII, fasc. 5, 6), et *op. cit.,* n° 23 et suiv., p. 23-43.

Mais, ce qui rend très délicat de dire quelle est la nature juridique d'un acte, c'est, comme nous l'avons fait remarquer, qu'une telle mission a pour but de classer une manifestation de l'activité humaine : ce qui suppose une classification préalable : or, en France, cette classification n'a pas été effectuée ; en Italie non plus ; l'Allemagne seule (1) peut se vanter d'avoir réuni sous des principes généraux et insuffisants d'ailleurs, ainsi que nous aurons, dans la suite, occasion de le voir, ces manifestations de l'activité des êtres publics.

Et, à supposer qu'elle existe, il est impossible de parler de la classification des actes dont l'ensemble constitue une branche de la science du droit, sans savoir quelles sont au juste les limites du domaine dans lequel se rencontrent ces actes : et c'est pourquoi nous avons cru nécessaire de dire, d'un mot, les controverses qui se sont élevées et dont toutes ne sont pas tranchées sur les principes fondamentaux du droit administratif. Mais, nous le répétons, il y a ici une lacune.

De cette lacune, on peut être, à première vue, d'autant plus surpris qu'elle est isolée, en ce sens que dans le droit privé, tout monument juridique, si élémentaire qu'il soit (2), contient l'indication des principes généraux, qui trouve-

(1) V. Lœning, *op. cit.*, § 48, p. 225 et suiv. : Dans son livre II, *Activité de l'Administration,* sous la rubrique *Génération de la volonté de l'Etat,* il classe les manifestations de cette volonté en quatre catégories : Verwaltungsgesetze, Verordnungen, Verfügüngen et Staatsrechtliche Vertrage. Nous reverrons plus tard cette classification et sa valeur. Nous n'avons ici qu'à la signaler. V. encore Meyer, *op. cit.*, I, § 8, p. 23 et suiv., § 18 et suiv., p. 57 et suiv.

(2) Nous nous contenterons de citer la *Précis de Droit civil* de M. Baudry-Lacantinerie, 8ᵉ édit., § 1, 1902, p. 53 et suiv. Planiol, *Traité élémentaire de Droit civil*, Paris, 1901, t. I, p. 107 et suiv.

ront leur application dans chaque acte, examiné isolément.

Cependant, cette différence s'explique. Les relations humaines, consacrées par le droit privé, supposent l'égalité entre les divers sujets de droit : l'être public, au contraire, tantôt armé, tantôt dépourvu de pouvoirs extraordinaires, ne saurait être l'objet d'un même traitement suivant qu'il est dépositaire de la souveraineté, qu'il impose un ordre à un subordonné ou suivant qu'il agit à l'instar d'un particulier. De là, la distinction toute naturelle et qui s'impose entre les actes de puissance publique et les actes de gestion. Cette distinction n'est pas aussi simple qu'on pourrait le croire, car elle est loin d'être nette, et la ligne de démarcation ne s'aperçoit pas toujours clairement. Le criterium n'est pas encore trouvé (1).

Il n'est pas sans intérêt de faire de telles distinctions, car lorsque des difficultés s'élèvent au sujet de ces actes, le contentieux n'est pas le même, et cela va de soi. Or, s'il est des manifestations de l'activité des êtres publics au sujet desquelles il ne puisse y avoir aucun doute, il en est d'autres au contraire qui ont donné lieu en France et à l'étranger à de nombreuses controverses qui sont loin d'être tranchées; c'est ainsi notamment que les concessions administratives, dans lesquelles se rencontrent l'élément puissance publique et l'élément gestion ont été, ainsi que nous le verrons plus tard, rangées tantôt dans les actes unilatéraux de puissance

---

(1) V. cependant Laferrière, 2ᵉ édit., *op. cit.*, p. 5. Hauriou, *La gestion administrative*, Paris, 1899, et *Précis de Droit administratif*, 4ᵉ édit. Jacquelin, *Une Conception d'ensemble du Droit administratif*, Paris, 1899, not. p. 17 et suiv., et *Les Principes dominants du Contentieux administratif*. Paris 1899, p. 83 et suiv. Berthélemy, *op. cit.* not. p. 21 et suiv. Grivellé, *De la Distinction des actes d'autorité et des actes de gestion*. Paris, 1901.

publique, tantôt dans les actes de gestion. Non seulement il est difficile de les classer dans l'une ou l'autre de ces catégories, mais encore on confond souvent la concession, surtout considérée à l'état pur, avec une autre classe d'actes qui présentent avec elle de nombreux caractères communs, les autorisations administratives. C'est de ces deux catégories d'actes que nous avons à nous occuper aujourd'hui. Il est impossible d'en donner une définition *à priori*, ce n'est qu'après avoir vu comment ils se conçoivent dans le domaine économique et juridique que nous pourrons donner cette définition; nous la compléterons par la recherche de leur nature, après, toutefois, que nous aurons pris parti sur le point de savoir s'il convient d'adopter la division classique et bipartite des actes administratifs en actes de puissance publique et en actes de gestion, ou, au contraire, se rallier à l'un des systèmes nouveaux qui ont été proposés en ces dernières années.

PREMIÈRE PARTIE

CONCEPTION ÉCONOMIQUE ET JURIDIQUE

CHAPITRE PREMIER

Autorisations

La conception économique des autorisations et concessions administratives ne nous appartient qu'indirectement; cependant, comme cette conception est différente suivant qu'il s'agit de l'une ou de l'autre catégorie d'actes, et, par conséquent, nous fournit une première distinction entre des manifestations d'activité, au sujet desquelles la confusion règne souvent, nous ne croyons pas devoir la négliger. Toutefois, elle a le grave inconvénient de soulever un problème long et difficile que nous supposerons résolu : ce problème, celui de savoir quels doivent être au juste le rôle et les attributions de l'Etat, dont M. Gide a dit, avec raison, « qu'il est peut-être celui qui divise le plus les esprits à ce jour (1) », ce problème, dis-je, nous le rencontrons au seuil même de la question; car pour connaître la sphère spéciale de l'activité de l'Etat dans laquelle se rencontrent des actes administratifs, il faut savoir auparavant si cette activité de l'Etat doit se manifester, et dans quelle mesure.

(1) M. Charles Gide, *Principes d'Économie politique*, Larose, 1889, p. 590,

C'est le problème auquel le socialisme de tous les temps et de tous les pays a fourni une solution extrême, auquel les théories individualistes ont fourni, en sens contraire, une solution également extrême. Tandis que les partisans de la première doctrine exaltent l'intervention de l'Etat et étendent autant qu'il est possible ses attributions, les adeptes de la seconde, restreignant outre mesure l'action gouvernementale, vantent les bienfaits de l'initiative individuelle.

L'accord n'existe que sur un point : pour les uns et pour les autres, la liberté des hommes doit être assurée par l'Etat, dont la mission est de veiller sur cette liberté en assurant l'ordre à l'intérieur et la sécurité à l'extérieur (1).

Tel est, en quelques mots, le problème. Nous n'avons certes ni la prétention, ni la possibilité de l'exposer même succinctement. Nous le supposons résolu et nous adopterons la théorie intermédiaire généralement la plus en faveur (2), car il est un point qui n'est contesté par personne, même

(1) D'après Herbert Spencer, cette sécurité à l'intérieur et à l'extérieur constitue avec l'administration de la justice ce qu'il appelle le *Contrôle négatif*, par opposition à l'intervention positive.

(2) Rappelons seulement quelques théories et quelques noms. A l'un des points extrêmes se trouve, avons-nous dit, la *Doctrine Socialiste*. C'est le terme générique sous lequel sont compris tous les systèmes qui tendent au but que nous venons d'indiquer au texte. D'ailleurs la distinction du *Communisme,* du *Socialisme,* au sens étroit du mot du *Collectivisme* et du *Mutuellisme,* etc., a un intérêt surtout au point de vue économique proprement dit et ne nous intéresse que très indirectement. Pour l'Histoire du Socialisme, v. Benard, *Le Socialisme d'hier et celui d'aujourd'hui.* Bourtot, *Histoire du Communisme*, 1889. L. Reybaud, *Etude sur les réformateurs modernes,* 2 vol. in-12. Malon, *Le Socialisme intégral.* — Au surplus, cette seule bibliographie est immense : on la trouvera dans Stammhammer, *Bibliographie de Sozialismus,* 1895. Citons cependant encore quelques ouvrages hors de pair.

par ceux qui restreignent le plus le rôle de l'Etat : L'Etat
a le droit et même le devoir d'assurer la sécurité de la collectivité, mais d'autre part, dans cette mission, il se heurte
aux droits que possède l'individu, à ces droits individuels
dont la jouissance constitue « l'état et la capacité » des

Voyez Cauwès, *Cours d'Economie politique*, Paris, 1893, t. I, p. 150
et suiv. Tchernoff, *Le parti républicain sous la monarchie de Juillet*,
Paris, 1901.Andler, *Les origines du socialisme d'Etat allemand*, Paris,
1897. Elie Halévy, *La formation du radicalisme philosophique*, Paris,
1901, t. II, ch. II, sur Godwin. Seignobos, *Histoire politique de l'Europe contemporaine*, ch. XXIV. Cf., *La Grande Encyclopédie*, aux
mots Socialisme et Collectivisme, notamment. L'école historique allemande arrive à donner à l'Etat un rôle quasi illimité dans son extension. « La tâche de l'Etat, dit Stein, est idéalement indéfinie ». (Stein,
Lehrbrüch des deutschen Finanwissens chaft, 2ᵉ édit., p. 2, cf., p. 6).
Et Wagner impose à l'Etat une double mission, l'une est celle de la
justice (*Dechtwech des staats*), l'autre est une mission de civilisation
(Culturzweck des staats). Comme le fait remarquer M. Nézard
dans sa très remarquable *Théorie juridique de la fonction publique*,
Paris, 1901, p. 11, l'indétermination d'une pareille mission permet de
justifier toute intervention sociale.V. encore Wimdt, *Ethique*, IVᵉ part.
chap. III, § 2. « L'Etat ne doit pas seulement protéger et maintenir
l'ordre moral, il doit aider à tous les progrès matériels et spirituels :
c'est là le but du système administratif. »
   A l'encontre de cette solution va la doctrine de l'Etat-gendarme qui
ne voit dans l'Etat « qu'un producteur de sécurité ». (G. de Molinari.
L'évolution politique et la révolution, p. 395). La doctrine individualiste
qui a son expression la plus remarquable et la plus radicale, croyons-
nous, dans les *Essais de politique* et dans l'*Individu contre l'Etat*, de
H. Spencer. « L'action officielle administrative, dit-il, y est lente, bête,
prodigue, corrompue » (p. 28 et suiv.). Dans son *Introduction à la
science sociale*, H. Spencer expose la même théorie, mais de manière
moins radicale. Développant cette idée que la coopération spontanée des
forces individuelles « produit en temps voulu toutes les institutions
convenables pour le bon accomplissement de toutes les fonctions nécessaires à la société » ; il résulte donc de là implicitement que la seule
attribution de l'Etat est le service de justice ; ce service de sûreté est
aussi, d'après Humboldt, *Essai sur les limites de l'action de l'Etat*,

personnes, à ces droits individuels qui, pour certains, à l'origine (1) ont été l'objet d'une concession de la part de l'Etat, mais qui, à supposer qu'ils aient été ainsi concédés, « l'ont été d'une manière irrévocable justement parce qu'ils ont été reconnus comme des pouvoirs propres à l'individu (2) ».

Or ces droits, peu nous importe que nous les reconnaissions comme des droits naturels antérieurs (3) à l'état de

l'unique fonction de l'Etat. V. l'*Etude* de M. Challemel-Lacour sur Humboldt, *La Philosophie individualiste*. Cf. encore Cauwès, *op. cit.*, t. I, p. 169 et suiv. et la note p. 169. V. un résumé très net des arguments individualistes dans M. Leroy-Beaulieu, *Précis d'Economie politique*, Paris, 1896. V. encore du même auteur : *L'Etat moderne et ses fonctions*, Paris, 1890. J.-B. Say, Dunoyer, Bastiat, Courcelle-Seneuil, Baudrillart, de Molinari, Leroy-Beaulieu, Yves Guyot, Beauregard, sont, dans notre pays, les champions les plus en vue de l'école individualiste. V. Beudant, *Le Droit individuel et l'Etat*, p. 63 et suiv. Sur l'ensemble de la question, résolue dans un sens intermédiaire entre ces deux extrêmes, V. Cauwès, *op. cit.*, t. I, p. 176 et suiv. Gide, 8ᵉ édit. p. 590 note. M. Gide ne prend pas parti : il indique seulement avec les théories que nous avons citées deux théories encore plus extrêmes, celle de l'*école anarchique*, qui n'est que le développement excessif de la théorie libérale : celle de l'*école collectiviste*, qui va au delà du socialisme d'Etat. V. Villey, *Principes d'économie politique*, Paris, 1894, et surtout *Du rôle de l'Etat dans l'ordre économique*, Paris, 1882. Première partie, *Des attributions de l'Etat*, p. 59 et suiv. et dans l'*Introduction philosophique*, surtout les pages 1-7. V. sur le même sujet le *mémoire* de M. Jourdan, 1882. « En principe, dit encore M. Glasson, *Eléments du Droit français*, I, p. 314, 2ᵉ édit., 1884, l'Etat doit abandonner le plus possible à l'initiative individuelle, mais ce principe comporte plus ou moins de dérogation suivant la nature de chaque peuple ».

(1) Pour le droit de propriété, voir mon *Etude sur l'état de nécessité et le délit nécessaire*, p. 30, note 2.

(2) Hauriou, *op. cit.*, 4ᵉ édit., p. 55.

(3) Locke, *Essay on civil government*, §§ 135-152. Wolff, *Jus naturul*, t. VIII, p. 980. Blackstone, *Commentaries* B. I., ch. I, p. 124. Rousseau, *Contrat social*, t. II, ch. IV. p. 145-147 (édit. de 1826).

société, avec les philosophes du xviiie siècle et les partisans du contrat social, qu'au contraire nous combattions
toute idée de pacte précédant la vie d'une collectivité
organisée socialement. De ce qu'ils sont irrévocables (1), il

Siéyès, *Réimpression de l'ancien Moniteur*, t. XXV, p. 292, etc. — Cf.
Hauriou, *op.* et *loc. cit.*, note 2.

(1) Nous n'avons pas l'intention d'entrer dans la controverse qui a
pour but de savoir si le droit est inhérent dans l'homme ou plutôt si certains
droits appartiennent à l'homme en sa qualité d'homme ou bien sont une
pure concession de l'Etat, de la société : c'est le problème du droit naturel ; ici encore nous sommes forcés de nous limiter. Disons cependant
que si des auteurs éminents : Hauriou, Barthélemy, Laferrière, etc.
admettent comme un fait indiscutable la présence dans l'homme de
droits subjectifs au sens littéral du mot — car l'expression est prise
encore dans un autre sens que nous verrons plus loin — qu'on les
nomme naturels ou non, individuels le plus généralement, il est une
école qui repousse formellement une pareille donnée. Nous ne pouvons
nous empêcher de dire quelques mots de la question, puisque c'est sur
la présence en l'homme de droits préexistants, à l'état potentiel, que
nous échafaudons notre théorie des actes administratifs. La théorie
allemande contemporaine rejette « avec un profond dédain » (M. Duguit,
L'Etat, le droit objectif et la loi positive. Paris, 1901, p. 106) les
systèmes de droit naturel : au lieu de prendre comme base le droit
naturel, elle lui substitue le droit objectif, c'est-à-dire « la règle s'imposant comme telle et déterminant la valeur sociale d'un acte ». Ces
doctrines se sont toutes inspirées de Hegel et de Ihering *(der Zweck im
Recht*, note, t. I, chap. I et chap. VIII, p. 3 et 238). Elles se subdivisent
en doctrines niant directement la présence d'un droit autrement que par
pur agrément de l'Etat. (Seydel, *Grundzüge einer Allgemeime Staatslehre*, p. 24, 31, 32, 1873 ; Sarwey, *Das öffentliche Recht und die
Verwaltungspflege*, p. 12, 1880 ; Zorn, *Reichsstaatsrecht*, t. I, p. 108 et
t. II, p. 333, 1895-97) et en doctrines qui tout en reconnaissant aussi
qu'il n'y a pas de droit, sinon par l'Etat, admettent cependant, se déterminant probablement par les dangers trop visibles de la doctrine voisine,
que si l'Etat a la puissance exclusive d'*autodétermination* (*selbstbes-
timmung*) il a aussi la faculté d'*auto-limitation* (*Selbstbeschärnkung*),
nous disons que la doctrine de Zorn et de Sarwey présente des dangers
trop évidents : que l'Etat en effet confère aux autres et à soi-même le

s'ensuit que nulle puissance, fût-ce la puissance publique,
que nulle autorité, fût-ce celle de l'Etat, ne peut y tou-

droit, qui l'empêchera donc d'annihiler ce droit — tout au moins dans son
exercice chez l'individu (c'est un spectacle qui peut se rencontrer) sans
qu'il y ait aucun recours possible chez l'individu ; sans aborder le fond
même du problème, on peut faire remarquer que cette auto-limitation
parait bien conventionnelle et autrement moins vraisemblable que la
présence dans l'homme d'intérêts si puissants par eux-mêmes que le
respect devra en être assuré par les autres hommes. Mais, à supposer
même que l'évolution historique donne raison à Jellineck, sa théorie,
comme le fait remarquer avec raison M. Duguit (p. 129), reste encore
contradictoire, car « la conception de la subordination de l'Etat au droit
nous parait impliquer forcément la conception d'une règle de droit antérieure et supérieure à l'Etat ». Et Jellineck, dans un passage cité par le
même auteur en convient bien lui-même, semble-t-il : « Sans doute, dit-il,
le point de départ a été que tout acte émané de la puissance souveraine
est par nature conforme au droit et ne peut jamais être un non-droit...
Mais à un degré élevé de développement juridique, même l'activité créa-
trice du droit, appartenant à l'Etat, peut être juridiquement limitée.
L'acte de création juridique, même quand la chose créée est et reste
existante en droit, peut enfermer en soi une violation du droit... Il y a
eu depuis longtemps, et il y a certainement aujourd'hui, dans le droit
des peuples civilisés, un fond qui est enlevé à tout arbitraire législatif.
Cela est le résultat du développement historique d'un peuple... Par suite,
si on abandonne le point de vue purement formel-juridique, il y a une
distinction de tout droit en éléments variables et en éléments constants.
Mais ces *Constantes* sont reconnues avoir ce caractère conformément à
l'ensemble de la civilisation d'un peuple, expressément ou tacitement,
et forment par là un *étalon juridique* pour l'appréciation des actes de
volonté étatique, même inattaquables en la forme. Par suite, une loi ou
une décision judiciaire, contre lesquelles aucun recours n'est recevable,
peuvent être considérées comme *non-droit*, non pas seulement comme
non-injustes » (p. 331-337). A côté de ces doctrines qui, par les contra-
dictions desquelles elles conviennent elles-mêmes et par l'adoption de
pures hypothèses comme vérités démontrées, affaiblissent singulièrement leur portée, il en est d'autres, toujours en Allemagne, qui ont
aussi à leur base la négation des droits individuels, mais qui n'adoptent
pas ce qu'il y a de dominant dans les théories précitées, la conception
du droit par l'Etat ou l'auto-limitation. Ces théories sont représentées par

cher. Le droit de propriété, la liberté du domicile, le
droit de réunion, le droit d'association, précisément

Gierke, par Hænel et Preuss. (Cf. Gneist, *der Rechtsstaat*, 1872,
2ᵉ édit., 1879). Pour Gierke, le droit consiste en ce qu'une « volonté
souveraine extérieure, dans l'intérieur de la société humaine, l'affirme
et le liquide ». Cf. Duguit, p. 132. Mais le droit n'est pas, pour Gierke
comme pour Jellinek, dans un état d'indépendance vis-à-vis de l'Etat et
n'est pas créé par lui plus que lui-même ne crée l'Etat. L'un et l'autre
sont l'un envers l'autre dans un état complet d'indépendance. Nées en
même temps, comme deux sœurs jumelles à l'époque de l'établissement
de l'humanité (Preuss, *cité* par Duguit, *op. cit.*), ces deux idées (de
droit et d'Etat) ne sont pas restées étrangères l'une à l'autre. Au cours
du long développement de l'humanité, elles se sont continuellement
pénétrées, l'une entrainant et développant l'autre. Aujourd'hui, le développement en est à ce point que notre droit est devenu surtout un droit
étatique et notre Etat un *Rechtsstaat* (un Etat de Droit) ». Nous n'avons
pas à poursuivre cette théorie : ce qu'il nous importait de retenir, c'était
la conception chez ces auteurs, du Droit, et la confirmation de
la négation du droit naturel. Mais malgré cette négation, il est bien évident que sous une autre forme, Gierke revient à la théorie qu'il combat.
M. Duguit lui-même en convient : « Ne retombe-t-il pas, dit-il, ou dans
la théorie des droits individuels ou dans la doctrine du droit créé exclusivement par l'Etat, quand il dit : « Quoique les fonctions sociales de
l'Etat et du droit soient de nature différente, cependant elles sont
établies l'une par l'autre et ne peuvent trouver lenr réalisation complète
que l'une par l'autre. L'Etat pour acquérir la force interne nécessaire
à sa mission civilisatrice, a besoin de l'aide de la conception du droit. A
l'inverse, le droit a besoin, pour atteindre son but, du secours actif de
l'Etat. Sans le secours de la puissance étatique, le droit ne peut pas
remplir complètement sa mission, il reste un droit incomplet, inepte. Le
droit trouve sa perfection seulement si l'Etat met sa puissance à sa
disposition. L'enfantement du droit et la protection du droit sont des
fonctions nécessaires de l'Etat ». (Gierke, *op. cit.* dans *Zeitschrift für
die gesammte Staatswissenschaft*, t. XXX, p. 178, 1884, article : *Die
Grundbegriffe des Staats und die neusten Staats rechtstheorien ;* et
dans Preuss. Quant à la théorie générale : *Gemeinde, Staat, Reich, als
Gebietkörprschaften*, 1889, et plus loin : « Le droit, dit-il, n'embrasse
pas le tout de l'individu et de l'Etat : d'une part, l'Etat est non seulement un *Rechtsstaat*, mais aussi un *Cultursstaat*, et il a de ce chef une

parce qu'ils sont irrévocables et réels, sont inviolables.
Toutefois, il ne faut pas s'égarer sur le caractère de cette

activité propre. D'autre part, l'individu a par lui-même, en tant qu'il est
un individu, une certaine sphère d'activité, et le droit vient précisément
limiter et régler cette sphère d'activité de l'Etat (Droit public) et de
de l'individu (Droit privé). L'existence humaine ne se résout pas dans la
vie de l'espèce, mais est en même temps un but pour elle-même ; nous
devons reconnaitre l'individu vis-à-vis de l'*Etat comme une essence
originaire existant par soi, portant son but en elle-même*. Gierke,
op. cit., p. 182 ». Nous n'en demandons pas davantage. Gierke peut
nier au moins implicitement l'existence d'un droit individuel. C'est là
une pure querelle de mots. Si l'individu se tient *comme une essence
originaire, existant par soi, portant son but en elle-même*, comment
peut-il s'y tenir autrement que par l'existence de droit inhérente à sa
qualité d'homme ? A aller au fond des choses, on voit que Gierke est un
individualiste et que même en Allemagne la théorie des droits antérieurs et supérieurs à l'Etat a encore des partisans. Encore une fois, il
n'entre pas dans le cadre de cette étude d'examiner toute la théorie des
droits naturels. Mais nous ne pouvons nous empêcher d'affirmer qu'elle
est autre chose qu'une doctrine « venue à son heure et ayant rendu un
immense service » (Duguit, p. 13). Pour M. Duguit, la doctrine pèche
surtout parce qu'elle est purement hypothétique et insuffisante ; hypothétique, dit-il, quant à l'explication du contrat social. Oui, sans doute,
la doctrine du contrat social a fait son temps et si c'est là ce que veut
dire M. Duguit, nous sommes entièrement de son avis : mais il n'est
nullement nécessaire de recourir à cette hypothèse d'un accord convenu
entre les hommes pour expliquer la présence dans l'homme de droits
tenant à « son éminente dignité ». Nous n'acceptons aucun dogme,
dit alors M. Duguit (p. 135). Nous pouvons lui répondre que toute vérité
pour être acceptée comme telle, est révélée ou démontrée. Or, qu'est-ce
que la théorie qu'il échafaude, avec un si grand talent, de la solidarité
sociale, sinon une pure hypothèse ? Et hypothèse pour hypothèse, nous
préférons encore celle qui nous satisfait davantage. Et nous le répétons,
dans la négation des droits de l'individu, nous voyons un danger grave
pour cet individu. M. Duguit objecte que la théorie individualiste est
insuffisante : car, dit-il (p. 14), comment expliquer par cette théorie
individualiste, les obligations *positives* de l'Etat. Par là, on comprend
l'impossibilité pour l'Etat de toucher aux droits considérés par les
adeptes de cette doctrine comme inhérents à la qualité d'homme, droits

inviolabilité (1); ce à quoi l'Etat ne peut toucher, c'est au droit : mais il peut en réglementer l'exercice, en vertu de la mission que nous lui reconnaissions tout à l'heure d'assurer la sécurité de la collectivité, plus que la sécurité, l'existence même de la collectivité. Il faut que l'Etat soit fort (2). Or, toute force suppose une supériorité. Et la supériorité n'existera qu'autant qu'il sera loisible à l'Etat de réglementer l'exercice des droits individuels. Il ne s'en fait d'ailleurs pas faute.

Prenons la liberté d'aller et de venir : « C'est un des droits les plus certains de l'individu » (3). Mais pour mieux le protéger, l'Etat le réglemente, quelquefois même en

d'aller et de venir, de s'associer, etc. Comment expliquer les obligations *positives* de l'Etat ? Droit à l'assistance, par exemple? Nous répondons tout simplement — sans adopter la théorie de M. Henry Michel, qui en a tenté une explication (l'*Idée de l'Etat*, p. 96 et 466), que de pareils droits ne sont en effet nullement naturels. Que ce soient des *devoirs* d'un Etat qui est à la fois *Etat de police* et *Etat de culture*, que ce soit une obligation, mais le mot n'est pas pris au sens juridique, pour une civilisation arrivée à un certain degré de secourir ceux de ses membres qui en ont besoin, c'est possible; que ce soit un *droit* pour l'assisté, droit inhérent à sa qualité d'homme, nullement : mais nous estimons qu'un *Etat de culture* qui respecte les obligations *négatives* est plus grand que celui qui les niant et refusant d'y faire droit, assume de prétendues obligations *positives*. Pour que ces obligations positives soient d'ailleurs regardées comme telles, il faudrait une preuve et M. Duguit se contente d'une affirmation (p. 15).

(1) « Le droit d'association me parait aussi indispensable à l'homme, considéré comme être moral, que le droit d'aller et de venir est indispensable à l'homme, considéré comme être physique ». M. D. d'Haussonville. *Discours* prononcé le 14 mai 1872, *cité* par M. Desjardins. *De la liberté politique dans l'Etat moderne.* Paris, 1894, p. 148.

(2) M. Villey, *Du rôle de l'Etat dans l'ordre économique, op. cit.,* p. 46.

(3) V. *Grande Encyclopédie,* au mot Police, p. 81, col. 2. Article de M. Léon Sagnet.

supprime l'exercice. La loi des 16-24 août 1790 qui le garantit cependant formellement, dans son titre XI, art. 3, confie « à la vigilance et à l'autorité des corps municipaux tout ce qui concerne la sûreté et la commodité du passage dans les quais, rues, places et voies publiques ». Et nous verrons plus tard que cette réglementation va parfois fort loin.

Le droit de propriété lui-même, le plus fondamental de tous les droits, celui sans lequel aucun autre ne saurait guère se concevoir, subit aussi quelquefois des atteintes; il en est ainsi par exemple, dans le cas d'expropriation pour cause *d'utilité publique*, qui est l'acte par lequel la « société dépossède un particulier de sa propriété dans un intérêt public, moyennant une juste et préalable indemnité. » Utilité publique, intérêts de la collectivité, tels sont les grands facteurs qui justifient et nécessitent parfois l'intervention de l'Etat dans la réglementation de l'exercice des droits individuels. Nous avons pris cette hypothèse qui nous paraît une des plus remarquables. Elle n'est pas isolée. Le droit de propriété entraîne la faculté d'accomplir tels actes que l'on voudra en cette propriété. Encore faut-il cependant que ces actes ne portent pas atteinte à *l'intérêt public* : ils n'échappent pas au pouvoir réglementaire de police. — (V. Cass., 7 nov. 1885.)

Le droit de se faire enterrer, hors des cimetières communaux, dans sa propriété, reconnu par l'article 14 du décret du 23 Prairial, an XII (1), ne peut être exercé qu'autant qu'une autorisation préalable du Maire l'a permis; cela découle des des termes de l'article 16 du décret du 28 Prairial, an XII (2).

(1) V. Fay, p. 181.
(2) V. Fay, p. 13., Daniel Lacombe, n° 237. Blanche, *Etudes pratiques sur le Code pénal*, t. VII, n° 237 : Cass. 11 juillet 1856. D. P. 63.

On va même jusqu'à dire que le droit de propriété foncière n'a d'autre fondement que l'utilité sociale (1).

La liberté du commerce et de l'industrie, entraînant le droit pour l'industriel et le commerçant de n'être pas entravés dans leur action, a subi maintes et maintes fois des restrictions : son exercice est soumis fréquemment à une réglementation. C'est ainsi que la loi et que l'ordonnance du 24 juillet 1816 exigent une autorisation spéciale et préalable pour que l'on puisse se livrer à la fabrication des armes de guerre, même destinées à l'étranger ; la fabrication et la vente des munitions chargées (loi 24 mai 1834) sont subordonnées à l'autorisation préalable de l'autorité supérieure.

Pour ouvrir une auberge, il n'est pas à la vérité nécessaire d'obtenir une autorisation (2) : cependant l'ouverture d'un établissement de ce genre (Loi du 17 juillet 1880, abro-

---

V. 344 : Cons. d'Etat, 27 décembre 1860. D. P. 61. III. 9. Cf. *Répertoire de police* de Louis Courcelle, au mot *sépulture*, t. II, p. 20 73. Nous devons ajouter cependant que d'après la seconde opinion qui a longtemps prévalu, cette autorisation n'est pas nécessaire. V. Ballot, *Du droit d'inhumation dans une propriété privée. Revue pratique*, t. V, p. 136. Audibert, n°s 182 et suiv. Cette seconde opinion se base sur ce que l'art. 14 du décret précité ne contient aucune mention expresse et que nulle obligation ne saurait être imposée si elle n'est pas écrite dans la loi.

(1) V. Gide, *op., cit.,* 2e édit., p. 490.

(2) Il n'en était pas ainsi dans l'ancien droit, au xiie siècle, les hôteliers avaient l'obligation, pour créer un établissement, de se munir d'une permission du juge de police de la localité. Déclaration de Charles IX, des 20 janvier 1563 et 25 mars 1567. Un édit de Henri III, de mars 1577, exigea l'autorisation du souverain « voulant empêcher que des gens inconnus, sans aveu et de mauvaise vie, s'immisçassent à tenir hôtelleries ou auberges ». Nous n'avons pas la prétention de faire l'historique de cette question : mais nous citons seulement ces déclarations et cet édit pour montrer que dès cette époque l'idée que nous signalons se retrouvait déjà.

geant le décret du 29 décembre 1851) est subordonnée à une
déclaration faite quinze jours à l'avance à la Mairie de la
commune dans le département et à la Préfecture de police à
Paris. (Art. 2, Loi du 17 juillet 1880.)

Dans ces cas, et il y en a quantité de la même nature,
mais nous croyons en vérité qu'il est inutile de multiplier
les espèces (1), l'exercice du droit est soumis — a une *déclaration préventive*. L'autorité administrative n'intervient pas
ici expressément : mais pour être tacite, son autorisation
n'en existe pas moins : la déclaration préalable lui fait, en
effet, connaître les agissements de l'individu. Pourquoi les
connaîtrait-elle, sinon pour les empêcher, si elle venait à
les juger dangereux ?

La liberté de l'homme n'est donc pas une liberté abstraite,
sans limites, mais une liberté concrète, objective, qui ne peut
s'exercer qu'autant qu'elle se trouve en harmonie avec l'action de l'Etat, et qu'elle concoure avec elle : l'être humain
ne peut agir qu'autant que l'Etat, par l'organe de l'administration le plus souvent, lui a fait savoir, de manière
expresse ou implicite que son droit, ne lésant pas les intérêts collectifs, pouvait librement se produire et s'exercer :
peu importe que ce droit soit un droit individuel, naturel,
consacré par un texte législatif, ou non, peu importe qu'il ait
été créé par une loi antérieure et soit ainsi de toutes pièces
un don de la société. Le rôle de l'administration se résout

---

(1) V. Orlando, *Diritto amministrativo, op. cit.* n°ˢ 410 et suiv., p.
237 et suiv. Palma, *Corso di diritto amministrativo,* Florenze, Pellas.,
1882, vol. III. Pour le Droit allemand, voir Meyer, *op. cit.,* vol. I, § 46. p.
144 et suiv., § 75-78, p. 197-208, § 80, p. 210, § 81, p. 213 suiv.,
82, p. 215 et suiv., et § 83, § 93, p. 250, § 96, p. 253, § 97, § 114, p.
325 et suiv., § 116, p. 336 et suiv., § 117, p. 340 et suiv., Cf. Raneletti,
op. cit., les autorités qu'il cite, p. 24, note 1 *in fine.*

donc uniquement ici à ne permettre l'exercice des droits de l'individu que dans certains cas, sous certaines conditions, comme l'a dit un auteur éminent (1). L'administration, juge de l'intérêt général, rend *actuel* un droit qui existait à l'état *potentiel* : ici, elle ne crée rien, elle permet seulement l'exercice d'un droit : l'activité du particulier est en « *opposition possible* » avec l'activité collective, soit directement (par exemple dans le cas de port d'armes prohibées), soit indirectement, en ce sens que l'acte ne devient inoffensif qu'autant qu'il est exercé dans un milieu donné et sous des conditions données (par exemple dans le cas des établissements insalubres et dangereux); l'administration, malgré que l'activité du particulier soit licite en elle-même, a établi des prohibitions, et précisément parce que l'activité du particulier en soi est licite, ces prohibitions ne sont pas *absolues*, comme celles du code pénal, elles sont *relatives* c'est-à-dire que cette activité ne peut se manifester librement et légalement qu'au moment où l'administration a pensé que « *l'opposition possible* » dont nous venons de parler n'existait pas : elle déplace alors les barrières qu'elle avait mises au libre exercice de l'expansion de l'individu : elle rend à l'individu l'exercice de son droit, de tout son droit, qu'il possédait cependant auparavant en puissance. Elle le lui rend dans un acte qui est précisément un de ceux dont nous avons à nous occuper : c'est l'autorisation administrative.

(1) Raneletti, *op. et. loc. cit.,* p. 23 et suiv. Voir : Filomusi-Guelfi, *Enciclopedia Giuridica*, Naples, Jovence, 1885, p. 264-266. Meucci, *op. cit.,* p. 576-577. Orlando, *op. cit.,* n⁰ˢ 18 et. suiv., p. 20 et suiv., p. 237 et suiv., *Principii di diritto costituzionale,* Florence, Barbera, 1889, n⁰ˢ 356 et suiv., p. 223 et suiv., De Gioannis Gianquinto : *Corso di diritto pubblico amministrativo.. op. cit.,* I, §§ 39-42., p. 17-18.

Economiquement parlant, il y a des autorisations administratives qui se conçoivent, d'abord, comme des restitutions faites à l'individu de droits dont l'exercice leur était interdit, au nom des fonctions de protection et de tutelle qui appartiennent à l'Etat; ce genre d'autorisation, somme toute, si paradoxal que cela paraisse à première vue, s'analyse moins en une permission octroyée à un individu qu'en un retrait de l'exercice de droits qui appartiennent à la collectivité des individus considérés isolément au point de vue subjectif :

La première idée qui vient à l'esprit est celle-ci.

Les autorisations administratives seront donc, en grande partie, contenues dans le domaine de *la police*. Cela est vrai ; mais encore faut-il s'entendre sur le sens exact que doit avoir ce mot : police (1), l'extension de la police est une question très controversée et beaucoup des ouvrages et monographies qui traitent ce sujet ont éludé la difficulté, en s'abstenant de toute définition.

(1) Sur l'origine du mot police et sur ses premières applications, v. Lœning, *op. cit.*, p. 5 et suiv. p. 5, note 2 : c'est dans les lois et décrets de Charles VI, roi de France en 1399, semble-t-il, que le mot ou tout au moins, un terme très voisin, se rencontre pour la première fois : « pour le bien et utilité de la chose publique et de la *politicité* de ladite ville ; 1410 ; circa regimen victualium et aliarum rerum et circa alias *pollicias* et regimina dicti loci, 1415 ; pour garder le bien public en très bonne police » (Ordonnances des Rois de France, VIII, 335 : IX, 559 ; X, 258). C'est à la fin du xvᵉ siècle que le mot *police* entre en Allemagne, avec le même sens : nous le trouvons dans une ordonnance de Nüremberg de 1492 (zù bestumdigkeit gùter *polizei* u. regiments ist verboten)(*Bibliothek de litterrar-Vereins*, LXIII). Le *Vocabularium opt. s. Gemma vocabul.* ed. 1501 fait une distinction : il sépare la *politia* pris au sens de l'art de régir un Etat, de *Policia* ou *Ordinancia*, le régime, le gouvernement d'un Etat. Drefenbach, *Glossar. Latin. germ.* p. 445 et Helwing *De policiæ apud populos recent. origine et natione*, 1852, p. 12.

Au siècle dernier, la police et l'administration étaient confondues (1), ce qui s'explique à une époque où il n'y avait
pas ou presque pas de services publics à gérer (2) ; cette
opinion, bien qu'aujourd'hui combattue, a cependant encore
des adeptes en Allemagne (3) et toute activité de l'Etat aussi
bien l'activité qui tend au perfectionnement, au développement de l'individu que celle qui a seulement pour but la protection et la sauvegarde de l'individu, rentre dans l'activité

(1) Delamarre. Paris 1705. Dans le Dictionnaire de Ferrière, v. Police :
la police est « *le règlement de la cité* ». Pour Delamarre, la police concerne la
religion, la discipline des mœurs, la santé, les vivres, la sûreté et la tranquil-
lité publique, la voirie, les sciences et les arts libéraux, le commerce, les
manufactures et les arts mécaniques, les serviteurs domestiques, les
manouvriers et les pauvres ». Cf. Emile Miriel. Des rapports des municipalités et du pouvoir central en matière de police. Paris, 1897, p. 4. M. Miriel
nous dit que Delamare « prétend renfermer toute la police dans les onze
parties suivantes ». Je ne sais en vérité ce qu'il voudrait y voir de
plus !
Dans le très ancien droit les définitions de la police de Platon, d'Aris-
tote, d'Isocrate, sont toutes extrêmement larges. Dans l'ancien droit,
voir celles de Boutillier (Somme rurale) de Bret, Loyseau. A part Loyseau
qui distingue nettement le pouvoir de police proprement dit des pouvoirs judiciaires, le mot police est entendu dans le sens de fonction, de
conservation et d'organisation de la cité. Cf. Pélatant, *De l'organisation
de la police*. Etude historique, théorique et pratique, Paris, 1899, p. 10
et suiv.
(2) Cf. Hauriou, *op. cit.* p. 533. V. Persico, *op. cit.* vol. II, p. 209-
210.
(3) Molh. *Polizeiwissenschaft,* 1886. Zopfl. *Gründsätze des allgemeinen und deutschen Staatsrechts.* I. p. 766 : II, p. 608 et suiv ; dans
Zachariae, *deutsches Staat und Bundesrecht,* II, p. 275 et suiv. Stahl.
Philosophie des Rechts, II, 2ᵉ partie, p. 587 : V. Gerber. *Grundzüge
des deutschen Staatsrechts,* 1880, p. 71 et suiv. Cf. Lœning : *op. cit.,*
p. 7, note 2.
En France, nous remarquons un auteur qui donne à la police un sens
aussi large. « Est police tout ce qui importe au bien-être habituel, à la
sécurité et au confort du peuple. » Cf. Emile Miriel, *op.* et *loc. cit.,* p. 4.

de police : en un mot est activité de police, toute activité, aussi bien l'activité *sociale* que l'activité *juridique*.

En sens inverse, on a fait de la police une institution extrêmement étroite ; l'activité de police de l'Etat, a-t-on dit(1) est « uniquement celle qui a pour but de prévenir les désordres d'ordre extérieur et les dangers qui menacent la sécurité publique ».

L'opinion dominante en Allemagne est, il faut bien le dire, assez étroite(2) ; d'après les autorités les plus éminentes, la police est le pouvoir *coactif* de l'Etat, autant qu'il

(1) Roscher, *Grundlagen der National OEkonomie*, § 17. Zimmermann, *Deutsche Polizei in. 19 Jahrhumdert*, I, 144 et suiv. Leuthold, *Kœnigl. Sächs, Verwaltungsrecht*, 1878, p. 4 et 14. Rösler, *Sociales Verwaltungsrecht*, I, 60 ; quant à ce dernier, il est assez difficile à connaître son opinion exacte ; avec Raneletti, *op. cit.*, p. 27, note 1 et Lœning, *op. cit.*, p. 7, note 3, nous trouvons le passage assez obscur.

(2) Bluntschli, *Allgemeines Staatsrecht*, 1851, p. 457 ; il est le premier à avoir donné une telle acception au mot Police. V. Meyer, *op. cit.*, § 18 *in fine*, p. 58 et 59. Lœning, *op. cit.*, § 2, *Innere Verwaltung und Polizei*, p. 4-8 et § 57 ; cette notion est très nette dans ce dernier auteur : « La police, dit-il, est le pouvoir de contrainte de l'Etat, autant que ce pouvoir s'exerce dans les limites de l'administration interne. Dans le domaine de l'administration interne, il a comme but de faire exécuter les ordres et les prohibitions de l'Etat et garantit l'ordre du droit contre les atteintes et les périls possibles, etc. V. *op. cit.*, § 57, *Sicherheits polizei, Einleitung*, p. 250 et suiv. Stein, *Verwaltungsgelehre*, cit. part. I, 1869, p. 46 et 320, part. 4, 1866-68, p. 1 et suiv. et Handbuch, cit., 1876, p. 97, 186 et suiv. Meyer, *op. cit.*, p. 1.087 et suiv. Schultze : *das preussische Staatsrecht*. vol. » II, Leipzig, 1877, § 215, p. 522 et suiv. *Lehrbuch des deutschen Staatsrechts*, p. 449 et suiv. Rosin, *op. cit.*, p. 76 et suiv. Stengel, *op. cit.*, Zeitschrift, *vol. cit.*, p. 558. Rau, *Ueber Begriff und Wesen des Polizei* (Zeitschrift für die gesammte Staatswissenschaft, vol. IX, p. 605 et suiv.). Pour le droit autrichien, Ulbrich, *Lehrbuch des österreichischen Staatsrechts*, Berlin, 1882, §§ 156, 169 et suiv., p. 413, 451 et suiv. ; *Rechtsbegriff der Verwaltung* (Zeitschrift für das Privat, und öffentliche Recht der Gegenwart, vol. IX, p. 3 et suiv.)

se manifeste dans le champ de l'administration *interne*; c'est l'activité des pouvoirs publics dans le champ de l'administration *interne*, autant qu'elle se manifeste, comme *coaction*, comme *force* à l'égard des individus : elle n'est pas une partie *spéciale* de l'administration interne, mais un *moyen* dont se sert l'Etat *dans tous les champs de l'administration interne pour faire exécuter ses commandements et ses prohibitions* et pour défendre l'*ordre juridique* contre *les perturbations* et les *violations possibles* ». Et précisément, parce que la police agit comme une force, comme coaction, elle a un caractère positif.

En France, on attribue à la police un rôle plus large : depuis la définition qu'en a donnée le Code des délits et des peines du 3 brumaire an IV dans ses articles 16, 17, 18, définition trop connue pour que nous la reproduisions ici, la police a été généralement considérée comme « l'ensemble des services organisés ou des mesures prescrites en vue d'assurer le maintien de l'ordre et la salubrité du pays à l'intérieur (1) » -- On peut vraiment dire d'elle qu'elle est « l'ordre qui préside à une société (2) ». Ainsi entendue, et c'est un des points sur lesquels la doctrine française qui nous paraît la meilleure, se sépare de la doctrine allemande, la police a, tout à la fois un caractère *positif* et *négatif :* positif en tant qu'elle pèse directement sur l'activité individuelle; négative, lorsqu'elle se contente de prévoir le danger et qu'elle prend, en conséquence, des mesures, matérielles ou autres qui n'entravent d'aucune sorte la liberté de l'homme; dans le premier cas, elle est à proprement parler

(1) Berthélemy, *op. cit.,* p. 323. — Block, *Dictionnaire de l'administration française,* Paris, 1878, au mot Police.

(2) Miriel, *op. cit.,* p. 4 et suiv.

police administrative; elle a alors une organisation spéciale, des fonctions propres, des agents nommés dans ce but : dans le second cas, elle n'est que *police de sécurité* (1) et se rattache à une branche quelconque de l'Administration publique.

Nous avons cru qu'il était utile d'insister quelque peu sur la notion de la police, parce que c'est dans son domaine que nous rencontrons la plupart des actes que nous avons nommés *autorisations*. Il importait donc de limiter ce domaine, d'autant plus que la question n'est qu'une question de terminologie et par conséquent résolue dans des sens très différents.

Nous disons que c'est surtout dans cette activité de l'Etat que nous nommons police que nous rencontrons principalement les autorisations. N'avons-nous pas vu, en effet, par l'analyse rapide et succincte que nous en avons faite que de tels actes étaient virtuellement permis à l'individu, en ce sens que l'individu avait un droit éventuel à

---

(1) Nous trouvons cette distinction de la police en police administrative et de sécurité dans Meucci, *op. cit.*, p. 577, 581, 585, surtout p. 581-584. — De Gioannis, (*op. cit.*, vol. I, § 45-47, p. 20-25, § 107-290, p. 191-269), adopte à peu près la même distinction, toutefois il divise la police proprement dite en police *judiciaire* et *administrative*, division classique en France, consacrée par le Code du 3 brumaire an IV dans ses articles 18 et suiv. : mais il subdivise la police administrative en police *administrative civile* et en *police d'Etat,* la première comprend d'après lui la police *sanitaire, auxiliatrice* et *protectrice.* En Italie, cette notion de la police qui est dominante (v. Raneletti, *op.* et *loc. cit.*, p. 26-29, note 1), est donc très compréhensive des données allemandes. Raneletti se rallie à ces dernières, sans indiquer d'autre motif à ses préférences que la conformité qu'il y trouve avec la législation positive de son pays. D'ailleurs, il se rencontre avec Orlando, *Diritto amministrativo, cit.,* n° 410 et suiv., p. 237 et suiv., toutefois Orlando voit dans la police *toute* l'activité juridique de l'Etat, n° 22, p. 23 et n° 410, *cit.*

l'accomplir, mais interdits cependant *à tous* en raison de
leur danger possible de leur conflit *actuel* ou *éventuel* avec
l'action de la collectivité ou d'autres individualités, et enfin
rendus *licites* à certains, parce que l'Etat les jugeait, en des
circonstances dont il était l'appréciateur souverain, inoffen-
sifs pour les intérêts dont il a la garde. Et nous avons
ajouté que l'acte par lequel l'Etat ou l'un de ses organes
rendait à l'homme l'*exercice* de sa liberté, nous l'appelions
autorisation.

Mais n'y a-t-il que dans l'activité de la police que nous
rencontrons ces autorisations?

Je crois qu'il faut répondre négativement. Précisément
parce que l'autorisation est l'acte par lequel est rendu à
l'homme l'exercice de sa liberté, toutes les fois que nous
nous trouvons dans une sphère de l'administration où il y
a restriction de l'activité humaine, et par conséquent, possibilité de restitution de cette activité, il pourra y avoir dans
cette sphère des actes que nous avons appelés autorisations.
C'est ainsi que nous en trouverons dans le domaine de
l'administration financière, dans le domaine de l'administration militaire qui ont « le caractère de fonction instru-
mentale, parce qu'elles ont pour mission de procurer à
l'Etat les moyens physiques et pécuniaires d'atteindre ses
fins, qui peuvent être ou seulement de conservation, comme
il en advient pour l'administration militaire, ou encore de
perfectionnement, comme cela se produit pour l'administration financière » (1).

Et cela revient à dire que c'est dans *l'activité de tutelle*
de l'Etat que se rencontrent les autorisations ; or, l'activité de
tutelle ne comprend pas seulement l'activité de police : elle

____

(1) Raneletti, *op. cit.,* p. 3o et suiv.

se manifeste souvent encore autrement: En principe, par exemple, les conseils municipaux prennent des décisions qui sont exécutoires par elles-mêmes (Lois, 5 avril 1884, art. 61). La capacité est la règle, l'incapacité l'exception. Toutefois, il existe des cas où des limites sont apportées à l'exercice de cette liberté : et cette liberté n'est rendue pleine et entière que par l'approbation de l'autorité supérieure. (V. not. art. 68, Loi 5 avril 1884, *in principio* ; art. 69 art. 142 de la même loi, art. 143, etc.). L'approbation de l'autorité supérieure peut être donnée, ou n'être pas donnée ; l'examen consiste à rechercher, si ces actes des conseils municipaux sont conformes ou non à une bonne administration. Si l'administration supérieure juge que ces actes ne préjudicient pas aux intérêts dont elle a la garde, en approuvant, elle rend pleine et entière l'activité des corps municipaux (1). Là encore il y a une barrière placée à l'expansion de la liberté d'une entité juridique : liberté qui existe de par la nature même de cette entité, là encore,

(1) Ce que nous disons des conseils municipaux, nous pourrions le dire de quantité d'autres corps : nous n'avons certes pas la prétention de parcourir la série fort nombreuse des autorisations. Nous en avons pris deux types dans l'activité de la police, et dans l'activité « économique » de l'administration, tel est le nom que la doctrine étrangère attribue à l'intervention de l'autorité supérieure dans des cas semblables à ceux que nous donnons au texte ; nous avons voulu seulement montrer combien les autorisations peuvent se révéler sous des aspects distincts ; sur ce point, pour la doctrine étrangère. V. Orlando, *Dir amm. cit.* n°. 381, p. 218 et suiv. Persico, *op.* et *loc. cit,* p. 334 et suiv. Sur la distinction de la tutelle *juridique* de la tutelle *économique*, v. Persico, *op. cit.*, vol. I, p. 300 et suiv., p. 333 et suiv., Orlando, *Diritto amministrativo, cit.* p. 373 et suiv., p. 214 et suiv., n°397, p. 227 et suiv., Giorgi, *La dottrina delle persone giuridiche*, Firenze, Cammelli, vol. IV, 1894, n° 238 et suiv., p. 462 et suiv., sur l'ensemble de la question. Cf. Raneletti, *op.* et *loc. cit.*, p. 32 et suiv., et surtout la note p. 32.

cette liberté entravée est rendue parfois complète dans un acte de l'autorité supérieure ; cet acte est donc bien du même genre que ceux que nous avons examinés plus haut ; nous pouvons donc l'appeler encore *autorisation*.

Au point de vue de la manière dont ces actes se présentent à nous, nous ne croyons pas qu'il y ait un grand intérêt à distinguer suivant qu'ils sont produits par l'activité *de tutelle* proprement dite ou par l'activité de *contrôle* seulement. Nous voulons dire par là que l'autorité administrative est parfois *contrainte* de délivrer des permissions. Certes, une telle différence est importante quant au contentieux, mais quant à la conception économique, de tels actes rentrent dans la même sphère d'activité, le contrôle est une des formes de la tutelle ; contrôler, c'est encore protéger. Nous en trouvons un exemple dans l'art. 1er de la loi du 30 novembre 1892 sur l'exercice de la médecine : « Nul ne peut exercer la médecine s'il n'est muni d'un diplôme de docteur en médecine, délivré par le Gouvernement français, à la suite d'examens subis devant un établissement d'enseignement supérieur médical de l'Etat, etc. ». Du moment où la capacité requise est fournie, le Gouvernement *doit* accorder l'autorisation qui revêt ici la forme d'un diplôme. A première vue, l'on pourrait croire que l'administration a, comme en matière de police, la faculté d'accorder ou non l'autorisation. Il n'en est rien. Ce sur quoi porte la faculté d'appréciation, c'est la capacité : du moment que la capacité est prouvée, le diplôme doit être délivré (1). Nous disons

---

(1) Voir dans l'art. 6 de la même loi une *autorisation* de la première catégorie, si j'ose m'exprimer ainsi. Cet art. 6 décide que les internes des hôpitaux et hospices français, nommés au concours et munis de douze inscriptions, et les étudiants dont la scolarité est terminée, *pourront être autorisés* à exercer la médecine pendant une épidémie ou à

qu'il y a encore ici autorisation. La loi du 3o novembre 1892
porte en effet atteinte à des droits qui existaient préalablement et qui résultent de la liberté du travail. L'exercice de
ces droits est rendu à ceux qui ont prouvé que cet exercice
ne portait nulle atteinte aux intérêts de la collectivité.

Nous pourrions encore ici, et dans tous les domaines,
multiplier les exemples. La profession de pharmacien (1)
(Loi du 21 germinal, an XI, art. 25, Décret du 26 juillet 1885,
Loi du 19 avril 1898), celle de vétérinaire (2), celle d'avocat
sont soumises à une réglementation : leur exercice nécessite une autorisation. Mais nous avons pris ces diverses
hypothèses, non seulement parce qu'elles nous montrent
des autorisations sous un aspect tout nouveau, mais encore
et surtout parce que sur ce point l'accord n'est pas fait.
La doctrine allemande voit ici non plus des *approbations*, des *autorisations*, mais des *concessions* au sens
étroit : « sont approbations, les permissions qui *peuvent*
être accordées *seulement* sur le fondement d'une capacité
prouvée et qui *doivent* être accordées dans le cas où cette
capacité est prouvée ; le reste constitue l'objet des *concessions* au sens étroit » (3).

titre de remplaçants de docteurs en médecine ou d'officiers de santé
maintenus transitoirement ». L'administration a ici une vraie faculté
d'appréciation. Cf. Salomé, *Le médecin et la loi*. Paris, 1898, p.9 et suiv.

(1) Voir sur les règles de l'exercice légal de la pharmacie : Bellenger,
De l'exercice illégal de la pharmacie. Rennes, 1899, p. 23 et suiv., etc.

(2) Voir sur une réglementation nouvelle de la profession de vétérinaire par un projet de loi du 16 janvier 1894 un article de M. Hauriou,
Revue politique et parlementaire, année 1895, t. III p. 453 et suiv.

(3) Meyer, *op. cit.*, vol. I, § 126, p. 373 et suiv., *Reichsgewerbeord-
nung* du 21 juin 1869 ; § 29 et suiv.: *Reichgesetz* du 11 juin 1878,
Reichgesetz du 23 juillet 1878, art. 2. Pour les professions de médecin,
pharmacien, vétérinaire, sage-femme : voir vol. I, § 80-82, p. 210, 213,

Nous ne voyons pas l'intérêt que peut avoir la distinction, ni même en quoi elle consiste; aussi nous rallions-
nous pleinement à l'opinion de Rancletti et croyons-nous
« qu'il ne paraît pas utile de faire une distinction entre
autorisations et autorisations, suivant qu'il y a ou non une
preuve d'une capacité spéciale, révélée par un diplôme qui,
seul, la fait apparaître, parce que l'existence de qualités,
plus ou moins grandes, requises dans la personne, qualités nécessaires pour l'obtention de l'autorisation, ne peut
changer la nature juridique de l'acte dont nous nous
occupons » (1).

Si les lois portent ainsi des entraves à la liberté du travail, aux droits qui résultent de cette liberté, en soumettant
l'exercice des professions à des permissions, sous la forme
de diplômes, par exemple, elle le fait encore dans un but,
trop visible pour que nous insistions, de protection de la
société; ici encore, l'administration agit comme remplissant *un rôle de tutelle*; et ce que nous avons dit plus haut,
nous semble plus clair que jamais, à savoir qu'il y a des
« actes qui nous apparaissent comme des restitutions faites
à l'individu de droits dont l'exercice leur était interdit.... ».
Ce sont ces actes que nous appellerons des autorisations
administratives.

215 et suiv., § 114, p. 325 et suiv.: Lœning, *op. cit.,* § 73-75, p. 322 et
suiv., § 95, p. 408 et suiv. Ces autorités sont rapportées, avec les références indiquées, dans Raneletti, *op. cit.,* p. 36, note 1.

(1) Raneletti, *op. cit.,* p. 37.

CHAPITRE II

CONCESSIONS ADMINISTRATIVES

§ I. De la conception de la concession administrative. — § II. Examen et critique d'une conception différente de la concession. — § III. Des conséquences de l'idée de création de droit.

§ I. De la conception de la concession administrative

Le rôle des êtres publics ne se borne pas à restituer aux individus des droits que ceux-ci possédaient antérieurement en puissance ; à côté des actes que nous avons examinés et appelés *autorisations*, il en est d'autres qui présentent, dans leur conception, des divergences notables ; l'administration crée parfois dans l'administré, fait naître en lui des droits, et cela, aussi bien dans l'intérêt collectif dont elle a la garde, que dans l'intérêt individuel de cet administré.

L'Etat possède un domaine public : qu'il ait sur ce domaine public un droit de propriété publique ou un droit de police ou de surintendance, peu nous importe : mais « il n'est pas douteux que l'administration puisse autoriser, sur les biens qui en dépendent, certaines jouissances privatives, conférant aux particuliers qui en obtiennent le *privilège*, le bénéfice d'avantages *spéciaux* et individuels, autres que ceux qui appartiennent *jure civitatis* aux autres membres de la société (1) ».

(1) Regray, *Des faits de jouissance privative dont le domaine public est susceptible*. Paris, 1900, p. 49 et suiv.

Tantôt, par exemple, l'Etat — ce que nous disons de l'Etat est vrai des établissements publics — ayant un travail public à effectuer et reculant devant les difficultés et les dangers de l'exécution personnelle, donnera à un particulier le droit d'effectuer ce travail et « de percevoir en son lieu et place une redevance sur ceux qui useront de ce travail (1) » dans un acte appelé « concession de travaux publics » ; et, en France, c'est par ce moyen que le réseau presque entier des chemins de fer et des canaux a été exécuté ; tantôt l'administration, en vertu du droit qu'elle possède de tirer du domaine public toute l'utilité qu'il peut fournir, donnera à certains administrés le droit de s'approprier les eaux de pluie qui tombent de la voie publique (malgré que ces eaux de pluie soient *res nullius*) ou expressément ou implicitement (2) ;

(1) « L'Etat a sur les biens du domaine public, un droit général, en vertu duquel il peut, à la condition de respecter la destination de ce domaine, concéder certaines jouissances privatives sur les biens qui en dépendent. » Cass. 11 août 1891 (*Georgi*) S. 92, 1. 132. D. P. 92. 1. 545 : Pand. franç. 92. 1. 281 : 7 juillet 1869 : (*Préfet du Calvados*) D. 70. 1. 9 ; S. 70. 1. Trib. de la Seine, 22 janvier 1853 : D. 55. 1. 241 et la note.

(2) Implicitement, de l'autorisation d'établir un aqueduc sous la voie (Cass. req., 21 mars 1876, S. 76. 359. Cf. Hauriou. *Précis*, 3e édit. p. 370). La question est généralement tranchée dans ce sens. Disons cependant, bien que ce point de vue ne nous intéresse qu'indirectement, que la solution que nous donnons n'est point universellement adoptée. — Duranton (*Cours de Droit*, t. V, n° 153), et Demolombe (*Traité des servitudes*, t. 1, n° 116), refusent à l'administration le droit de disposer des eaux pluviales de la voie publique, se basant sur l'attribution des eaux pluviales au premier occupant, d'après les principes du droit civil. En outre d'Hauriou, d'autres auteurs tels que Pardessus (*Traité des servitudes*, t. I, n° 79) et Daviel (*Traité des cours d'eau*, t. III, n° 802), se fondant sur cette raison que l'administration possède et peut exercer sur les eaux pluviales les mêmes droits que les particuliers sur les eaux de leurs fonds, donnent à l'administration le droit de disposer de ces eaux à titre de premier occupant. Cf. Picard, *Traité des eaux*. Paris, 1890, p. 14.

et du droit conféré, résulte pour les propriétaires de
fonds riverains supérieurs l'impossibilité de détourner ces
eaux de pluie, impossibilité garantie par la complainte qui ap-
partientà l'administré plus favorisé; tantôt encore l'administration, usant de la faculté que lui confère le décret du
23 prairial an XIII, art. 10, donnera, lorsqu'elle le jugera
bon, aux intéressés qui en feront la demande le droit de
fonder une sépulture (1) dans cette partie du domaine
public que sont les cimetières, droit qui peut aller jusqu'à
la propriété (2).

De même, nous verrons l'Etat concéder à des individus,
à des corps constitués, des droits, soit à des subventions,
soit à des titres et à des médailles, droits auxquels ni les
individus, ni les corps constitués n'eussent pu prétendre,
si le bon vouloir des donateurs ne les eût mis de lui-même
à leur portée, ou ne les eût en quelque sorte institués.

Il est inutile de multiplier les hypothèses : par ces quel-

(1) « Lorsque l'étendue des lieux consacrés aux inhumations le permettra, il pourra y être fait des concessions de terrains aux personnes
qui désireront y posséder une place distincte, pour y fonder leur sépulture ou celle de leurs parents ou successeurs, et y construire des
caveaux, monuments ou tombeaux. » (Décret du 23 prairial, an XII,
art. 10).

(2) Cette opinion n'est pas universellement admise, mais il n'est
nullement intéressant pour nous de la discuter ici : malgré deux circu-
laires ministérielles du 20 juillet 1841 et 30 déc. 1843, cette opinion
adoptée par la jurisprudence semble le plus en faveur (V. Cons. d'État,
19 mars 1863. *Castangt* : Cass. 24 déc. 1864. S. 64. 1, 493; 31 janvier
1870 : S. 70. 1. 263. 26 avril 1875. S. 75. 1. 312. V. encore Trib. des
conflits, 19 novembre 1875. *Bertrand Lacombe*, 26 mars 1881. *Aymen*).
Ducrocq, *Cours de droit administratif*, 6e édit., t. II, n° 1419 ; Cha-
rcyre, *Des inhumations, des lieux de sépulture*, etc., in-8, 1884,
passim.
Cf. Hauriou, 3e édit. 679 *bis*, qui combat l'opinion de M. Ducrocq.

ques exemples, nous voyons déjà qu'il existe toute une catégorie d'actes différents de ceux que nous avons déjà examinés. Dans les actes dits concessions de travaux publics, de cimetières, etc., nous constatons un *privilège*, au sens propre mais étroit, du mot, obtenu par certains administrés, un droit, qui, par l'organe et l'entremise de l'administration, devient l'apanage de quelques-uns, droit dont nul ne pouvait revendiquer, avant l'acte administratif, non seulement la jouissance, mais même la possession en puissance. Dans tous ces cas, il est impossible de dire « que l'autorité administrative écarte les barrières que des dispositions législatives antérieures ont placées à l'expansion de la liberté individuelle pour des raisons d'ordre public, cette expression entendue dans sa signification la plus large; nous sommes ici en dehors du champ d'activité propre à l'individu... » (1). L'administré, qui obtient de faire un travail public, ne pouvait dire qu'il avait ce droit en germe. C'est l'Etat, c'est le département, c'est la commune qui le lui a donné. Sans nul doute, c'est dans des lois antérieures que l'Etat, que le département, que la commune, ont puisé eux-mêmes la faculté de faire jouir l'administré d'un tel droit; sans nul doute, ce sont les lois, qui contiennent à la fois le *fondement* et la *limite* (2) de la capacité des êtres publics, et partant qui peuvent être considérées comme productrices de ces droits de l'individu, mais d'une manière indirecte et seulement comme « pure possibilité »; chaque *cas particulier* et la création actuelle du droit sont laissés à l'autorité administrative.

Et dans tous ces actes, ainsi que l'a dit l'auteur auquel

(1) V. Raneletti, *op. cit.*, p. 38.
(2) Filomusi Guelfi, *op. cit.*, p. 73 et suiv., p. 955 et suiv.

nous empruntons le principe de cette distinction, l'Etat apparaît comme l'organisation d'un peuple donné, pour lequel tout individu se révèle comme organe du tout et comme nanti d'une somme de fonctions juridiques qui concourent organiquement à accomplir la fonction de l'Etat ; ici l'Etat apparaît dans sa fonction de perfectionnement de la société, en d'autres termes, comme agissant mû par le souci du bien être intellectuel, moral et matériel de cette société, en un mot, dans son *activité sociale*, c'est-à-dire dans cette partie de l'activité de l'Etat qui « a pour objet l'activité individuelle, la manière dont elle naît et progresse ». L'Etat suit et règle les manifestations de cette activité (1).

Nous venons de dire que les êtres publics faisaient naître chez les individus des droits à des subventions qu'ils ont fondées, à des titres, etc. « C'est ainsi qu'ils encouragent et récompensent le mérite dans les arts, dans les sciences, dans les services publics ». D'autre part, c'est l'amélioration économique et physique des individus qu'ils ont surtout en vue, la santé publique, lorsqu'ils donnent à ces individus des concessions d'eau, de mines, etc.; ou bien, ils donnent satisfaction aux instincts les plus élevés de l'homme et concourent ainsi à son développement moral en lui conférant des droits temporaires, trentenaires ou perpétuels pour l'établissement d'une sépulture de famille. Enfin, ces êtres publics, ou dans la cession de l'un de leurs biens, ou dans la permission à des tiers d'empiéter sur ces biens, ou dans la concession de travaux publics, opèrent toujours en vue des intérêts généraux, et si l'on veut emprunter au droit privé une comparaison qui rende tangible la manière dont ils gèrent ces intérêts généraux, on constatera qu'ici l'Etat, les êtres publics

(1) Raneletti, *op.* et *loc. cit.*

agissent non plus comme *tuteurs*, mais plutôt à la fois
comme *tuteurs* et comme *curateurs* (1). Ce n'est pas à dire
que dans les autorisations, c'est la personne administrative
qui se substitue à l'administré ; nous entendons dire seulement par là qu'il y a dans la concession que nous venons
d'examiner un concours plus intime des êtres publics,
puisque ce sont ces êtres publics même qui font, dans
l'individu, *naître* le droit ; il y a bien cette « participation
personnelle et directe qu'on exige des curateurs » (2) en
droit privé et si nous nous sommes servis des termes :
tutelle et curatelle tout à la fois, c'est que nous avons
reconnu par là implicitement la difficulté du départ entre
la double mission que jouent les personnes administratives ;
si dans le droit privé, où la distinction est rendue accessible
par des textes précis, on reconnaît cependant que les deux
fonctions de tuteur et de curateur présentent des points
d'analogie, à plus forte raison dans le droit public et spéculatif, cette distinction est délicate : « Il n'est pas possible de
distinguer nettement ces deux fonctions de conservation et
de perfectionnement et de les séparer, suivant que les actes
ont pour fin la conservation ou le perfectionnement, parce
que ces deux fonctions s'entrepénètrent, se réclament l'une
l'autre ». « De même que toute conservation tend au maintien ou au perfectionnement d'un instrument de progrès et
de civilisation, de même tout accroissement de civilisation
a pour effet de rendre plus faciles la défense et la protection de la vie et de la propriété » (3).

(1) Raneletti, *op. et loc. cit.*, p. 39.
(2) Planiol, *Manuel,* t. I, p. 892.
(3) Meucci, *op. cit.,* p. 576. De Gioannis, *op. cit.,* vol. I, §§ 43-44,
p. 18 et 19, §§ 97-99, p. 186-187.

Cependant, d'une pareille difficulté, nous ne devons pas conclure à la négation de cette distinction qui, en principe, est vraie ; nous devons seulement être circonspects dans l'établissement du caractère dominant, caractère qui suivant la remarque de Raneletti (1) se rencontre dans *tout acte* de l'administration. Et c'est pourquoi, nous avons pris comme exemple de ces nouveaux actes qui ont pour traits distinctifs *d'être créés de toutes pièces* dans l'individu par l'administration, des manifestations d'activité au sujet desquelles le doute n'est pas possible ; sans qu'il n'y ait nul conteste, dans les hypothèses examinées plus haut, l'individu ne possédait aucun droit en germe, mais seulement la possibilité d'être sujet de droit ; car s'il avait possédé des droits en germe, il eût heurté par la réalisation de ce droit, et au moment où cette réalisation se fût effectuée, d'autres droits en germe, ce qui serait contraire au principe de l'égalité entre tous les hommes. La formule dont nous nous servons *droit en germe* paraît contradictoire dans ses termes. Et cette apparence serait justifiée si nous entendions par là les *droits subjectifs*. Le droit subjectif, pour M. Hauriou, est « un intérêt individuel socialement garanti » (2). Avec M. Barthélemy, dans son remarquable travail sur l' « Essai d'une théorie des droits subjectifs des administrés dans le droit administratif français » (3), nous ne pouvons partager une telle manière de voir, qui, cependant, ne nous contraindrait pas à justifier notre formule ; car un droit peut être socialement garanti et exister en germe. Mais la définition de M. Hauriou a le grave

(1) Raneletti, *ibid.*
(2) Hauriou, *Précis,* p. 317, note 5.
(3) Barthélemy, *op. cit.,* p. 22.

inconvénient de ne pas se rapporter uniquement à l'objet
défini : « elle n'est pas inexacte, mais elle dépasse le
défini » (1). Elle est également vraie de certains droits
naturels ou de certains droits reflets, ou même de simples
intérêts ; ces derniers, par exemple, sont socialement
garantis, en ce sens qu'ils nécessitent, qu'ils exigent des
formes, des compétences, un but administratif, etc.; aussi
nous rallions-nous pleinement à la remarque de l'auteur
précité, que c'est moins dans la garantie sociale qu'il faut
chercher un *criterium* au droit subjectif que dans la « qualité de cette garantie et c'est très justement, qu'il ajoute
que le droit subjectif est celui dont la réalisation peut être
obtenue par un moyen juridique à la disposition du
sujet » (2), définition qui n'est elle-même qu'un développement de cette autre définition proposée par lhering :
« Le droit est un intérêt protégé juridictionnellement,
c'est-à-dire par les moyens d'une action » (3). L'idée est
complétée par Orlando, lorsqu'il ajoute que « là où l'action
juridictionnelle manque, on n'a qu'un intérêt protégé en
plus ou moins grande partie » (4). Il est donc non seulement de la nature, mais de l'essence même du droit subjectif d'être *réalisé*. Or qui dit : droit en germe, dit par là
même impossibilité actuelle de réalisation ; enfin, lorsque
nous refusons aux actes examinés plus haut de contenir
le germe d'un droit, nous entendons par là qu'ils ne renferment ni droit naturel, ni droit reflet, ni intérêt *en puissance*.
Et peut-être est-ce à cause de cette absence de droit chez

(1) Barthélemy, *op.* et *loc. cit.*
(2) *Ibid.*
(3) Hauriou, à son cours, *cité* par Barthélemy, *op.* et *loc. cit.*
(4) Orlando, *op.* et *loc. cit.*, p. 290.

l'individu, et pour mieux marquer le caractère de *faveur*, de *privilège*, au sens propre du mot, accordés par l'administration à l'administré, que la doctrine française et italienne ont donné à de pareils actes le nom de *concessions*.

Lorsque nous parlons de privilège, nous ne voulons pas dire que l'administré, titulaire du droit que lui confère l'administration, soit choisi sans garanties et que son « privilège » ne se justifie pas. Il en est, ou il devrait être, de tout concessionnaire comme il en doit être, suivant l'heureuse expression de M. Tavernier (1), du concessionnaire des cours d'eau pour l'exploitation des forces hydrauliques naturelles : la concession doit être accordée « au meilleur ». Mais nous n'avons pas à signaler ici les garanties qui doivent être prises pour qu'un pareil but soit atteint. Nous avons voulu seulement indiquer en passant, que le caractère de faveur dont est revêtu l'acte que nous nommons « concession » se justifie et ne fait point échec au principe fondamental de l'égalité entre les hommes ; nous ne pouvons que répéter ce que nous avons déjà dit, et c'est un point sur lequel nous ne saurions trop insister, c'est que la concession fait naître chez l'individu, crée de toutes pièces un droit, qu'il ne possédait, en aucun état, avant l'acte générateur. Toutefois, nous ne repoussons pas l'expression *privilège*. Non seulement la concession est un privilège en ce sens qu'elle favorise un administré, puisqu'elle lui assure une situation que n'ont pas les autres administrés,

(1) Tavernier, *Les grandes forces hydrauliques des Alpes*. Conférence faite devant la Société d'Etudes économiques de Saint-Etienne, le 7 novembre 1901. (*Bulletin de la Société*, 8ᵉ année, nº 1), *cité* par M. Michoud, *Bulletin de la Société d'Etudes législatives*, 1ʳᵉ année, p. 240.

mais encore c'est un privilège, en ce que, souvent, elle fait perdre aux autres administrés des avantages qu'ils avaient auparavant. Si nous prenons, par exemple, les concessions sur le domaine public, nous voyons qu'elles produisent, à l'égard du public, tous les effets du déclassement, puisqu'elles rendent impossible, la jouissance commune sur l'emplacement concédé. Et, notons-le en passant, c'est ce qui explique comment une pareille concession ne doit jamais comprendre une dépendance du domaine public prise dans son ensemble, mais seulement des parties susceptibles d'en être distraites (1), sans qu'elles cessent de remplir leur desti-

(1) V. Ludovic Le Masne, *Occupations temporaires du Domaine public*. Grenoble, 1900, p. 58. — « C'est ainsi qu'il a été décidé qu'un préfet ne peut pas, sous forme de permission de voirie, autoriser l'exécution sur le sol de la voie publique de travaux (il s'agissait dans l'espèce de travaux de défense contre les inondations de la Garonne) ayant pour effet de modifier, sur une grande longueur, l'assiette d'un chemin vicinal de communication. (Conseil d'Etat, 4 janvier 1895. *Dames Dubourg*. Leb., p. 5 »). *Ibid.*, p. 59, note 1.— La situation privilégiée du concessionnaire sur le domaine public a donc en soi, et précisément parce qu'elle porte atteinte aux droits ou aux intérêts du public, quelque chose de choquant. Et nous retrouvons une trace de cette idée dans la Jurisprudence. Ainsi, il n'est pas étonnant de voir l'acte de concession attaqué lorsqu'il porte atteinte à de véritables droits : d'accès, d'égout, etc. (V. de Récy, *op. cit.*, t. I, n°s 654 et suiv.). Mais il est plus bizarre de voir qu'un simple *intérêt* lésé permet aux riverains, et plus généralement aux tiers, d'arriver au même résultat ; à la vérité, il ne s'agit là que de l'obtention d'une annulation pour *incompétence* ou *vice de forme* des arrêtés d'autorisation ; mais la tendance n'en est moins curieuse à signaler : il faut toutefois que l'intérêt soit direct et personnel. (V. Picard, *op. cit.*, t. III, p. 243). M. Le Masne (*op. et loc. cit.*, p. 61), va même jusqu'à donner au riverain la possibilité d'intenter une action en indemnité contre l'Etat, lorsque la concession est d'intérêt purement privé, montrant ainsi que, pour lui, la situation privilégiée ne s'explique qu'autant qu'elle a pour but d'assurer l'usage commun du domaine public et, par conséquent, d'en favoriser la destination.

nation. Nous disons que nous ne pouvons trop insister sur ce point, puisque c'est lui qui nous fait classer, à première vue, les actes administratifs en autorisations et en concessions. Et, pour résumer d'un mot tout ce qui précède, nous dirons que la distinction bipartite est fondée sur ce que, d'une part, nous trouverons dans certains actes « la *création d'un droit*, dont le sujet juridique qui l'acquiert avait seulement *la possibilité* », et dans d'autres « la fixation des limites et par conséquent la transformation d'un droit de potentiel en actuel » (1). C'est la même idée qui est encore exprimée sous cette forme que « ce qui dans les concessions est la création d'un droit est dans l'autorisation la permission de l'exercice du droit » (2).

Sans nul doute, ces deux catégories d'actes pourraient être rangées sous un même type, pour peu que l'on ne voulût pas reconnaitre cette idée de « fixation de limites placées à la libre expansion de l'activité individuelle » et de « création de droit », c'est-à-dire si l'on refusait à l'individu toute liberté naturelle.

Alors ces actes, différents pour nous, autorisations ou concessions, nous apparaîtraient les uns et les autres comme produisant le même effet, c'est-à-dire créant de toutes pièces un droit chez l'individu ; en un mot la notion des autorisations, telle que nous l'avons révélée, serait inexacte : il n'y aurait plus que des concessions : mais nous avons dit plus haut (3), que nous reconnaissions comme vraie la conception de l'individu titulaire de droits naturels en regard de l'Etat :

(1) Raneletti, *op.* et *loc. cit.*, p. 43.
(2) *Ibid.*, p. 43.
(3) *Supra*, p. 13 et la note.

nous avons dit (1) que nous repoussions les théories socia-
listes, et que nous les regardions comme fausses. En poussant les choses à l'extrême, ce qu'ont fait certains auteurs,
on pourrait encore arriver à nier la distinction que nous proposons en supposant à l'inverse, un Etat primitif, embryonnaire, dépourvu de droits vis-à-vis de l'individu ; mais comme
le fait avec raison remarquer Raneletti (2), « c'est un principe
indiscutable reconnu vrai en droit administratif comme en
toute branche de droit public, que l'Etat dont il est question,
et d'où tout départ est fait, est un Etat déjà constitué et déterminé, avec toute l'organisation relative des pouvoirs, des
fonctions, de la liberté (3) et l'on ne peut évoquer les autres
types de l'Etat et encore moins des types qui ont existé à des
époques plus ou moins hypothétiques ».

Nous croyons cependant que c'est à tort que Raneletti
conçoit et prend au sérieux de pareilles hypothèses : d'ailleurs il se condamne lui-même en disant que de telles époques
ont été plus ou moins hypothétiques, mais, alors même que
l'on admet comme vrai que les sociétés ont passé par ce
stade, dans leur évolution, on a tort d'en parler ici. Car
non seulement en de semblables temps, la conception des
autorisations et des concessions, déjà difficile à établir en
des Etats très civilisés, eut été chimérique, mais la conception même de l'Etat ne se présente pas à l'esprit ; du moment
qu'il y a, je ne dis même pas Etat, mais famille, clan, tribu,
il y a des droits opposables à l'individu. M. Raneletti eut
donc pu laisser de côté une semblable hypothèse.

(1) *Supra,* p. 10.
(2) Raneletti, *op.* et *loc. cit.*, p. 43.
(3) Meucci, *op.* et *loc. cit.*, p. 10. Toute la doctrine française, sans spécifier ce point, le reconnait comme implicitement exact.

§ II. **Examen et critique d'une conception différente de la concession**

La distinction des autorisations et des concessions est certaine, mais le criterium n'est pas le même pour tous. M. Regray, dans son travail sur les faits de jouissance privative dont le domaine public est susceptible, visant l'hy_ pothèse des occupations du domaine public, fait le départ suivant : la demande d'occupation doit faire l'objet d'une concession, lorsque les ouvrages exécutés sont destinés à être affectés à un service public, ou que l'occupation tend à l'appropriation du domaine public : si la sollicitation n'a pour but que la satisfaction d'un intérêt personnel ou d'un besoin particulier, le contrat de concession n'est plus nécessaire, la simple autorisation suffit (1). Cette distinction, M. Regray la base sur une circulaire du ministre de l'Intérieur du 15 août 1893. « Lorsqu'un particulier, dit la circulaire, demande à établir sur une voie publique, quelle qu'elle soit, de grande ou petite voirie, des ouvrages permanents destinés à un usage collectif, pour faire commerce de leur exploitation, l'autorité compétente n'a plus seulement à examiner la question de savoir si l'existence des ces ouvrages est compatible avec l'utilisation normale du domaine public, elle doit examiner, en outre, si l'installation demandée n'est pas de nature à créer à son auteur une situation privilégiée, en laissant le public sans garantie contre ses exigences. Dans l'affirmative, elle doit prendre les précautions nécessaires, pour que les avantages, offerts par l'exploitation dont il s'agit, soient assurés aussi largement et aussi équitablement que possible, à tous ceux qui seraient en situa-

---

(1) Regray, *op.* et *loc. cit.*, p. 121.

tion d'en profiter. Il ne suffit plus, dès lors, d'une simple permission de voirie, qui ne pourrait régler que les conditions de l'occupation du domaine public, abstraction faite de l'exploitation des ouvrages autorisés. L'autorisation doit être donnée par un acte de concession, qui réglemente cette exploitation et qui en fixe le tarif maximum ».

Nous ne voulons pas, pour l'instant, repousser comme fausse la distinction que propose M. Regray : elle n'est d'ailleurs nullement incompatible avec le criterium qui nous paraît plus exact : il nous semble toutefois que la circulaire sus-indiquée est plus favorable à notre thèse qu'à celle que soutient M. Regray : il peut sans doute n'avoir pas été dans la pensée du Ministre de l'Intérieur de se baser pour la nécessité d'une concession, sur la distinction entre la *création des droits* et leur simple *mise au jour* : il n'en est pas moins vrai que c'est cette distinction qu'il propose : ce que le Ministre de l'Intérieur considère, c'est beaucoup moins la question de la compatibilité de la création des ouvrages sur le domaine public, que la question de savoir « si l'installation demandée n'est pas de nature à créer à son auteur une situation privilégiée ». N'est-ce pas dire, en d'autres termes, qu'elle est de nature à faire naître, chez cet auteur, un droit que les autres individus ne possèdent pas et que lui, par conséquent, ne possédait pas davantage? Quant à l'avis du Conseil d'Etat du 16 mars 1888, nous reconnaissons qu'il adopte le point de vue auquel se place M. Regray : « Considérant, porte cet avis, que le droit d'autoriser l'établissement d'un service public et la perception de taxes sur le domaine public, appartient essentiellement à l'administration supérieure, chargée de la gestion de ce domaine, et ne saurait être exercée par les préfets, à moins d'une délégation précise et formelle; considérant qu'à la vérité, le décret de décentralisation a placé dans les attributions des préfets l'autorisation et l'établissement des débarcadères, sur les bords des fleuves et rivières, pour le service de la navigation, la fixation des tarifs et des conditions d'exploitation de ces débarcadères, et qu'on peut se demander si cette disposition ne s'applique point aux grues ; mais que l'expression de *débarcadères* est généralement employée pour désigner des ouvrages qui ne comportent point d'engins mécaniques, et qui, étant destinés plutôt au service des voyageurs qu'à celui des marchandises, ne peuvent guère donner lieu à la perception de taxes gênantes pour le commerce ; que cette expression ne saurait être étendue aux grues, qui constituent, au contraire, un des éléments les plus élémentaires de l'outillage d'un port et dont les tarifs peuvent exercer une grande influence sur sa plus ou moins bonne utilisation. — *Considérant, d'ailleurs, que la loi du 27 juillet 1870, qui règle les formes dans lesquelles doivent être autorisés les divers travaux publics, est applicable à tous les engins, établis en vue d'un service public, aussi bien sur les ports fluviaux que sur les ports maritimes, et les comprend sous la désignation générale de travaux de moindre importance ; — que si ladite loi vise spécialement les travaux exécutés par l'Etat, soit par des concessionnaires d'un service public, il est rationnel d'en appliquer les dispositions aux ouvrages exécutés en vue d'un service privé alors même qu'ils conservent le caractère de propriété particulière, du jour où ils viennent à être affectés à un service public :* qu'au point de vue des intérêts du commerce, il y a, en effet, les mêmes raisons de réserver, dans l'un et l'autre cas, à l'administration supérieure, la décision des questions qui touchent à l'exploitation des

voies navigables, et, notamment, à leur outillage, de manière à empêcher que, sous la pression d'intérêts locaux,
il ne puisse être pris de mesures qui seraient contraires à
l'intérêt général (1) ».

Nous ne savons jusqu'à quel point il est légitime d'étendre
les dispositions de la loi du 27 juillet-3 août 1870 ; nous
croyons d'après le titre même de la loi : « Loi concernant
les grands travaux publics », d'après les exemples fournis
par le §2 de l'art. 1er, d'après l'exposé des motifs (2), d'après
l'argument puissant, argument relevé par l'avis du Conseil
d'Etat, de l'analogie entre les termes : *débarcadères* et
grues, qu'il y avait toutes raisons pour repousser l'extension
que le Conseil d'Etat est d'avis de donner à la loi de 1870.

Au surplus, nous aurions mauvaise grâce à repousser
absolument le criterium que propose M. Regray : car entre
ce criterium et le criterium plus exact cependant, croyons-
nous, de Raneletti, il y a une distance moins grande qu'on
ne pourrait le croire à première vue. Si l'occupation priva-

----

(1) V. Picard, *Traité des eaux*, t. III, p. 162 et suiv. Lechalas, t. II,
p. 262. Cf. Regray, *op.* et *loc. cit.*, p. 119 et la note.

(2) Duvergier, *Lois et décrets*, t. LXX, p. 268 et suiv. « Un décret
impérial, rendu en la forme des règlements d'administration publique et
également précédé d'une enquête, pourra autoriser l'exécution des canaux et chemin de fer d'embranchement de moins de vingt kilomètres
de longueur, de lacunes et rectifications de routes impériales, des ponts
et de tous autres travaux de moindre importance. »

Il est certain que la formule : « tous autres travaux » est large, mais
il n'en est pas moins certain qu'elle ne comprend que des travaux de la
même nature (c'est-à-dire des travaux publics) que ceux précédemment
cités. Il est toujours dangereux d'étendre la portée d'un texte, car l'on
risque ainsi d'aller contre la pensée du législateur, ce danger est d'autant plus grand ici que le temps manquait pour apprécier le projet dans
ses détails... » Voir les observations de M. Dessaignes au Corps législatif
et de M. Baroche au Sénat.

tive doit faire l'objet d'une concession lorsque cette occupation tend à l'appropriation du domaine public, ou que les ouvrages exécutés sont destinés à être affectés à un service public, le motif n'en est-il pas précisément que dans ce cas l'administration fait aux particuliers une situation privilégiée, leur donne un droit dont on chercherait vainement le germe antérieurement? Lorsqu'au contraire, l'occupation privative sollicitée ne tend qu'à la satisfaction d'un intérêt personnel ou d'un besoin privé, l'administration se contentera d'un simple acte d'autorisation précisément parce qu'elle ne fera que mettre en relief, en exercice, un droit que le particulier possédait auparavant à l'état potentiel.

A la vérité, la distinction paraîtra parfois subtile. Encore mieux vaut-il qu'elle soit subtile qu'inexacte, si l'on prend, par exemple le droit pour un particulier d'occuper le domaine public, communal ou autre, par des conduites destinées à fournir le gaz devant servir à l'éclairage des particuliers, on peut se demander par quel acte un pareil droit doit être constitué chez ce particulier. Y a-t-il « appropriation du domaine public » ? Incontestablement oui. D'autre part, est-ce dans son « intérêt personnel » que le particulier a occupé le domaine public ? Sans doute et dans une certaine mesure, on peut répondre affirmativement, mais il est évident que c'est surtout dans l'intérêt du service d'éclairage que cette appropriation a été demandée et obtenue. Or ici, une pareille appropriation peut faire l'objet non d'une concession, mais d'une simple autorisation. A la vérité, la question a été une question controversée, mais la solution n'est pas contestée aujourd'hui. C'est

dans M. Regray lui-même que nous la prenons. Il n'est
besoin ici que d'une autorisation (1).

A l'inverse, prenons la concession dans les cimetières.
Y a-t-il un acte qui tende moins à la satisfaction d'un intérêt collectif ? Elle est demandée et obtenue dans un but
moral et individuel, qui n'est autre que le respect dû aux
morts et plus spécialement du mort à propos duquel on la
sollicite. Et cependant, un tel acte est une concession.
Encore y aurait-il un moyen d'éviter tout ce qu'ici l'objection a de frappant. Ce serait de nier que le domaine public
comprenne les cimetières, mais M. Regray tout en reconnaissant que la question est controversée (2), prend néanmoins parti et conclut à la domanialité publique des cimetières (3). Ici donc, son criterium ne saurait être appliqué
sans erreur.

(1) V. Cons. d'Etat, 10 déc. 1886 *(Desclée)*, D. 88, 3, 43, 14 janvier
1865. *Compagnie continentale d'éclairage*, c. *ville de Marseille*, D. 65,
3, 55. *Id.*, 14 février 1861, D. 61, 3, 65. V. aussi 10 avril 1867 *(de Kerveguen)* D. 67, 1, 397.

(2) Cour de Lyon 7 juillet 1883 *(Nique)* D. 85, 2, 34. Trib. Lyon
4 février 1875 *(Triomphe)* D. 77, 2, 161, S. 77, 2, 35. Toulouse 22 février
1874 sous cass. 26 avril 1875 D. 75, 1, 473, cass. civ. 10 janvier 1844
S. 44, 1, 120. Trib. Coutances, 9 décembre 1846. D. 47, 3, 206. Aubry
et Rau, 5ᵉ édit. § 169, p. 158. Gaudry, *Traité des cultes*, t. II n° 744 ;
Barthélemy, *op. cit.*, p. 379, note 1. Rigauld et Maulde, V. *cimetière*,
n° 8 ; Cazalens, note sous 4 février 1875 *précité*. D. 77, 2, 161. Bourbeau,
Traité de la Justice de paix, p. 621, n° 363 ; Chauveau, *Journal de
droit administratif*, T. X. p. 479 ; Maurice André, *La sépulture*, p. 306
et suiv. Jur. gén. v. *Culte*, n° 784, *Domaine public*, n° 23 et *Prescrip-
tion civile*, n° 197, *Contrà* ; Dufour, *Traité général du droit administratif appliqué*. 2ᵉ édit., Paris. 1856, t. V, n° 596, p. 586. Batbie, *op. cit.*,
T. V, 314 ; Ducrocq, 6ᵉ édit. t. II, n° 1819, etc. Cf. Regray, *op. cit.*,
p. 104 et la note.

(3) Regray, *op.* et *loc. cit.*

Appliquons au contraire l'idée que nous avons émise plus haut. Pourquoi, pour occuper privativement pendant dix ans, pendant trente ans, ou perpétuellement cette partie du domaine public qui est consacrée exclusivement aux inhumations, une concession est-elle nécessaire? Précisément parce qu'on ne saurait trouver chez le concessionnaire le germe du moindre droit à occuper une partie du domaine public pendant aussi longtemps; que tous les particuliers aient en puissance le droit d'occuper au jour de leur décès le terrain des cimetières, c'est certain, c'est même si vrai que ce droit a pour corrélatif une obligation de l'administration (1) ; mais ils n'ont le droit d'occuper cette partie du domaine public que d'une manière égale, sans nul privilège, sans quoi le principe de l'égalité entre tous les hommes serait violé, et, d'autre part, la nature du domaine public, qui ne compte que le *jus utendi* serait méconnue : précisément aussi, parce que le domaine public comporte le *jus utendi*, et parce que chaque partie du domaine public comporte une affectation adéquate à sa destination, tous les particuliers ont le droit de se faire enterrer dans les cimetières, mais dès qu'un particulier réclamera et obtiendra d'occuper pendant dix ans, pendant trente ans ou perpétuellement une portion de cimetière, il ne saurait plus être question de droit préexistant; de là nécessité d'une concession. Alors, peut-on objecter, comment se fait-il que pour la pose de tuyaux d'éclairage, il ne soit besoin que d'une autorisation? Y avait-il là un droit préexistant? Je le crois ; du moment que l'on admet que tous les particuliers ont, sur le domaine public, le *jus utendi*, tous les

(1) Dalloz, *Répertoire.* V. *Culte,* n° 783. V. *Décret* du 23 prairial an XII.

particuliers ont en germe le droit d'occuper de telle manière le sous-sol du domaine public ; c'est même la seule
destination de ce sous-sol ; mais cela ne veut pas dire que
tous usent de ce droit, puisque nous avons dit plus haut
que la restitution d'un droit qui existait potentiellement,
constituait précisément l'*autorisation* et que cette autorisation — c'en est la première conséquence — pouvait moins
s'analyser en un don fait à un individu qu'en un refus
implicite opposé à la masse des individus. Rien d'étonnant
donc que pour obtenir de canaliser sous la voie publique,
il ne soit besoin que d'une simple autorisation.

Nous avons dit que, entre le criterium proposé par
M. Regray et celui qui nous semblait plus exact, la distance
était moindre qu'on n'eût pu croire à première vue. En effet,
pour que l'administration donne à l'individu un droit qu'il
n'avait pas auparavant, il faut qu'elle ait à cela un intérêt
supérieur : au contraire elle restituera plus facilement à
l'individu l'exercice d'un droit que cet individu détenait en
germe ; il suffira pour cela que l'intérêt d'autres individus,
ou l'intérêt de la collectivité, mais un intérêt dont elle est
seule juge, ne s'y oppose pas ; et c'est ainsi que très
souvent, nous dirons même la plupart du temps, c'est un
simple acte d'autorisation qui intervient « si l'occupation
sollicitée ne tend qu'à la satisfaction d'un intérêt personnel
ou d'un besoin privé, sans que le public soit appelé à retirer un avantage quelconque de l'occupation » (1). Toutefois,
nous croyons qu'il faut voir là plutôt une coïncidence qu'une
raison profonde.

Au surplus, le criterium que nous proposons et que
nous avons trouvé exposé pour la première fois dans Rane-

(1) Regray, *op.* et *loc. cit.*

letti, n'est pas un criterium nouveau. Déjà Batbie l'avait signalé (1). Nous le trouvons encore, mais entendu d'une manière plus restrictive dans Wodon (2), Delallau (3), etc. (4).

§ III. Des conséquences de l'idée de création de droit

La distinction que nous avons proposée, a été basée sur la théorie de création ou non-création d'un droit. Or, cette expression « création d'un droit » ne paraît pas absolument exacte à tous. M. Pilon, dans son remarquable travail sur « les Monopoles communaux » (5), déclare que pour lui, il n'y a pas création de droit, mais seulement délégation par la personne administrative du droit dont cette personne administrative a la jouissance.

Et les raisons qu'il en donne sont très fortes. D'une part, dit-il en substance, et se plaçant sur le terrain des concessions sur le domaine public, si l'on recherche sur quelle base étayer le droit de domaine public, on découvre que ce droit est fondé sur la puissance publique. Or, le droit de domaine public ne peut être cédé, puisqu'une pareille

(1) Batbie, *op. cit.*, t.VII, p. 273.

(2) Wodon, *Traité des choses publiques en général et des droits qui en dérivent*. Bruxelles, Bruylant et Christophe, 1870, n° 187 et 188, p. 249, 252 : la distinction n'est faite qu'en ce qui concerne les choses patrimoniales ou domaniales.

(3) Delallau, *Expropriation*, vol. I, n° 141, 248.

(4) Voy. encore Cormenin, *Questions de droit administratif*, vol. II, p. 9. Daviel, *Pratique des cours d'eau*. Isambert, *Voirie*, vol. 1. Championnière, *Propriété des eaux courantes*, n° 424. De Brouckère et Tielemans, *Dict. administratif*. Voir concessions. Sur ces références, cons. Wodon, *op. et loc. cit.*

(5) *Monopoles communaux*, Caen, 1898.

cession équivaudrait à la cession du droit de puissance publique qui est, par nature, inaccessible. Et, ajoute-t-il, « nul n'oserait soutenir que la commune peut céder son droit de police : or, il y a les mêmes raisons pour qu'elle ne puisse céder son droit domanial de puissance publique, puisque ce sont là les deux attributs du droit général de puissance publique ».

Cette raison n'est pas la seule.

Mais on arrive encore à la même conclusion en étudiant la destination de ce droit de domaine public. Cette destination est une destination d'utilité publique : « les voies communales, par exemple, font partie du domaine public de la commune, c'est-à-dire qu'elles sont asservies par la loi à l'utilité collective des habitants de la commune. Aussi sont-elles inaliénables : mais cette inaliénabilité n'existe qu'en ce qui concerne le droit : l'exercice du droit peut être cédé (1).

Ce double motif est très puissant et nous fait croire qu'en effet ce qui est cédé c'est moins le droit incessible que l'exercice de ce droit. Nous n'en maintenons pas moins les expressions « création d'un droit », car au lieu de nous placer comme M. Pilon, au point de vue objectif, nous ne considérons la question qu'au point de vue purement subjectif, en tant, et seulement en tant qu'elle intéresse le bénéficiaire de la concession. Or, pour le bénéficiaire de la concession, y a-t-il, oui ou non, un droit dont on aurait cherché vraiment les germes auparavant? Évidemment oui. Sans nul doute, on ne peut pas dire que ce soit absolument la même chose que le concessionnaire ait le droit lui-même

(1) Pilon, *op.* et *loc. cit.*, p. 61 et 62.

ou seulement l'exercice de ce droit ; au point de vue notamment de l'interprétation des concessions (1), cette interprétation devra être restrictive, mais les conséquences sont moins importantes qu'on ne pourrait le croire, car la principale conséquence, la révocation possible, la précarité des concessions, est repoussée par nous, ainsi que nous le verrons plus loin (2). Quoi qu'il en soit, nous avons voulu seulement opposer par l'expression « création de droit » la situation du concessionnaire, privilégié par l'administration, à la situation de l'autorisé qui ne fait que *jouir* d'un droit qu'il avait en puissance et c'est ce qui explique que l'expression paraisse à première vue peu correcte : elle manque peut-être encore de précision à un autre point de vue. Nous ne devrions pas parler de *création* d'un droit, puisque le droit existait préalablement chez le concédant ; à part l'occupation, il n'y a pas d'ailleurs de modes d'acquisition qui *créent* des droits ; mais là, encore, nous nous sommes placé au poin t de vue subjectif, et là, encore, nous avons voulu marquer d'une manière plus frappante, par une expression peut-être inexacte en soi, combien, au point de vue théorique et spéculatif, étaient différentes la situation du concessionnaire et celle de l'autorisé.

Au surplus, et pour mieux nous justifier, nous pouvons nous retrancher derrière de nombreuses autorités, notamment de Raneletti (3), dans la doctrine étrangère, de Batbie, dans la doctrine française (4).

(1) Hauriou, *op.* et *loc. cit.*, p. 532.
(2) *Infra.* IIe part., chap. IV.
(3) Raneletti, *op.* et *loc. cit.*, p. 44.
(4) Batbie, *op.* et *loc. cit.*, t. VII, p. 273.

*
**

Nous avons vu que les autorisations et les concessions administratives étaient l'œuvre de l'administration, en ce sens que cette branche du pouvoir exécutif était libre de les faire naître. Et c'est, croyons-nous, la raison pour laquelle la doctrine ne s'est préoccupée, que depuis très peu de temps, de la distinction entre les autorisations et les concessions. Puisque, comme nous le verrons plus tard, le refus d'autorisation, comme le refus de concession, ne peut donner lieu à un recours contentieux, à quoi bon se préoccuper de la distinction ? Sans compter les raisons pratiques que nous pourrons rencontrer, il existe une raison spéculative importante que nous avons donnée ; les deux catégories d'actes ne sont pas semblables : l'autorisation supposait un droit préexistant que l'on ne rencontre pas chez le concessionnaire ; il est vrai qu'un examen superficiel peut faire croire le contraire. S'il y avait chez l'autorisé un droit préexistant, l'administration serait contrainte, en l'absence de motifs, de rendre ce droit préexistant, de potentiel qu'il était, actuel, et l'autorité juridictionnelle devrait être juge des motifs de refus, ce qui n'a pas lieu. Mais cette raison tombe, pour peu que l'on veuille bien réfléchir que si des lois ont empêché chez l'autorisé le droit d'être actuel et exercé, c'est qu'*a priori* des motifs d'ordre public s'y opposaient, et l'on peut considérer l'autorisation avant qu'elle ne soit donnée, c'est-à-dire à son état embryonnaire, comme en conflit avec l'ordre public. Et c'est pourquoi contre le refus d'être accordée, la loi ne tolère pas de recours, car on suppose qu'en ce cas, l'ordre public est atteint et que, par conséquent, et à supposer même qu'il y ait un droit, ce droit tombe devant un intérêt supérieur, l'intérêt collectif, public, dont la garde constitue une des missions principales et supérieures de l'administration ; cette mission ne saurait s'exercer sûrement qu'autant qu'elle a pour corollaire un pouvoir discrétionnaire absolu chez l'autorité tutélaire. Sans nul doute, l'administration n'agit qu'autant qu'elle en a trouvé la possibilité abstraite dans une loi préexistante. Si les communes, par exemple, peuvent donner aux particuliers des permissions sur leur domaine public, elles le font en vertu de l'art. 7, § 3 de la loi du 11 frimaire an VII et des textes postérieurs (1). Si des parcs et des pêcheries peuvent être établis sur les dépendances du domaine public maritime, ils peuvent l'être en vertu du pouvoir qui a été conféré au Ministre de la Marine par les art. 2, 3, 5 et 6 du décret-loi du 9 janvier 1852, etc. ; en un mot, l'administration ne peut autoriser ou concéder qu'autant qu'un pouvoir supérieur le lui a permis : mais du moment qu'une loi ou un décret lui a donné une telle faculté, elle est libre d'en jouir comme il lui plaît ; une permission de voirie, une permission donnée à un particulier sur le domaine public, sur le rivage de la mer n'a rien d'obligatoire, en ce sens que c'est l'administration compétente qui est seule juge de son opportunité. Et la conséquence qui en découle, c'est que, en cas de refus

____

(1) Art. 7, § 3. « Les recettes communales, quant aux communes faisant partie d'un canton, se composent..... 3° Du produit de la location des places dans les halles, les marchés et les chantiers, sur les rivières, les ports et les promenades publiques, lorsque les administrations auront reconnu que cette location peut avoir lieu sans gêner la voie publique, la navigation, la circulation et la liberté du commerce.... »

d'autorisation ou de concession, il ne semble pas qu'il y ait des recours contre ces actes discrétionnaires. Cependant, contre cette solution, il y a, semble-t-il, une raison. Le détournement de pouvoir peut entacher un acte discrétionnaire « malgré la pleine liberté de décision qui paraît inhérente aux actes de cette nature » (1) ; aussi le refus arbitraire, opposé par l'autorité compétente à une demande de concession temporaire, ne devrait pas, suivant les vraisemblances, échappper, tout au moins pour détournement de pouvoirs, au contrôle du Conseil d'Etat. Et la question s'est d'ailleurs posée. Plusieurs pétitionnaires qui n'avaient pu obtenir l'autorisation d'occuper temporairement le domaine public, notamment pour y établir des canalisations souterraines, ont déféré au juge de l'excès de pouvoir la décision par laquelle l'administration avait rejeté leur demande. Mais le Conseil d'Etat a toujours été très ferme et très logique et a consacré, dans toutes ces décisions, la pleine liberté de l'administration, dans cette manifestation de son activité, déclarant non recevables de pareils recours, même lorsqu'il s'agissait seulement d'un complément d'autorisation, par exemple d'un branchement nouveau à ajouter à une canalisation déjà existante et dûment autorisée (2).

(1) Laferrière, *op.* et *loc. cit.*, t. II, p. 549.

(2) C. d'Et., 26 déc. 1891 *(Compagnie générale du Gaz)*. D. 93. 3. 28. Leb., p. 827 ; 6 mars 1885 *(Bonhomme)*. D. 86. 3. 113 : Leb., p. 266 ; 25 janvier 1884 *(Le Blanc)*. D. 85. 3. 86 ; 19 mars 1880 *(Compagnie générale du Gaz)*. D. 80. 3. 109 ; 26 juillet 1895 *(Société la Prévoyance)*. Leb., p. 603. Les seuls recours ouverts sont le recours devant le supérieur hiérarchique. V. Hauriou, 3ᵉ édit., p. 299 et suiv. Ducrocq, 7ᵉ édit., t. I, p. 317. C. d'Et., 10 déc. 1880 *(Poirel)*. Leb., p. 980. Le pouvoir que possède ici l'autorité supérieure est un simple pouvoir d'annulation, mais ce pouvoir ne va pas jusqu'à la réformation de l'acte. Il y a cependant à cette règle une dérogation. Cf. Regray,

D'après un arrêt du 26 décembre 1891, le pétitionnaire n'est pas recevable *à discuter par la voie contentieuse les motifs du refus d'autorisation* (1). Et un autre arrêt, rendu le 6 mars 1885, donne une formule plus générale encore ; d'après cet arrêt, le refus d'un maire d'autoriser un particulier à placer une conduite sous un chemin rural ou vicinal, à l'effet d'amener dans son champ les eaux d'une source par lui acquise *n'est pas de nature à être déféré à la juridiction contentieuse* par application des lois des 7-14 oct. 1790 et 24 mai 1872 » (2) ; il n'est cependant pas douteux, comme le fait remarquer ici M. le Masne (3) que cette décision eût pu être déférée au Conseil d'Etat pour incompétence ou pour vice de forme. Et cette jurisprudence est aussi ancienne qu'invariable (4), ap-

op. et *loc. cit.*, p. 67. L'art. 98, § 4 de la loi du 5 avril 1884 décide que les permissions de voirie sur les voies publiques qui sont placées dans les attributions du maire, peuvent être accordées par le préfet. (V. Ducrocq, *Traité de droit administratif,* 7ᵉ édit., p. 345, nᵒ 300). *Etudes sur la loi municipale*, p. 56 et suiv.). En outre, il existe encore un recours ouvert devant le Conseil d'Etat pour incompétence ou vice de forme. Le Conseil d'Etat, par exemple, a aussi annulé l'arrêté par lequel un préfet, sans prendre l'avis du maire, exigé par l'art. 98, § 3 de la loi du 5 avril 1884, refusait à un particulier l'autorisation d'établir une canalisation sur le sol d'une route départementale. V. C. d'Et., 26 novembre 1886 *(Larbaud)*. D. 88. 3. 22.

(1) C. d'Et. V. note précédente.

(2) C. d'Et. 5 mars 1885. Bonhomme. Leb. p. 266.

(3) Le Masne, *op. et loc. cit.*, p. 133.

(4) Aucun recours contentieux n'est ouvert contre l'arrêté préfectoral portant refus d'autoriser un particulier à baisser le déversoir de son moulin (Cons. d'Etat, 19 juin 1813, aff. *Montcourt* contre *Salleron*); contre l'arrêté du Ministre des Finances, refusant l'autorisation de défricher un bois de particulier (Cons. d'Etat. 20 février 1822 : aff. *Havez*) ; 23 juillet 1823 : aff. *Boullé* ; v. Dalloz. *Rep.* au mot Forêts ; contre le refus du préfet de police d'autoriser un loueur de voitures à conserver sur la voie publique un stationnement qu'il avait choisi et qui entrave la libre cir-

prouvée par presque tous les auteurs (1), elle est basée sur cette raison que l'administration exerce en matière d'autorisations et de concessions un pouvoir discrétionnaire dont l'usage ne peut être soumis à l'appréciation et la juridiction contentieuse. Car en refusant, l'administration ne lèse aucun droit. On ne peut même pas dire qu'elle froisse un intérêt ; elle ne concède pas une faveur et c'est tout ; le refus d'une faveur ne constitue pas et ne peut pas constituer un excès de pouvoir ou une violation de la loi, fût-il arbitraire ou dénué de motifs (2). Mais peut-on objecter, l'administration lèse un droit en refusant l'autorisation, puisque dans l'autorisation, il y a un droit éventuel. La réponse à l'objection est contenue dans la formule de l'objection même. Il y a droit en puissance et c'est tout ; or, le recours contentieux suppose violation d'un droit, mais du droit acquis, d'un droit subjectif, par hypothèse même, il ne s'agit que d'un droit potentiel.

Nous reviendrons plus tard sur ce point et nous prendrons définitivement parti, car jusqu'ici nous n'avons fait qu'exposer

culation (Cons. d'Etat. 4 février 1841 : aff. *Férail*), contre l'ordonnance qui refuse d'autoriser un changement de nom (Cons. d'Etat, 23 décembre 1815 : aff. *Bréchard* contre *Deschamps*, etc. Dalloz *Rep.* au mot Compétence administrative : n° 53). Nous avons choisi à dessein des arrêts anciens et plus haut des arrêts récents pour justifier ce que nous venons de dire au texte que cette jurisprudence est aussi ancienne qu'invariable·

(1) Laferrière, *op. et loc. cit.*, p. 552-554, de Récy, *Domaine public*, t. II, n° 1083 ; Berthelemy, *Droit adm.* p. 393. Picard, *Traité des Eaux*, t. III, p. 242, 245. *Rep. Pand. franc.:* voir Occup. Dom. Pub. n° 198 et 243. *Revue générale d'administration*, avril 1885, p. 246 et suiv. Dalloz. *R. P.* 1886. 3. 113. Note sous l'arrêt *Bonhomme*. En sens contraire : Daviel, *Cours d'Eau :* t. I. n° 331. *Recueil des arrêts du Conseil d'Etat*, 1885, p. 266, note sous l'arrêt *Bonhomme*. Regray, *op. et loc. cit.* p. 74 et suiv. Le Masne, *op. et loc. cit.* p. 139.

(2) Le Masne, *op. et loc. cit.* p. 134.

les objections des deux théories en présence, mais nous pouvons dire dès maintenant que l'autorisé, dès qu'il a reçu de l'administration l'autorisation, possède un *droit véritable*. Ici, nous n'entendons pas non seulement faire du droit spéculatif. Un arrêt du Conseil d'Etat, l'arrêt *Colette*, dont nous aurons occasion de parler (S. et P. 1898, 3. 93) emploie déjà cette expression, en matière de voirie, *droits du permissionnaire*. A la vérité, M. Hauriou fait remarquer dans une note sous l'arrêt *Pécard* (Arrêt *Pécard-Ville de Nevers*. S. 1902. 3. 33. note) que ces droits ne sont pas des droits *acquis;* ils ne sont garantis que par le recours pour *excès de pouvoir;* ils constituent plutôt ce que nous appellerions des *intérêts légitimes...*

Nous tenons dès maintenant à poser en principe que ces autorisations délivrées confèrent des droits et qu'ici la jurisprudence est peut-être critiquable. Ce qui rend la jurisprudence délicate, c'est qu'il s'agit ici d'une matière prétorienne, d'un recours créé et développé par une jurisprudence dont l'évolution n'est certainement pas achevée (1), mais quelque opinion que l'on ait sur cette jurisprudence et fût-on même d'avis que les motifs invoqués par les arrêts et par la doctrine sont insuffisants et peu en harmonie avec la doctrine actuelle de l'excès de pouvoir (2), on n'est pas moins forcé de reconnaître que cette jurisprudence est constante et que pour toute une catégorie nombreuse, d'ailleurs, d'actes, l'administration possède un pouvoir discrétionnaire qu'elle puise à la vérité dans la

(1) Voir sur la question de l'évolution du recours pour excès de pouvoirs. De *l'avenir du recours pour excès de pouvoirs en matière administratives,* par M. Léon Marie, docteur en droit. Paris, Chevalier-Maresq., 1901.

(2) Le Masne, *op.* et *loc. cit.*

loi, en ce sens que la loi lui donne ce pouvoir discrétionnaire, mais n'entend nullement influer sur la détermination qu'il plaît à l'administration de prendre. Le rôle de la loi ici est très simple : elle se contente de proclamer une certaine liberté, de reconnaître à telle personne ou classe de personnes la faculté de faire ou de ne pas faire quelque chose (1). Nous sommes ici en présence de lois simplement permissives.

(1) E. Roguin, *La règle de droit.* Lausanne, 1889, p. 54.

CHAPITRE III

Actes d'exécution

A côté des actes que nous venons d'étudier, il en est d'autres qui, à première vue, présentent les mêmes caractères et sont susceptibles d'être confondus avec eux. Nous désignons par là un certain nombre d'actes autorisés par l'administration, ce sont ceux, par exemple, qui se manifestent soit par la délivrance de brevets d'invention soit, dans certains cas, par la délivrance de permis de chasse etc. Ces actes sont fort nombreux. A première vue disons-nous, il semble que nous nous trouvions en présence d'autorisations administratives telles que nous les avons conçues. Mais pour peu que l'on réfléchisse, on comprend que la situation n'est pas la même, nous ne nous trouvons plus en présence de l'administration jouissant d'un pouvoir discrétionnaire : là, l'administration est liée : du moment que les conditions exigées par la loi sont remplies, l'administration est *contrainte* de délivrer l'autorisation. Ici donc la loi n'est plus une loi simplement *permissive* ; la loi peut ne pas se borner à laisser cours à une activité naturelle, elle peut arriver par une transition insensible, tout en émettant une permission, à créer de véritables facultés on institutions juridiques qui n'existaient pas avant tout cela (1). Dans ces catégories d'hypothèses, les actes qui émanent ainsi du pouvoir exécutif

(1) Roguin, *loc. cit.*

sont seulement destinés à certifier que les conditions régies par la loi sont remplies, suivant l'expression de Raneletti (1); l'acte du pouvoir exécutif ne fait que constater l'existence des conditions déterminées par les lois pour la reconnaissance d'un droit qu'elles ont créé.

Prenons, par exemple, les brevets d'invention. Dans l'état actuel de la législation, ce sont des titres délivrés par le Ministre du Commerce à ceux qui se prétendent inventeurs. Ils ont pour résultat de donner à l'inventeur un monopole temporaire d'exploitation (2). Le brevet d'invention n'est pas une autorisation, car, bien que délivré par le Ministre du Commerce, il est en réalité créé par la loi du 5 juillet 1844. Le Ministre du Commerce, en effet, n'a pas à se livrer à un examen préalable, il n'a pas à rechercher si les déclarations des intéressés sont conformes ou non à la vérité des faits; jusqu'à preuve contraire, ces affirmations sont considérées comme exactes, ce brevet est donc, comme on l'a dit, « comme un acte de naissance de l'invention », on a proposé de l'appeler *certificat de dépôt*. Le

(1) Raneletti, *op. et loc. cit.* p. 40.

(2) V. Pouillet, *Dictionnaire de la propriété industrielle, artistique et littéraire*, 2 vol. Paris, 1879, n° 2. Allart, *Des inventions brevetables*, 1885, t. I, n° 2. Mouguier, *Des brevets d'invention et de la contrefaçon*, 1858, 2ᵉ édit., n° 1. Et. Blanc, *L'inventeur breveté, Code des inventions et des perfectionnements*, 1852, 3ᵉ édit., p. 401. Armengaud, *Guide manuel de l'inventeur et du fabricant*, 1861, 5ᵉ édit., p. 40. Perdigna, *Manuel de l'inventeur et du fabricant*, 1861, 5ᵉ édit., p. 40. Perdigna, *Manuel des inventeurs brevetés*, 1852, p. 201. Rendu et Delorme, *Traité pratique de droit industriel*, n° 310. Malapert et Forni, *Nouveau commentaire des lois sur les brevets d'invention*, 1879, n°ˢ 6 et 7, v. *Grande Encyclopédie*, t. VII, v. *Brevet d'invention*, art. de M. Jobbé Duval, p. 1179, Cf. Fuzier Hermann, *Brevet d'invention*, p. 339 et suiv., etc., etc.

brevet est une simple constatation : cela ressort des termes mêmes de l'article 1er § 2 de la loi du 5 juillet 1844. « Ce droit est constaté par des titres délivrés par le gouvernement… » et par l'article 11 de la même loi : « Les brevets dont la demande aura été régulièrement formée seront délivrés, *sans examen préalable*, aux risques et périls des demandeurs, etc… » Toutefois, au moment de la discussion de cet article 11 à la Chambre des Pairs, la question s'est posée de savoir s'il fallait faire des brevets d'invention un simple certificat, obligatoire pour l'autorité qui le délivre, avec absences de garanties pour le demandeur et faculté de poursuites ; c'était le *système répressif*; ou bien s'il convenait d'en faire une véritable *autorisation* avec faculté de la refuser, autorisation, qui comportait pour l'administration le soin de rechercher et de juger elle-même si l'invention cachait quelque chose d'illégal. C'était le *système préventif*. Le Ministre du Commerce s'est rallié au premier système : « Dans la pensée du gouvernement, a-t-il dit, l'article 3 ayant déterminé les objets qui ne sont pas susceptibles d'être brevetés, il n'y aura pas lieu d'accorder des brevets pour ces objets et dès lors, il n'y aura pas matière à un examen préalable (1) ».

Le brevet d'invention n'est donc ni une autorisation, ni encore moins une concession : c'est un de ces actes que Raneletti appelle très justement : « acte d'exécution ». Il n'était pas inutile de le faire remarquer d'autant que dans l'ancien droit, il en était différemment ; comme le disait dans les travaux préparatoires le Ministre du Commerce et de l'Industrie : « Avant 1790, les découvertes industrielles comme les grands établissements de manufactures *pouvaient*

____

(1) V. *Lois et décrets*, Duvergier, t. 44, p. 585, note 4.

être l'objet de privilèges exclusifs (1) ». Et c'est très justement que faisant allusion à de pareils actes, il se sert de l'expression « concession ». « Mais ces *concessions arbitraires* venaient le plus souvent se briser contre d'autres privilèges (2), etc. ». Et plus loin :... « La durée des privilèges était alors déterminée par les actes même de concessions (3) ». L'opposition des termes montre bien que la nature juridique de pareils actes était modifiée (4).

Cependant nous devons dire que nous avons hésité avant d'adopter cette opinion ; mais nous sommes maintenant fermement persuadé qu'il y a eu un revirement en cette question, sur laquelle des débats s'élèvent encore cependant.

Le motif de doute résidait dans l'art. 12 : « Toute demande etc... sera rejetée... » C'est donc que le Ministre a un pouvoir arbitraire d'appréciation (5) qu'il peut à son

---

(1) Duvergier, *Lois et Décrets*, tome 4, p. 553, note 1, col. 2 et p. 554, même note.

(2) *Ibid.*

(3) *Ibid.*

(4) En Italie où la législation admet, en ces matières, les mêmes principes (voir Loi 19 septembre 1882, n° 1012, art. 15. Loi concernant les droits appartenant aux auteurs des travaux d'esprit ; Loi sur l'industrie privée, 30 oct. 1859, n° 3731, étendue à tout le royaume par la loi du 31 janvier, n° 1657, art. 10 et 20 (Loi sur les dessins et modèles de fabrique, 30 avril 1868, n° 4578, art. 2), en Italie, disons-nous, la doctrine reconnaît généralement que l'administration joue ici le simple rôle d'une autorité qui atteste et certifie : cependant en sens contraire. Mantellini, *L'Etat et le Code civil*. Florence, Barbera, 1882, vol. II, p. 508, qui place ces actes dans les « concessions de gouvernement ».

(5) La question s'est posée notamment à propos des oppositions formées à la délivrance par des tiers ; on s'est demandé quel devait être le rôle de l'administration, évidemment elle n'est pas juge des oppositions, mais doit elle surseoir à statuer jusqu'à ce que les tribunaux judiciaires se soient prononcés ? Et lorsqu'elle aura la solution des tribunaux, a-t-elle un pouvoir d'appréciation ? Pour nous la question ne saurait faire de

gré refuser ou autoriser. Mais il existe un autre argument de texte qui combat victorieusement le premier. L'art. 11 déclare : « Les brevets dont la demande aura été régulièrement formée *seront* délivrés... etc... C'est donc qu'il y a obligation pour l'autorité administrative de délivrer le bre-

doute. L'administration doit statuer sans tenir compte des oppositions. En effet, il est inutile d'ajouter des rigueurs à celle de la loi : or, aucun texte n'autorise dans ce cas le ministre à refuser la délivrance : son rôle est machinal : il n'est pas juge des faits et appréciateur souverain : d'ailleurs remarquons que la délivrance ne nuit à aucun droit : d'ailleurs c'est la pratique du Ministère du Commerce. Il existe enfin une raison de texte. En 1828, sur le rapport de Vincens, chef de la division du commerce intérieur et des manufactures, le comte de Saint-Cricq prit un arrêté le 13 octobre 1828 nommant une commission chargée de revoir dans l'ensemble le et danss détails, le régime des brevets d'invention, de perfectionnement et d'importation. Jusqu'au 14 juillet 1829, la commission tint vingt séances et fit elle-même les réponses aux questions qu'elle avait posées : or, la VIe question était la suivante : « La délivrance des brevets doit-elle être soumise à un examen préalable ? » — Réponse : Non. L'article 11 a reproduit les mêmes termes. En ce sens voyez Renouard, *Traité des brevets d'invention*, Paris, 1865, 3e édit. p. 357 et suiv. et 119, Nouguier, *Des brevets d'invention et de la contrefaçon*, 1858. 2e édit., in-8, n° 185. Rendu et Delorme, *Traité pratique de droit industriel,* 1885, 1 vol. in-8, n° 376. Calmels, *De la contrefaçon des inventions brevetées, les modèles et des dessins de fabrique, des œuvres littéraires et artistiques, législation et jurisprudence,* 1852, in-8, n° 703. Picard et Olris. n° 375. Bédarride. *Commentaire des lois sur les brevets d'invention, sur les noms des fabricants et des lieux de fabrication,* n° 172. Allart, *De la propriété des brevets d'invention et de leur validité.* Paris, 1887, 3 vol. in-8, t. II, n° 118. Ruben de Conder v. *Brev. d'invention,* n° 272, Malapert et Forni, *op. cit.* n° 262 et 263. — *Contrà,* Blanc. *Traité de la contrefaçon et de sa poursuite en justice, concernant les brevets d'invent. de perfectionnement et d'importation, les noms des commerçants, etc.* Paris, 1837, in-8, p. 546. Blanc et Beaume, *Code général de la propriété industrielle, littéraire et artistique,* 1854. 1 vol. in-8, n° 329. Pouillet, *Traité théorique et pratique des brevets d'invention et de contrefaçon,* 1889, 3e édit., 1 vol. in-8. n° 131.

vet ; le texte aurait été conçu autrement, probablement ainsi : *pourront* être délivrés. D'ailleurs, avons-nous dit, les travaux préparatoires sont en ce sens, et au surplus l'art. 12 lui-même nous indique l'étendue des pouvoirs du juge : « Toute demande dans laquelle n'auront pas été observées les formalités prescrites par les numéros 2 et 3 de l'art. 5 et par l'art. 6 sera rejetée... » Donc, ce que la loi exige, ce sont certaines conditions de formes ; du moment que ces conditions sont remplies, il y a nécessité de la délivrance : le rôle de l'autorité se borne donc à constater s'il y a conformité des formules avec les nécessités imposées par la loi : si la réponse est affirmative, l'autorité ministérielle *doit* délivrer le brevet, sous forme d'arrêté ; si ces conditions ne sont pas remplies, l'autorité ministérielle à l'inverse *doit* refuser le brevet : aucun pouvoir d'appréciation et nul arbitraire.

Nous avons assez longuement insisté sur ce point, parce que les brevets d'inventions constituent un exemple notable d'actes qui, à première vue, peuvent être confondus avec les autorisations proprement dites. De pareils actes sont extrêmement nombreux.

Il est souvent difficile de savoir si l'on se trouve en présence d'une autorisation administrative ou d'un simple acte d'exécution, d'un pouvoir arbitraire des autorités ou d'une pure formalité. Les cas où le doute existe sont nombreux ; nous nous contenterons de relever celui qui s'est passé le 17 février 1902 : en matière électorale de déclaration de candidature, quel est le rôle de préfet ? Et d'abord, d'un mot rappelons les faits. Dans un arrondissement de la Manche (Valognes) par suite du décès d'un député, se produisit une vacance : la candidature fut offerte au sous-préfet qui l'accepta. Le sous-préfet aux termes de la loi du 3o novembre 1875, art. 2, est frappé d'une inéligibilité relative. Or lorsqu'un candidat frappé d'inéligibilité fait sa déclaration de candidature, le préfet doit-il délivrer le récépissé ou peut-il le refuser? Les conséquences sont importantes : au cas de refus, les bureaux électoraux annulent les bulletins; au cas de délivrance du récépissé, le candidat inéligible qui satisfait aux autres conditions, est proclamé élu. Ce point est aussi intéressant en droit constitutionnel qu'en droit administratif.

Rien ne peut nous éclairer, car l'art. 2 de la loi du 17 juillet 1889 sous l'empire de laquelle nous vivons, contient seulement ceci : « Tout citoyen qui se présente ou est présenté aux élections générales ou partielles doit, par une déclaration signée ou visée par lui et dûment légalisée, faire connaître dans quelle circonscription il entend être candidat. Cette déclaration est déposée, contre reçu provisoire, à la préfecture du département intéressé, le cinquième jour au plus tard avant le jour du scrutin. Il en sera délivré récépissé définitif dans les 24 heures. » Au Sénat, lors de la discussion de cette loi, le point qui nous occupe a fait l'objet d'un débat assez long, et très confus d'où nous ne pouvons dégager aucune idée précise (1). Le 17 février 1902, la question se présenta devant la Chambre des Députés et deux systèmes sinon opposés, tout au moins différents, furent proposés. La question fut très nettement délimitée par l'interpellateur, M. Gauthier (de Clagny):« Quel est, en matière électorale, le pouvoir du préfet? Un préfet peut-il refuser une déclaration de candidature sous prétexte que ce candidat est inéligible, ou au contraire,

(1) Villey, *Législation électorale comparée des principaux pays d'Europe,* pag. 194.

doit-il, dans tous les cas, quelles que soient les circons‑
tances et quels que soient les cas d'inéligibilité, accepter la
déclaration, sauf bien entendu s'il y a multiplicité de can‑
didatures ? (1) » C'était demander, en d'autres termes, si la
déclaration de candidature est un acte d'autorisation ou un
acte d'exécution. Rappelant que la question s'était déjà posée
devant la Chambre et avait été tranchée (le 17 janvier 1891)
par le Ministre de l'intérieur, M. Constans, dans le sens de
l'acte d'exécution, M. Gauthier (de Clagny) exposa les
deux solutions possibles et se rallia à celle déjà adoptée
précédemment. Il fut soutenu par M. Viviani. Sur la ques‑
tion posée par l'interpellateur au gouvernement, il fut
répondu par le président du Conseil, M. Waldeck-Rous‑
seau qui proposa un système intermédiaire. Il y aurait sui‑
vant ce système dans l'acte du préfet tantôt une autorisa‑
tion, tantôt un acte d'exécution, ou plutôt il y aurait auto‑
risation, mais l'opinion du président du Conseil n'étant
basée sur aucun texte, on ne voit pas pourquoi le pouvoir
du préfet serait absolu dans certains cas, limité dans d'au‑
tres. En effet, le système gouvernemental était basé sur
une distinction : se trouve-t-on en présence d'une inéligi‑
bilité, c'est-à-dire d'une incapacité prononcée par les lois
électorales seules, la solution découle de la loi de 1875 ;
c'est à la Chambre d'être juge de l'inéligibilité ou de la non-
éligibilité ; se trouve-t-on au contraire en présence d'un homme
frappé de dégradation civique, ayant perdu l'exercice de ses
droit civils et politiques (2), « il est impossible d'admettre

(1) *J. O.*, 17 février 1902, p. 693 et suiv.
(2) La question intéresse plutôt le droit constitutionnel. Cependant
rappelons que le président du Conseil ne faisait que soutenir dans sa thèse
arbitraire, un de ses prédécesseurs dans une circulaire dont les termes

que des fonctionnaires chargés d'assurer l'exécution des lois puissent être obligés de prêter leur concours à une violation évidente des décisions de la justice » (1).

Pour nous, la question ne saurait faire le moindre doute. La déclaration de candidature constitue toujours un acte emportant chez le préfet l'*obligation absolue* de délivrer, en tous cas, le récépissé, et cela pour plusieurs raisons de droit constitutionnel ou de droit public. Il y a d'abord un argument de texte : il n'est donné aucune possibilité au préfet d'accorder ou de refuser : le récépissé *sera délivré*. De plus, avant la loi de 1889, aucune déclaration de candidature n'était nécessaire; or il est reconnu par tous (2) que la loi de 1889 n'a pas entendu innover : car la loi n'a nullement entendu toucher aux inéligibilités; un homme privé de ses droits en 1889 l'était tout autant en 1888; or, cet homme pouvait se présenter, antérieure-

montrent bien que ce prédécesseur s'inspirait de considérations d'ordre politique et non juridique. Cette circulaire, adressée aux préfets, est à la date du 29 août 1889 : « Je vous rappelle que vous n'êtes pas juge des conditions d'inéligibilité d'ordres divers qui peuvent s'appliquer aux déclarants et qui appartiennent à la compétence de la Chambre des députés, chargée de vérifier les pouvoirs de ses membres. Toutefois, vous refuseriez, le cas échéant, de recevoir les déclarations de candidature faites ou visées par les contumax que la Haute-Cour de justice a condamnés par arrrêt en date du 19 août 1889. Cette condamnation emporte, en effet la dégradation civique, et les condamnés sont en état d'interdiction légale absolue. Si plusieurs déclarations du même candidat pour des circonscriptions différentes de votre département vous étaient adressées, vous n'auriez à délivrer un récépissé définitif que pour la première en date. Si ces déclarations étaient déposées le même jour, elles seraient toutes nulles, conformément à l'art. 3. »

(1) *J. O.*, 17 février 1902, p. 695.

(2) Par le président du Conseil lui-même, sur la remarque qu'en a faite M. René Viviani. *J. O.*, même date, p. 697.

ment à cette loi, sans que le préfet ait pu de son côté empêcher la candidature de se produire : il en est de même aujourd'hui. La loi de 1889 a interdit à un candidat de se présenter dans deux collèges : « la déclaration a servi de contrôle territorial », on ne doit pas en faire un mode d'interdiction électorale; car, au surplus, l'adoption du système contraire porterait atteinte aux droits de la Chambre : il est certain que c'est la Chambre, et la Chambre seule, qui est juge d'accepter ou de rejeter ceux qui seraient ou non élus sans droit; il faut remarquer, en outre, que le système de l'arbitraire serait une arme terrible entre les mains du Gouvernement : en cas de refus, par application des principes que nous verrons, le seul recours possible serait le recours pour excès de pouvoir, et, en attendant que ce recours fût jugé, il s'écoulerait assez de temps pour permettre à l'élection d'avoir lieu.

Enfin, il est une raison d'ordre général qui s'applique à tous les cas où la question est douteuse. Il est souvent très difficile de savoir si l'on se trouve en présence d'un acte véritablement discrétionnaire, d'une autorisation ou d'une simple formalité, d'un acte d'exécution. Il n'y a aucun criterium, comme ce débat l'a révélé : le seul qui existe c'est le texte de la loi : ce texte peut n'être pas précis : dans ce cas-là que faire? Nous sommes persuadé qu'en pareille hypothèse, il faut conclure dans le sens le plus étroit, à l'admission par conséquent de l'acte d'exécution. La puissance publique doit toujours s'interpréter restrictivement, dans un sens favorable à l'individu, car en matière de droit aussi bien public que privé, la liberté, la capacité sont la règle; l'incapacité, la contrainte, sont l'exception. Souvent en effet, la plupart du temps même, les actes d'exécution touchent à des droits naturels où tout au moins les sanctionnent. Or, l'intervention de la puissance publique dans l'exercice et la réglementation de pareils droits est, il faut bien le dire, une anomalie, une chose exceptionnelle : cette anomalie est rendue souvent nécessaire par l'intérêt général, et le droit administratif, tout au moins dans ce qui touche la puissance publique, n'a pas d'autre mission que d'équilibrer l'intérêt général avec les droits individuels ; il doit toucher le moins possible à ces droits individuels, et en considérant toujours comme la limite de ses atteintes cet intérêt de la collectivité qu'il a la mission de protéger : nous croyons donc qu'en cas de doute ou même de conflit, et pour les raisons que nous venons de donner, le principe d'interprétation doit être le même et tendre à l'admission de l'acte d'exécution.

En matière de cours d'eau, nous trouvons encore des actes d'exécution, des autorisations et des concessions. Lorsqu'il s'agit de cours d'eau non navigables et flottables, nous rencontrons des actes d'exécution et des autorisations : nous ne pouvons fournir des détails qui nous entraîneraient trop loin, mais la chose est certaine, aussi bien sous l'empire de la nouvelle loi du 8 avril 1898 qu'avant la réforme, car à ce point de vue, la loi n'a pas changé les pouvoirs de l'administration, tout en apportant des modifications quant aux espèces dans lesquelles ces pouvoirs peuvent s'exercer. Avant la loi de 1898, M. Picard (1) disait, ce qui est toujours vrai : « L'administration édicte des règlements applicables, soit à tous les cours d'eau d'un département, soit à l'un ou plusieurs de ces cours

____

(1) Picard, *Traité des eaux,* t. I, p. 697.

d'eau, et prescrit les dispositions nécessaires pour sauve-
garder la salubrité publique, assurer le libre écoulement
des eaux ou régler leur répartition entre les usagers ; dans
des vues d'intérêt général, elle prend des mesures individuelles ; elle délivre des permissions pour les établissements nouveaux ou régularise la situation des établissements existants et fait ce qu'on appelle des règlements
d'eau. Parmi les dispositions insérées dans les actes de
cette nature, *les unes ont un caractère de simple exequatur ;*
les autres ont pour but d'assurer l'observation des règlements généraux ou de déterminer les conditions particulières auxquelles l'usage des eaux doit être subordonné
dans l'intérêt de leur libre écoulement ainsi que de la
salubrité publique. » Donc d'un côté, il y a des actes
d'exécution, de l'autre des autorisations ou des concessions.
En matière de cours d'eau navigables et flottables, plus
d'actes d'exécution, mais seulement des actes discrétionnaires (1).

(1) Voir art. 40 et suiv. chap. II de la loi du 8 avril 1898 :

Art. 40. — Aucun travail ne peut être exécuté et aucune prise d'eau
ne peut être pratiquée dans les fleuves et rivières navigables ou flottables sans *autorisation* de l'administration.

Art. 41. — Les préfets statuent après enquête et sur l'avis des ingénieurs, sauf recours au ministre, sur les demandes ayant pour objet de
faire des prises d'eau au moyen de machines, lorsqu'il est constaté que,
eu égard au volume des cours d'eau, elles n'auront pas pour effet d'en
altérer le régime.

Art. 42. — Ils statuent également sur l'avis des ingénieurs, sauf
recours au ministre, sur les demandes en *autorisation* d'établissements
temporaires sur les cours d'eau navigables ou flottables, alors même
que ces établissements auraient pour effet de modifier le régime ou le
niveau des eaux. Ils fixent, dans ce cas, la durée de l'autorisation qui
ne devra jamais dépasser deux ans.

Nous en trouvons encore un exemple dans la loi du 3 mai 1844 sur la chasse, et nous le citons d'autant plus volontiers qu'à côté de ces *actes d'exécution*, de ces visas et dans la même loi nous trouvons de véritables autorisations. Le permis de chasse est délivré par l'autorité compétente, c'est-à-dire par le préfet. Mais ce droit de chasse est conféré à l'individu non par l'autorité administrative,

Art. 43. — Toutes *autorisations* ne peuvent être accordées que par décrets rendus, après enquête, sur l'avis du Conseil d'Etat.

Art. 44. — Les *concessionnaires* sont assujettis à payer une redevance à l'Etat, d'après les bases qui seront fixées par un règlement d'administration publique.

Art. 45. — Les prises d'eau et autres établissements créés sur les cours d'eau navigables ou flottables, même avec *autorisation*, peuvent toujours être modifiés ou supprimés. Une indemnité n'est due que lorsque les prises d'eau ou établissements dont la modification ou la suppression est ordonnée ont une existence légale.

Toutefois, aucune suppression ou modification ne pourra être prononcée que suivant les formes et avec les garanties établies par les articles précédents.

Si nous citons ces articles, c'est non seulement pour confirmer ce que nous venons de dire que, en matière de rivières navigables ou flottables, il n'y a pas d'actes d'exécution, mais pour montrer encore une fois de plus combien la terminologie de notre législation administrative est peu précise : le terme *autorisation* est employé ici tantôt dans le sens d'autorisation proprement dite, tantôt dans le sens de concession, et l'article 44 est de nature à faire croire que la concession a pour criterium le payement d'une redevance : présentée sous cette forme, la chose est inexacte, car à supposer que la redevance ne se rencontre que dans la concession, ce n'est pas son payement qui donne à l'acte son caractère, ce payement, en effet, n'en est au contraire qu'une conséquence. Et la redevance serait peut-être payée aussi bien par les autorisés que par les concessionnaires ; nous développons cette idée dans notre seconde partie, lorsque nous étudions le point de savoir comment doit-être envisager la redevance ; est-ce le prix d'une location ou n'est-ce, simplement, qu'une taxe de police (v. II⁰ partie, Nature juridique des concessions, § II).

qui n'a pas là un pouvoir arbitraire, mais par la loi
Art. 1er de la loi du 3 mai 1844 : « Nul ne pourra chasser,
sauf les exceptions ci-après, si la chasse n'est pas ouverte,
et s'il ne lui a pas été délivré un permis de chasse par l'autorité compétente. » C'est dire clairement que toute personne qui ne rentre pas dans les exceptions énumérées par
les textes, la chasse étant ouverte, a le droit d'obtenir un
permis de chasse. La chose d'ailleurs ne fait pas et n'a
jamais fait le moindre doute. Le permis de chasse est donc
une sorte de visa, de certificat, et l'autorité administrative qui
le délivre n'a aucun pouvoir discrétionnaire. Cela est tellement vrai que si, non seulement le préfet, mais même le
maire qui pourtant en cette matière n'a qu'un rôle purement secondaire, (1) se refusaient à accomplir l'obligation imposée par la loi, si, par exemple, le maire refusait de donner
l'avis exigé par l'article 5, et qu'un retard s'ensuivît, le
particulier lésé aurait certainement le pouvoir de lui intenter une action en dommages-intérêts ; devant quelle juridiction ? Ceci nous importe peu (2). Ce qu'il convient de dire,
c'est que l'administration n'a pas ici un pouvoir d'apprécia-

---

(1) Le maire, en effet, donnant un avis, même favorable, n'oblige nullement le préfet à la délivrance, alors que le préfet sait que l'impétrant est
dans un des cas d'exception visés par les textes. V. Gillon et de Villepin Rousseau, *Code des chasses*, 1851, n° 120, p. 122. Camusat-Busse-
roles et Franck-Carré. *Code de la police et de la chasse* p. 70. Petit.
Traité complet du droit de chasse, 1853, 2e édit., t. I, n° 279, p. 446.
Jullemier, *Des procès de chasse*, 1872. p. 37. Giraudeau, Lelièvre et
Soudée. *La chasses, op. cit.*, 1882, 2e édit., n° 496.

(2) Voir cependant sur cette question : Trib. conf. 29 décembre 1879
de Boislinard, (S. 84. 3. 20. P. adm. chr.) V. aussi Trib. des conf.
22 avril 1882, *Soleillet* (S. 84. 3. 26. P. adm. chr.) ; 15 décembre 1883,
Fonteny (S. 85. 3 66. P. adm. chr.) — V. Giraudeau, Lelièvre et Soudée,
La chasse, 1882, 2e édit., n° 493.

tion basé sur la liberté d'agir, et si, outrepassant tous ses droits, l'administration refusait de déférer à la demande du particulier, nul doute qu'un recours contentieux ne fût ouvert à ce particulier.

Nous n'avons pas l'intention d'examiner, dès maintenant, la nature du contentieux qui permet aux particuliers lésés de voir leurs droits rétablis ; car une telle question supposerait résolue celle de savoir quelle est la nature de ces actes, puisque tout contentieux doit être basé sur la nature de l'acte et que nous réservons notre seconde partie pour cette étude. Disons, néanmoins, dès maintenant, pour fortifier notre opinion que l'acte d'exécution confirme un droit, disons que, lorsque l'autorité administrative doit accomplir cet acte d'exécution et qu'elle ne le fait pas, un recours contentieux est ouvert. En matière de permis de chasse, cette question s'est en effet posée pour la première fois en 1867 : un individu, condamné à trois mois de prison pour délit de chasse et outrage envers un fonctionnaire public, s'était vu refuser un permis de chasse par le préfet ; la décision de ce fonctionnaire ayant été confirmée par le Ministre, un recours fut formé devant le Conseil d'Etat. M. le commissaire du gouvernement Aucoc examina en cette occasion la théorie du recours pour excès de pouvoir alors en voie de formation et conclut, très nettement, à la recevabilité du recours, dans des conclusions d'ailleurs fort remarquables (1). Le Conseil d'État ne se prononça pas expres-

(1) V. les déclarations de M. Franck-Carré à la Chambre de Pairs et à la Chambre des Députés celles de MM. Corne, Delespaul, Durand (de Romorantin) et Luneau, et la réponse fournie à leurs objections par M. le Garde des Sceaux. — Cf. Duvergier. *Lois et Décrets*, 1844, t. XLIV, p. 116, note 2.

V. ces conclusions rapportées dans Sirey (s. 68. 3. p. 91 et 92).

sément, mais rejetant le pourvoi, déclara cependant ainsi implicitement qu'il était recevable.

On pourrait peut être critiquer cette solution : d'aucuns (1) ne s'en sont pas fait faute ; peut-être pourrait-on dire que la loi de 1844 étant muette sur le recours ouvert contre les actes du préfet, ce recours n'existe pas ; peut-être pourrait-on dire qu'une telle décision est contraire au texte de la loi des 7-14 octobre 1790 et de l'explication qu'on en donnait généralement. Toutefois, nous croyons qu'étant donnée l'évolution du recours pour excès de pouvoir, nous aurions mauvaise grâce à critiquer cette jurisprudence qui n'infirme d'ailleurs nullement notre doctrine. Le recours au Conseil d'Etat est ouvert, nous l'admettons, mais ce n'est pas contre l'opportunité de la mesure prise par le préfet cette mesure est abandonnée à la liberté d'appréciation de l'administration ; le Conseil d'Etat recherchera seulement si l'individu, victime du refus de permis, se trouvait bien, en droit, dans un des cas prévus par la loi (2). La loi donne à l'administration un pouvoir d'appréciation complet dans certains cas ; contre le pouvoir d'appréciation il n'y a aucun recours contentieux ; mais il y en a un quant à la question de savoir si l'autorité administrative se trouve dans un de ces cas ; il s'agit simplement de l'interprétation et de l'application d'un texte législatif, ce qui donne à la réclamation un caractère incontestablement contentieux.

(1) V. Rogron, *Code de la Chasse* 1850, p. 91. Petit, *Traité complet du droit de chasse*, 1853, 2ᵉ édit., t. I, page 451. — V. en sens contraire, Leblond, *Code de la chasse et de louveterie*, 1878, n. 101. (V. arrêt rapporté dans Sirey, (S. 68, 3, 91, D. P., 67, 3, 98 et Lebon, p. 271.)

(2) V. Chenu, *Chasse et procès*, 1890, p. 37 et Giraudeau, Lelièvre et Soudée, n. 542.

La règle est donc semblable à celle que nous rencontrons dans l'hypothèse des permissions délivrées par l'autorité administrative en matière de domaine public ; mais la difficulté apparente que nous venons de trancher ne se rencontre pas en matière de domaine public, parce que, en cette matière, le pouvoir arbitraire de l'administration n'est subordonné à aucune condition. Et il existe une preuve de ce que nous avançons ; beaucoup de bons esprits (1) approuvent la libre intervention des autorités administratives en matière de domaine public, sous la condition que cette intervention ait pour but de concourir à la destination d'usage et d'utilité publique de ce domaine ; mais lorsque cette intervention se produit autrement, dans un but différent, logique avec la jurisprudence du Conseil d'Etat et l'explication que nous en donnons, ils voudraient voir le recours pour excès de pouvoir ouvert.

D'ailleurs, le recours pour excès de pouvoir n'a rien qui puisse choquer en cette matière de liberté l'administration, puisque par son essence même, ce recours ne modifie pas la décision prise par l'administrateur, mais se borne à vérifier si l'administrateur est resté dans les limites de son pouvoir. Enfin, en matière de réglement d'eau où le préfet a également un pouvoir discrétionnaire, il y a également aussi un recours pour excès de pouvoir, etc.

Nous verrons plus tard en étudiant leur nature s'il y a lieu d'établir, quant au contentieux, des différences entre les actes que nous avons appelés *Autorisations* et ceux que nous avons nommé *Concessions*. Nous aurons donc en fait trois catégories d'actes ; mais à considérer leur essence et

____

(1) V. not. M. Le Masne, *op.* et *loc. cit.*

leur conception, il paraît d'abord qu'il n'y en a que deux : d'une part des actes *confirmatifs*, *déclaratifs* de droits créés par la loi, et d'autre part des actes soit créateurs de droits, Concessions, soit ayant pour fin de rendre actuels des droits préexistants, des droits potentiels, Autorisations. L'analyse que nous venons de faire se réduit à dire que les actes de pure exécution sont des actes obligatoires pour l'administration et que les autorisations et les concessions sont des actes discrétionnaires. La différence entre de pareilles catégories de droit n'est subtile qu'en fait, car le principe est reconnu depuis longtemps et l'on a pu dire avec vérité, que « le caractère essentiel de l'acte discrétionnaire est d'être soumis à la liberté d'appréciation de l'autorité administrative » (1).

(1) V. Jules Renault, *Des actes discrétionnaires*. Paris 1899, p. 59. Nous croyons que c'est à tort que M. Jules Renault combat l'effet et la portée des paroles que nous venons de reproduire par la déclaration suivante : « Gardons-nous de dire que les actes discrétionnaires échappent à tout recours contentieux. Ce qui est vrai, c'est que ces sortes de décisions ne portent pas sur le terrain des droits acquis, c'est-à-dire qu'ils n'admettent pas de recours fondés sur la violation ou la lésion. » M. Jules Renault eût peut-être été plus logique avec lui-même en affirmant hardiment qu'ici il n'y a pas de recours contentieux de pleine juridiction. Il y a bien à la vérité le recours pour excès de pouvoir, mais comme nous venons de le dire, le recours pour excès de pouvoir n'entrave nullement la liberté de l'administration dans les actes discrétionnaires—liberté, nous le répétons, qui apparemment est pleine et entière ;— le recours pour excès de pouvoir a pour but seulement, lorsque cette liberté d'appréciation a été enfermée dans des limites, de voir si l'administration est bien restée dans ces limites. Et c'est tout. — Cette raison est très bien examinée dans M. Léon Marie *De l'avenir du recours pour excès de pouvoirs,* p. 68, justement à propos du droit de chasse.

Dans les autorités rapportées par M. Renault, il est notable de voir que le véritable motif de l'absence du recours contentieux paraît leur avoir échappé. — V. Serrigny : « Si l'acte émané de l'autorité exécutive est

La distinction entre ces diverses catégories d'actes, venons-nous de dire, est parfois subtile. En effet, ils ne peuvent se concevoir les uns et les autres qu'autant qu'ils ont à leur base une loi. Mais tandis que, pour les premiers, la loi *crée* le droit, pour les seconds, elle reconnaît seulement à l'administration la *possibilité* de les faire naître. Cette classification étant peu connue en France, nous ne trouvons guère de controverses au sujet des actes qu'il convient d'y faire rentrer. En Allemagne et en Italie, il en est différemment. Signalons, en passant, — nous aurons plus tard l'occasion d'y revenir — une tendance curieuse de Meyer (1),

l'exercice d'un pouvoir discrétionnaire qui lui est confié, il est de pure administration ; mais l'omission ou la violation des formes établies par les lois et règlements suffit en général pour faire passer un acte de pure administration dans la classe des actes qui donnent ouverture à la voie contentieuse. » — Et dans Dalloz (au mot Conseil d'Etat, n°⁵ 74 et suiv.) : « Remarquons que les actes de pure administration peuvent être déférés au Conseil d'Etat par voie contentieuse, lorsque le fonctionnaire dont ils émanent ne s'est pas renfermé dans la limite des lois et règlements. »

Voir aussi M. Pillet, dans son *Cours de droit administratif* (1898-99) : « Toutefois, il faut observer que, pour que l'administration jouisse de cette immunité de juridiction, il est nécessaire qu'elle suive les règles de compétence assignées par le législateur et qu'elle observe les formes prescrites à l'accomplissement de sa mission. »

Quant à M. Hauriou, *Précis, op. cit.*, p. 302, 313, il donne comme motifs de l'absence de recours, l'absence de droits chez l'administré. Toutefois, il admet qu'il y a lieu de distinguer, et nous verrons plus tard que la distinction entre les cas où le recours est admis et celui où il est refusé, ne peut se justifier que par l'adoption du principe de l'antériorité des droits de l'administré ou de la création de toutes pièces de ces droits, distinction que nous proposons.

(1) V. Meyer, *op. cit.*, vol. I, § 8, p. 27, § 20 et suiv., p. 65 et suiv. vol. II, § 194, p. 349 et suiv.

Il fait rentrer dans les concessions qui pour lui comprennent tous les actes *créant un droit*, l'acte de l'officier d'état-civil recevant la déclaration des deux parties (1). Cette

(1) Pour Raneletti, *op. et loc. cit.*, c'est la loi qui crée le mariage. Quoiqu'il en soit, le système italien, analogue au nôtre, est fortement critiqué. L'officier ne devrait jouer que le rôle de notaire. V. Borgatti, *Il matrimonio civile e il matrimonio ecclesiastico.* Firenze, 1874. Curcio, *Lettere sul codice civile.* Bologna, 1886. Pour d'aucuns, le mariage est un contrat purement privé, n'ayant même pas le caractère des actes reçus devant notaire. V. Borelli, *Studi filosofico-sociali*, Roma, 1881 (Dissertazione, 2ᵉ Appunti sociali sul matrimonio e sulla famiglia). Lomonaco, *Istituzioni di diritto civile.* Napoli, Jovene, 1883, vol. I, p. 140-141. Lomonaco combat l'opinion de Borelli en ce sens qu'il n'admet par le mariage simple contrat privé, mais il dénie au législateur le pouvoir de conférer à l'officier d'état-civil la puissance de *créer* le mariage; sa théorie, qui est celle de l'Eglise, se rapproche de celle de Borgatti et de Curcio. V. Devoti, *Institutiones canonicae.* Roma, 1802, vol. II, §§ 101 et 103, p. 168 et 171. — Salzano, *Institutiones juris canonici.* Napoli, 1842, p. 156, n° 1. V. enfin, Pacifici-Mazzoni, *Ist. di diritto civile,* vol. II, n° 54, p. 76 et suiv.

A signaler encore une étude toute récente et très intéressante de M. Charles Lefebvre, *Le mariage civil n'est-il qu'un contrat?* Paris, Larose, 1902. A la question posée par le titre même de l'opuscule, M. Lefebvre répond négativement. Pour M. Lefebvre, le mariage civil rentre dans ce que nous avons appelé les actes d'exécution et voici la raison qu'il en donne : « Est-ce du mariage qu'on pourrait dire d'après le principe fondamental du droit des contrats que, « les conventions y tiennent lieu de loi entre les parties?. Eh ! n'est-il pas certain, quelles que puissent être pour deux époux leurs conceptions matrimoniales, qu'il ne leur est loisible de prendre l'état et le bien de mariage que comme la loi les a réglés et consacrés? Ah ! oui, sans doute, ils ne peuvent être mariés sans l'avoir ensemble voulu : et nulle part notre droit civil, imitant le droit canon, ne s'est montré plus soucieux d'assurer un libre consentement. Mais, ce *lien conjugal*, peuvent-ils discuter et arrêter son mode et sa durée, comme s'il ne devait émaner que d'eux-mêmes? Cet *état de mariage*, où ils vont s'engager à titre d'époux, peuvent-ils en régler la teneur, combiner à leur idée les devoirs mutuels ou respectifs, modifier les règles de cette communauté d'existence qui

conception bizarre ne saurait être reçue en France où, peut-
être, des divergences s'élèvent sur le point de savoir le rôle
exact de l'officier d'état-civil, mais où personne, certes, ne
s'est jamais avisé d'affirmer qu'il *créait* le lien matrimo-

doit avoir le mari pour chef ? Là est bien, pourtant, l'objet et toute la
substance de ce prétendu contrat qu'on donne pour passé entre les
époux, quant à l'union de leurs personnes. Eh ! qu'on cite donc un seul
point où il leur soit permis de convenir d'un système ou d'une variante
d'union conjugale en s'armant du principe que « conventions valent loi
pour qui les ont faites ! » Tant il est vrai que, si l'entente et même un
accord solennel sont nécessaires pour se marier, *ce n'est pas de la convention, mais de la loi* que dérivent les engagements et le lien formés dans
le mariage : ce qui doit bien suffire ce semble, pour faire voir que le
mariage n'est pas rien qu'un contrat, et que même principalement, il ne
tient pas du contrat ». P. 29. Et M. Lefebvre répond directement à
l'opinion qui voit dans le mariage une concession : « Or, comment,
dit-il (p. 29, note 1), même au seul point de vue juridique, comparer de
semblables conventions (concessions) avec le mariage, où *l'autorité
publique ne passe point d'acte avec les époux,* mais leur dicte leurs
engagements comme devoirs légaux. — Au surplus, autant de concessions diverses (et parfois même de gré à gré) qu'il y a de raisons pour
l'administration d'y insérer ou d'y accepter des stipulations différentes,
tandis qu'il n'existe *qu'une loi et un lien de mariage* imposés à l'union
conjugale au nom de la société ».

On voit que M. Lefebvre, qui cependant n'admet pas la théorie
moderne et très large du contrat (v. p. 27, notes 1 et 28), n'est nullement opposé à la théorie que nous comptons soutenir plus tard que la
concession est un contrat. V. *Infrà.* IIe partie, chapitre IV.

Nous ne pouvons entrer dans les détails de cette question qui ne nous
intéresse qu'à un seul point de vue. Disons, cependant, qu'à côté de ces
diverses théories existe encore celle dans laquelle le mariage est considéré comme un contrat, mais un contrat de droit public. V. Seydel,
Baierisches Staatsrecht, 2e édit. Munich, 1896, II, p. 184 et suiv.
Rhem, *die rechtliche Natur der Staatsdienstes nach deutschen Staatsrechts (Annalen der deutschen Reiches.* Munich, 1884, p. 150). V. Jellinek, *System der öffentlichen subjectiven Rechte.* Fribourg, 1892,
p. 201, 207, 208.

nial. Aussi est-ce plutôt à titre de curiosité que nous signalons cette affirmation toute gratuite de Meyer (1).

Quoi qu'il en soit, nous voyons deux catégories d'actes bien distincts, les uns sans importance apparente, actes d'exécution purement confirmatifs, d'autres comprenant une notable partie des diverses façons d'agir des autorités administratives, autorisations ou concessions ; ils se présentent à nous comme générateurs de droits, ou comme réalisateurs de droits préexistants.

C'est ainsi qu'ils se conçoivent. Mais nous n'aurons d'eux une véritable et juste notion qu'autant que nous aurons vu leur constitution intime qui ne peut nous être révélée que par l'étude de leur nature juridique.

(1) Voir II⁰ partie, *Nature juridique*, chapitre I⁰ʳ, la classification détaillée des actes juridiques, que nous avons donnée d'après l'auteur allemand.

DEUXIÈME PARTIE

CHAPITRE PREMIER

De la classification des Actes administratifs et de la nature juridique des Autorisations et des Concessions dans la littérature allemande.

Avant d'entrer dans l'étude de la question qui a pour objet de connaître la nature juridique des autorisations et des concessions dans la littérature allemande, nous croyons nécessaire de dire auparavant, en quelques mots, comment sont classifiés les actes administratifs d'après cette même littérature. Toutefois nous nous bornerons, pour rendre cette étude tout à la fois claire et courte, à examiner la question seulement dans deux des principales sommités de la science allemande, G. Meyer (1) et Edgar Lœning (2).

D'après Meyer (3), les actes de l'administration qui ont pour objet de mettre en contact l'administration avec d'autres

---

(1) G. Meyer, professeur à Heidelberg. *Lehrbuch des deutschen Verwaltungsrechts*, 2 vol. Leipzig. Duncker et Humboldt 1893.

(2) Lœning, professeur à l'université de Rostock. *Lehrbuch des deutschen Verwaltungsrechts*, 1 vol. Leipzig 1884.

(3) Meyer, ibid. La distinction est bien indiquée dans Raneletti, *op.* et *loc. cit.*, mais cet auteur a le tort de ne parler que de la distinction des *Erlaubnissertheilungen* et de *rechtsbegründende Akte*, pouvant faire croire que cette division est une division générique, alors qu'elle n'est qu'une subdivision partielle d'une catégorie donnée d'actes.

sujets de droits, sont ou de nature internationale, ou de nature juridique privée, ou ayant pour objet le droit public proprement dit.

Ce dernier point de vue seul nous intéresse.

Au point de vue du droit public proprement dit, les actes accomplis par l'administration peuvent être rangés dans cinq catégories différentes :

a) Des *ordres*, c'est-à-dire, soit des commandements, soit des défenses. On les rencontre surtout dans le domaine de l'administration militaire ;

b) Des *concessions* ;

c) Des *actes qui fondent des droits ;*

d) Des *légalisations ou constatations ;*

e). *Certains actes* qui n'appartiennent pas formellement à l'administration, mais qui, matériellement, ont plutôt le caractère d'une sentence de droit.

Les numéros *b* et *c* de cette classification sont les seuls à nous intéresser : les concessions sont, pour Meyer, les actes par lesquels il est permis à un individu d'accomplir une action donnée. Elles ont le caractère de *Verfügungen.* Leur principale application se rencontre dans l'empire des concessions de police qui rentrent dans l'administration interne. On en rencontre encore dans d'autres domaines, et spécialement dans celui de l'administration militaire, pour les cas dans lesquels l'accomplissement de travaux déterminés et la création de constructions dans le rayon de fortifications ou d'autres monuments militaires réclame l'agrément de l'autorité militaire (1).

Et maintenant, si nous passons au domaine de la

____

(1) Meyer, *ibid.* t. I., p. 33.

police (1), nous trouvons, toujours d'après Meyer, des concessions.

En matière de police, en effet, nous les rencontrons encore, mais là nous ne nous trouvons plus en présence que de trois catégories d'actes, les *ordres*, les *défenses* ou les *concessions*. Les concessions ont encore ici la même signification que précédemment (2). Ces concessions supposent encore que l'action n'est jamais permise à tout le monde, en d'autres termes, qu'une restriction légale s'oppose à la liberté d'action générale. L'importance de ces concessions gît en ceci, qu'elles rendent licites à ceux qui ont obtenu la concession, les actes qui sont défendus aux autres. La concession ne peut être donnée qu'individuellement à des personnes déterminées : la concession n'est jamais donnée sous la forme de *Verordnung*, toujours sous la forme de *Verfügung* (3).

Quant aux autorisations, *(rechtsbegrundende und rectsaufhebende Akte)* ce sont les actes de l'administration, par lesquels des droits ou des qualités juridiques sont conférés ou attribués, des sujets de droits naissent ou sont conservés. Ils sont donc, par excellence, dans le domaine de l'administration interne et se présentent sous la forme de *Verfügung*. Ce serait une erreur de croire que cette conception des autorisations et des concessions est universel-

(1) Meyer, *op. cit.*, p. 80.

(2) V. G. Meyer, *Art. Konzession*, in. v. *Stengels Worterbuch*, t. I., p, 841 et suiv. O Gluth, *Genehmigung und subjectives Recht im Arch. für offentliches Recht*, t. III, p. 568. H. Rehm, *die Rechtliche natur des Gemerbskoncession*. Munich 1889 : Jellineck : *System der subjectiven offentliche Rechte*, p. 104 et suiv.

(3) A propos de la distinction entre les deux termes Verfügung et Verordnung, v. infrà.

lement admise en Allemagne. O. Mayer (1) n'admet pas une telle classification, objectant que cette définition est trop générale et que des relations juridiques sont tout aussi bien fondées par *ordres* que par *concessions (Befehle und Erlaubnisertheilungen)*. A première vue, l'objection paraît spécieuse. Toutefois il faut faire remarquer, avec G. Meyer, que les ordres ne fondent pas des droits, mais engendrent uniquement des devoirs. Les autorisations se rapprochent bien davantage des concessions, car les uns comme les autres ont comme conséquence la formation de droits (2), à raison de quoi ils sont réunis dans la commune désignation d'actes constitutifs. Toutefois là encore, il y a une différence importante entre eux. Les concessions ne donnent au particulier une autorisation que pour une action, ils engendrent donc un rapport juridique, mais un rapport juridique qui s'établit seulement entre lui et l'autorité. Les autorisations, au contraire, attribuent à une personne une propriété juridique ou confèrent une permission opposable aux tiers ou appellent à la vie une nouvelle personne juridique. Les rapports de droit s'établissent donc non seulement vis-à-vis de l'autorité, mais encore, par conséquent, vis-à-vis d'autres sujets de droit (3).

(1) *Archiv. für offentliches Rechtt.* Bd. III, p. 43.

(2) G. Meyer s'était servi dans sa définition d'une expression plus large : création ou conservation de droits ou de qualités juridiques.

(3) V. encore Bernatzik, p. 9 suiv. Avant d'aller plus loin, nous pouvons remarquer que la conception des autorisations et des concessions est complètement différente de la conception que nous avons développée et étudiée plus haut. Remarquons qu'il est difficile de comprendre comment la concession n'engendre pas de droits opposables aux tiers. Enfin, si l'on reprend la classification de Meyer (t. I, page 73 et 89) on voit mieux que jamais que, dans son esprit, la concession n'a nullement la même signification que dans notre littérature ; car, avec les

Ces deux catégories d'actes ont encore un trait commun. L'une et l'autre rentrent dans l'activité souveraine de l'Etat. Car G. Meyer distingue dans l'administration interne deux groupes distincts d'activités (1) :

I. L'activité peut être *souveraine*, c'est celle qui se manifeste dans l'exercice des droits publics de souveraineté ; par leur nature, cette activité rentre dans les fonctions de l'Etat. Elle ne peut être exercée que par les organes de l'Etat ou par les personnes et les corporations nanties à ce sujet d'une autorisation de l'Etat. Des actes qui rentrent dans cette activité sont donnés sous forme de *Verfügung* ou de *Verordnung*. Dans une pareille activité, rentrent les actes de police, les autorisations, et les attestations ou légalisations. En d'autres termes, les actes qui nous intéressent rentrent tous dans l'activité souveraine de l'Etat (2).

II. L'activité peut être encore *prévoyante* (fürsorgende), c'est celle qui a pour but l'avancement, le progrès du particulier et de la collectivité par l'assistance et par la création d'établissements publics, d'une manière générale par l'accomplissement de mesures destinées à l'utilité publique ; cette activité, en un mot, comprend les devoirs sociaux (3).

ordres, il la fait rentrer dans les actes de police (Polizeilichen Akte) montrant ainsi que pour lui la concession est uniquement un acte de police et c'est ce qui va nous expliquer, croyons-nous, pourquoi, tout en admettant la possibilité abstraite et intrinsèque de la formation des contrats de droit public, jamais Meyer ne rangera la concession dans une telle catégorie d'actes ; c'est la raison pour laquelle nous n'étudierons que rapidement chez G. Meyer, la théorie de la nature juridique des *Erlaubniesertheilungen.*

(1) T. I., p. 73.

(2) Meyer, *op. cit.*, p. 73.

(3) Dans la littérature allemande, la théorie des devoirs corrélative à celle des droits a atteint un développement inconnu de notre doctrine. V. notamment Lœning, § III, *Verwaltungsrechtspflege*, p. 771 et 772.

Il ne s'agit donc pas, ici, de l'exercice des droits publics de souveraineté. Aussi, de tels actes dont l'ensemble, considéré abstraitement, constitue cette activité prévoyante et partant sociale, n'appartiennent pas, par leur nature, aux fonctions de l'Etat, ils peuvent être tout aussi bien accomplis par des personnes privées ou par des corporations privées.

Il n'y a donc que les actes rentrant dans l'activité souveraine qui nous intéressent.

I° Nous avons déjà vu que dans la première catégorie rentraient les actes de police *(die polizeilichen Akte),* c'est-à-dire ces actes par lesquels est rendu licite à des particuliers l'accomplissement d'actions déterminées que tous ne sont pas autorisés à faire, ces actes étant compris dans une limitation apportée par les lois à la liberté générale et à l'expansion de l'activité humaine.

II° Nous trouvons dans une deuxième catégorie, ces actes de l'administration qui ont pour but de fonder ou de conserver des droits *(rechtsbegründenden und rechtaufhebenden Verwaltungs akte);* ils se subdivisent suivant qu'il s'agit de personnes physiques ou de personnes juridiques et peuvent tout aussi bien se rencontrer dans le domaine du droit privé que dans le domaine du droit public.

A) Jusque dans le siècle actuel, les actes de l'administration créant des droits, se rencontraient surtout dans la collation des privilèges. Ceux-ci avaient pour but, pour objet, d'accorder à un sujet des droits déterminés, une situation spéciale et prépondérante, ainsi les brevets d'invention, les droits de battre monnaie, etc. Dans la nouvelle législation, de pareils droits ont subi une sévère

réglementation et la conséquence a été que les privilèges
ont vu leur champ d'application singulièrement restreint.
Une partie a complètement disparu, ainsi spécialement les
privilèges empiétant par leur nature sur les droits de l'Etat.
Une autre partie a disparu aussi, devenant complètement
inutile, parce que les droits qui n'avaient été concédés que par
un privilège spécial, appartiennent aujourd'hui directement
à des personnes déterminées, sur le fondement d'une règle
légale, ainsi « *les droits d'auteur* », mais, même pour les matières au sujet desquels une législation précise n'existe
pas, de tels actes n'apparaissent plus aujourd'hui comme
n'étant que la concession de privilèges ; ils apparaissent
comme l'émanation du droit commun.

1º Dans le domaine du droit privé, il y a lieu d'opérer
une distinction. Il nous faut distinguer, en effet, suivant
que l'activité de l'administration a pour but la fondation
immédiate ou la conservation de rapports juridiques par
un acte de l'administration, ou la confirmation juridique
d'actions de sujets juridiques déterminés.

a) Dans la première sous-division, c'est-à-dire dans les
actes qui ont pour objet la création *immédiate de rapports
juridiques,* il faut faire une classification bipartite,
suivant que ces rapports existent entre personnes physiques
ou entre personnes juridiques :

α) Parmi les actes qui créent des droits dans les personnes
physiques, il nous faut placer immédiatement ceux qui
confèrent une qualité juridique quelconque, mais déterminée,
ainsi la déclaration de majorité et la légitimation de fils
naturels ; ensuite nous rencontrons des actes qui ont pour
but de créer un rapport de droit, d'établir une relation

juridique entre plusieurs personnes physiques, ainsi l'acte de l'officier d'état-civil dans la conclusion du mariage ; enfin, nous trouvons des actes qui confèrent une autorisation, un droit, une faculté exclusive, à quelques personnes, comme la concession d'exploiter une mine ou la collation d'un brevet. Ces derniers actes se rapprochent beaucoup des concessions de police, en ce sens que, comme elles, ils donnent à l'individu une autorisation pour l'accomplissement d'actions déterminées.

β) Et maintenant, nous passons aux actes qui sont de la même nature que les précédents, mais qui établissent des rapports entre les personnes juridiques ; avec ces actes nous voyons que l'activité de l'administration a comme but non seulement de donner à ces personnes juridiques une qualité juridique, une faculté ou une propriété juridique, mais, de plus, elle sert encore à créer le sujet de droit lui-même. Par un acte de l'administration rentrant dans cette catégorie, une société devient une corporation ; le droit concédé devient le droit de la corporation. Et, de même que l'administration a le pouvoir de créer un sujet de droit, ainsi elle possède encore la faculté éventuelle de retirer l'autorisation, d'anéantir la corporation, de faire perdre à la société la *qualité* de corporation, etc.

b) Nous arrivons maintenant aux actes qui ont pour caractère distinctif de n'être qu'un pur consentement à des actions juridiquement constatées de sujets juridiques déterminés, qu'une confirmation d'actes, n'ayant pour objet que de donner à ces actes une efficacité juridique. Comme il est facile de le comprendre par cette seule définition, de pareils actes n'ont pas d'autonomie par eux-mêmes, ils n'ont pas de vie propre, ils accèdent à des actions de personnes données. Parmi ces actes, Meyer range le consentement à quelques aliénations, à quelques donations, il donne encore, comme exemples, le changement de nom pour les personnes physiques, l'approbation de statuts pour les personnes juridiques.

2° Dans le domaine du droit public, les actes qui créent des droits peuvent se rencontrer aussi bien pour les personnes physiques que pour les personnes juridiques, pour les corporations et les établissements ayant une personnalité juridique propre. L'activité de l'administration a pour objet et pour fin régulière et normale de donner à ces êtres une qualité déterminée, une faculté, une propriété de droit public (*Eigenschaft*). Ainsi, dans ces cas, nous rencontrons la collation du droit de cité, la nomination à une fonction publique. Quant à l'activité qui se manifeste par la création de droits dans les personnes juridiques, elle ne peut se se rencontrer qu'autant que nous nous trouvons en face de corporations qui ont pour objet l'exercice de fonctions souveraines, et, dans la pratique, ces associations ont en grande partie le caractère d'associations forcées (1).

Ces actes de l'administration, qui ont pour but de créer ou de conserver des droits, s'adressent toujours à des personnes déterminées. Ils sont toujours donnés sous la forme de *Verfügung*, jamais sous la forme de *Verordnung*. Ces actes qui tendent à la création de droits ne sont produits, sauf de rares exceptions, que sur la demande expresse, ou tout au moins avec l'agrément préalable des personnes intéressées. Et il semble que la conséquence logique de cette idée, fait remarquer Meyer, c'est que de pareils actes

(1) Meyer, t. I, p. 88 et passim., t. I.

doivent faire l'objet d'accords entre l'administration et les particuliers. C'est une erreur. L'acte n'est pas créé par une déclaration de volonté de deux contractants, mais par la production unilatérale de la volonté de l'Etat. La demande du particulier n'a pas ici une importance spéciale, et ne joue pas un rôle actif, en ce sens qu'elle ne constitue qu'une formalité qui doit cependant toujours être remplie pour permettre à l'activité de l'administration de se manifester.

B. Dans cette division, Meyer indique un certain nombre de dispositions positives, où l'on rencontre encore de ces actes créateurs et conservateurs de droits. Il montre que parfois de tels actes impliquent de la part des autorités administratives qui les produisent un devoir véritable, avec, comme corrélation nécessaire, une revendication possible du particulier pour la naissance et la production de cet acte, et il ajoute que les autorités administratives possèdent, dans d'autres hypothèses, un pouvoir d'appréciation complet. Enfin, Meyer indique les limitations de ces actes qui se rencontrent, soit dans des dispositions légales positives, soit dans des dispositions prises par l'autorité administrative elle-même.

III° Les actes qui ont pour but et pour fin un établissement ou une confirmation. *(Die Feststellungen und die Beurdunkungen).*

Les premiers *(Feststellungen)* ont pour mission de constater, pour l'Etat, et d'une manière certaine, l'état des choses et des événements considérables, et, en même temps que les événements, les raisons pour lesquelles ils se sont produits. A ce point de vue, nous trouvons au premier rang l'activité de la statistique officielle et l'activité vérificatrice des services de la mer. Cet acte *(die Feststellung)* a comme caractère de rentrer dans une activité purement intellectuelle et il se soustrait, à cause de cela, à une réglementation juridique.

Quant à l'acte confirmatif *(Beurdunkung)* c'est une attestation de faits juridiquement constatés : le témoignage de pareils actes a force publique, c'est-à-dire qu'il fait foi complète par son seul témoignage, mais il ne peut être produit qu'en vertu d'une autorisation publique, soit qu'elle soit délivrée par un organe de l'Etat, soit par une personne privée, à condition que cette personne ait reçu préalablement elle-même une autorisation de l'Etat (p. ex. les notaires). Ces confirmations, délivrées par les organes de l'Etat, ont pour trait caractéristique de faire preuve complète et publique des faits juridiquement constatés, parce que dans ces différents cas, l'Etat est dans l'exercice de ses droits publics de souveraineté et de puissance publique. Et l'Etat met son sceau dans l'accomplissement de pareils actes pour prouver son intervention (service des monnaies).

IV° Nous trouvons, en dernier lieu, des actes qui rentrent dans l'activité prévoyante de l'administration *(die fürsorgenden Thätigheiten)* ; ils constituent surtout des *devoirs d'Etat*, ayant pour but principal l'établissement et le développement des mesures qui ont pour but de venir en aide aux pauvres et aux déshérités : mais une telle formule pourrait donner une idée fausse de ce que sont de pareils actes, car, et nous suivons toujours Meyer (1) de pareils actes qui ont pour fin de servir aux intérêts du peuple sont très nombreux, il ne s'agit pas, en effet, des services chari-

***

(1) *Ibid.*, t. I, p. 194.

tables proprement dits, mais de tous les services contribuant au bien-être social (maisons d'éducation, établissements de crédits, services des postes et des télégraphes, services des chemins de fer, sociétés d'assurance, etc., etc.). Meyer montre comment ces établissements peuvent être établis aussi bien par l'Etat que par des personnes privées ou des sociétés particulières.

Telle est, dans ses très grandes lignes, la classification que Meyer indique et développe (1). Nous allons examiner rapidement maintenant celle de Lœning et c'est seulement, après ce double exposé nécessaire, que nous donnerons les opinions de ces deux éminents auteurs sur la nature juridique des actes qui nous intéressent.

Toutefois, avant de passer à l'étude de Lœning, nous croyons indispensable de nous expliquer sur un point.

Nous avons fréquemment rencontré dans Meyer et nous allons encore retrouver dans Lœning les expressions de *Verfugung* et de *Verordnung*, c'est ainsi que l'un et l'autre affirment que les concessions et autorisations ne peuvent être données que sous la forme de *Verfügung*. Que faut-il entendre par là ?

Parmi les actes administratifs, il en est qui ont pour objet

____

(1) Cette classification est indiquée, mais d'une manière assez sommaire et incomplète dans Raneletti *op. cit.*, p. 14 et suiv. C'est ainsi que les deux dernières catégories d'actes, les *Feststellungen* et les *Beurkundungen* d'une part, les *Fürsorgenden Thatigkeiten,* d'autre part, sont passés sous silence ; peut-être cette lacune est-elle volontaire ; les autorisations et les concessions ne pouvant être classées dans l'une ou dans l'autre de ces catégories : toutefois, nous croyons qu'il était indispensable, alors surtout que l'on avait la prétention d'exposer une classification complète, de donner une liste entière des différents actes administratifs.

le règlement d'une série d'hypothèses envisagées en bloc, ces hypothèses n'étant pas déterminément prévues : de pareils actes peuvent ne pas contenir des règles juridiques nouvelles ; ce sont, en ce cas, de véritables actes administratifs (1) : ou tous ces actes peuvent renfermer des règles juridiques nouvelles (2) : en France nous appelons ces actes des actes réglementaires, des *règlements* : la littérature allemande les connaît sous le nom de *Verordnungen*. Il reste toute une catégorie d'actes administratifs, de déclarations de volonté de l'Etat et de personnes publiques inférieures qui sont destinées à régler *quelques rapports concrets*. Ce sont ces actes qui, pour nous, sont des actes individuels et qui, pour l'Allemagne, constituent les *Verfügungen*. « Les *Verordnungen*, dit Meyer (3), auquel nous redonnons la parole, dans le sens de *Rechtsverordnungen*, ce sont encore ces dispositions prises par les organes de l'administration, dispositions générales ou abstraites qui régissent les administrés : les *Verfügungen* au contraire, ce sont encore des dispositions prises par les organes de l'administration, mais régissant des intérêts purement concrets. »

Lœning, comme Meyer, déclare formèllent que les actes qui font l'objet de cette étude rentrent dans les *Verfügungen*.

(1) Les Italiens appellent ces actes *ordinanze proprie* et les règlements *ordinanze improprie*, expression assez juste qui fait bien ressortir tout ce qu'il y a d'anormal au premier chef, dans les règlements ; malheureusement, l'effet de cette remarque est détruit par la répétition dans les actes individuels, de cette division en *ordinanze proprie* et *improprie*. — V. Meucci, *op. cit.*, p. 143 et suiv.; Orlando, *op. cit.*, n° 398 et suiv., p. 229 et suiv.

(2) *Ibid*.

(3) V. Meyer, *op. cit.*, p. 32, n° 3, *in fine*.

Au surplus sa distinction des actes administratifs se rapproche beaucoup de celle de Meyer, mais à l'inverse du professeur d'Heidelberg, il envisage plus le côté formel que le côté matériel (1).

Il existe pour lui quatre catégories d'actes remplissant l'activité administrative : 1° Les lois administratives (*Verwaltungsgesetze*); 2° Les actes que nous avons déjà rencontrés sous le nom de *Verordnungen* et qu'il étudie spécialement au point de vue de la police, dans leur développement historique et dans le droit en usage ; 3° Des actes que nous avons aussi rencontrés sous le nom de *Verfügungen* (2) ; 4° Et enfin les contrats de l'Etat *(Staatsrechliche Vertrage)*.

(1) Sur la distinction des actes en Verfügungen et en Verordnungen, et d'une manière plus générale sur le domaine de l'administration. V. Sarwey, *Offentliches Recht und Verwaltungsrechtspflege*. Tubingen, 1880, p. 48, *Allgemeines Verwaltungsrecht*, p. 27 et suiv. Rosin, *Polizeiverordnungen in Preussen* p. 8 et suiv., p. 22 suiv. Laband, *Staatsrecht,* Bd. I, § 65, p. 690 et suiv. E. Lœning, *Verwaltungsrecht*, p. 240 et suiv. Jellinek, *Gesetz und Verordnung*, page 367, n° 3. G. Meyer, art. *Verfügung* in V. Stengels, *Wörterbuch*, Bd. S. 669, suiv.

(2) Pour Lœning, le mot Verfüngung est pris dans deux acceptions, sinon opposées, tout au moins distinctes. Au surplus, voici ce qu'il en dit (*op.* et *loc. cit.*, p. 240) : « par *Verfügùng*, on entend toutes les déclarations de volonté de l'Etat qui sont destinées, s'appuyant sur un principe de loi, à régler des relations de droit concrètes. En tant que ces déclarations de volonté s'appuient sur un principe du droit privé, elles sont des déclarations de volonté rentrant dans le domaine du droit privé et, par là, ne sont pas à prendre en considération, mais les *Verfügungen* de droit public, qui seules nous intéressent, d'après leur objet, d'après leurs effets, ont un caractère qui peut n'être pas toujours le même, et cette dissemblance peut être rendue plus grande encore suivant les formes, les autorités, etc. Toutefois, les *Verfügungen* ont toutes un caractère commun : elles prévoient seulement une hypothèse déterminée, un cas concret et épuisent leurs forces avec le règlement du cas prévu. »

Nous détachons la troisième catégorie de ces actes, puisque c'est là, venons-nous de dire, que nous rencontrons les actes dont nous avons à nous occuper : les actes se subdi-

Mais par contre, ce serait une grave erreur (V. Schulze *Preusz-Staatsrecht*, II, 206. Von Jhering *der Zweck im Recht*, I, 327. et suiv. Leipzig, 1884), de croire que le « Verfügung » ne s'adresse qu'à une seule personne ou ne règle qu'une situation particulière. — Car au lieu de promulguer une *Verfügung* pour chaque personne, en particulier, ou pour une situation déterminée, il est très possible qu'il intervienne une déclaration de volonté très précise, très définie pour plusieurs personnes ou pour plusieurs situations. Au surplus, il n'y a nullement incompatibilité entre les deux idées, la pluralité des sujets ne s'opposant nullement à l'unité de l'objet — V. Jhering, *op.* et *loc. cit.* Rosin, *op. cit.*, p. 9 et suiv. Ces actes ne créent pas un droit nouveau, mais ils permettent seulement d'exercer, en vertu du droit existant, les effets juridiques prévus par ce droit. C'est là le trait propre à l'acte appelé « *Verfügung* ». De même que les déclarations de volonté du droit privé, les « *Verfügungen* » de droit public peuvent être aussi unilatérales ou bilatérales, *Verfügungen* au sens étroit, ou contrats de l'Etat (*Staatsrechtliche Vertrage* : — Ce premier sens du mot *Verfügung*, est donc, dans Lœning, très large, il englobe la notion des contrats de l'Etat. Le mot *Verfügungun* est pris, disons-nous quelquefois, dans Lœning, dans un sens plus étroit. C'est même ce sens que nous adoptons au texte, avec l'auteur allemand ; au sens étroit, les *Verfügungen* sont donc des déclarations unilatérales de la volonté de l'Etat, par lesquelles l'Etat provoque des effets juridiques définis et déterminés, déclarations qui ne sont prises que dans la mesure de la puissance juridique qu'il se reconnaît découlant de sa souveraineté Cela suppose donc deux choses : *a*) que, d'abord, la volonté manifestée par l'organe administratif vaut, d'après des principes de droit antérieurs déclarés et reconnus, comme volonté de l'Etat susceptible de produire des effets pour ou contre l'Etat ; *b)* en second lieu, que la déclaration de volonté correspond, de par son objet, à une règle de droit, ce qu veut dire, croyons-nous, que l'objet de la déclaration de volonté doit être déterminé par des lois antérieures, en d'autres termes que la déclaration de volonté n'apparaît que comme le prolongement, l'ampliation de la loi ; ou encore que le droit autorise les organes de l'Etat à définir l'objet de cette déclaration, d'après leur propre avis, mais à la condition toutefois de rester dans les limites qu'il a préalablement déterminées.

visent en quatre catégories : *a) des ordres* : Meyer aussi en traite et Lœning, comme lui, les distingue en ordres et en défenses d'actions concrètes, individuelles (1) ; *b)* Une deuxième catégorie comprend les Autorisations*(Ermächtigungen)* qu'il

(1) Ce serait cependant une erreur de croire qu'il y entre Meyer et Lœning un accord parfait au sujet de ces actes. Lœning définit bien : les Ordres *(Befehle)* les actes qui autorisent ou défendent des actions concrètes déterminées. De pareils actes supposent, chez les autorités qui les délivrent, un pouvoir sur ceux auxquels ils sont destinés, et à l'inverse, chez ceux auxquels ils sont destinés, une subordination qui les engage vis-à-vis de leurs supérieurs. Le droit de donner des ordres aux administrés, d'après Lœning, c'est-à-dire de limiter la liberté d'action par des permissions ou par des prohibitions, ce droit, disons-nous, doit s'appuyer sur un principe de droit, puisque les autorités qui détiennent le droit de délivrer des permissions ou de produire des défenses, n'exercent elles-mêmes leurs fonctions qu'en vertu d'un principe de droit Meyer ; disons-nous, n'est pas de cet avis (v. G. Meyer, *Staastrecht*, p. 452. *Vewaltungsrecht* I, 64 : voyez aussi dans les *Annalen de Hirth*, 1878, p. 382 et suiv.) — D'après l'opinion représentée par les auteurs signalés, et notamment d'après Meyer, les autorités de police, pour décréter des ordres, n'ont pas besoin d'une autorisation expresse formulée dans la loi, puisque le droit dont ils usent repose sur la nature même de l'activité dans laquelle rentrent les actes en question — l'activité de police dans l'espèce. — Lœning fait remarquer, avec raison, croyons-nous, que dans l'esprit de Meyer, il règne une confusion. En effet, ce que Meyer nomme la nature des fonctions de police, n'est autre chose que ces fonctions d'autorités données, qui sont fixées et déterminées par des principes de droit. La nature des fonctions n'exclut donc pas que ces fonctions soient déterminées par les règles juridiques, parce que les fonctions mêmes ne sont établies qu'en vertu de règles juridiques. La remarque de Meyer est d'autant plus incompréhensible que les dispositions positives de la loi allemande ne donnent pas place au moindre doute. V. encore Laband, II. *op. cit.*, p. 202 et suiv., 217 suiv., Rosin *op., cit.*, p. 11 et suiv. V. Sarwey., *op. cit.*, p. 55 et suiv.

Sur la question de la corrélation du droit chez l'autorité administrative de donner des ordres *(Befehle)* et du devoir chez l'administré d'y obéir, V. Lœning, *op.* et *loc. cit.* — V. aussi sur l'étendue d'un pareil droit et d'un pareil devoir, le même auteur, livre III.

définit : « la déclaration de volonté, au moyen de laquelle est délivrée une permission pour l'accomplissement de faits, d'actes ».

Mais l'objet d'une autorisation peut être différent :

α) Ce peut être la collation de pouvoirs pour l'exercice des fonctions publiques d'Etat. Il peut être établi par là ou une simple obligation, un devoir ou un droit subjectif à l'exercice de ces fonctions.

β) L'autorisation *(Ermächtigung)* peut confier une permission pour l'exercice de droits subjectifs dont l'exercice est rendu, dans une loi, dépendant d'une telle permission. On les rencontre dans les limites du domaine de la liberté d'action des individus.

γ) En outre, dans une autorisation, peut être conférée la permission d'utiliser d'une manière qui ne nuit pas à l'usage général, les choses publiques (v. Lœning, section IV, ch. I, en ce qui concerne l'usage des eaux du domaine public ; des chemins publics, v. section IV, ch. VIII).

δ) Enfin, l'autorisation peut encore très bien contenir l'établissement d'un droit privé. C'est le cas de propriété de mine, la concession d'un brevet d'invention, etc... Voilà ce que Lœning nous dit des autorisations.

c) Mais l'objet d'une *Verfügung* peut encore être très différent. Cet objet peut consister dans une déclaration de volonté qui enlève un droit concret, subjectif, privé, d'après une règle de droit (1) admise dans tous les Etats de l'Allemagne : un enlèvement, une expropriation de droits privés peut être effectuée par une autorité administrative, mais seulement dans les cas, dans les formes prévues par les lois et seulement

(1) V. à ce sujet Zachariæ, *Staatsrecht,* I. 462 et suiv. Schulze, *Deutsches Staatsrecht,* p. 389 et suiv. G. Meyer, *Staatsrecht,* p. 581.

encore avec une compensation pour le droit enlevé. Les lois
en vigueur aujourd'hui permettent d'enlever des droits privés aux particuliers, lorsque l'exercice de ces droits porte
une atteinte grave à l'intérêt public. On rencontre une
Verfügung produisant de tels effets de droit dans trois
cas (d'après *Læning*).

α) Quand un immeuble situé sur une propriété privée
empêche d'une manière radicale l'exécution de travaux ser-
vant à l'intérêt public. Mais un tel acte ne s'effectue jamais
sans présenter cette particularité qu'un droit privé n'est enlevé
chez un individu que pour qu'un droit privé soit créé dans la
personne de l'entrepreneur de ces travaux publics, que cette
personne soit l'Etat ou toute autre personne. Quant aux règles
et aux formes de pareils actes, elles sont contenues tant dans
des lois générales que spéciales (1).

β) On en trouve encore d'autres exemples dans les lois
agraires (2).

γ) La propriété privée peut encore être enlevée, d'après
quelques lois spéciales, lorsque cette propriété, portant
uniquement sur des objets mobiliers, peut se trouver en
conflit avec l'intérêt public (3).

δ) Dans ces différents cas, l'expropriation du droit privé
ne s'effectue pas, avons-nous dit, sans qu'un droit nouveau, privé aussi, soit créé, mais cette règle elle-même
comporte des exceptions.

(1) Sur ce sujet spécial, voir dans la littérature allemande S. Stobbe,
II, 154 et suiv. Beseler, p. 351 et suiv. — G. Meyer, *Verwaltungsrecht.*
I, 264 et suiv. G. Meyer dans le *Rechtslexicon*, I, 764 et suiv. — V. Sar-
wey *op. cit.* I, 248 et suiv.

(2) V. Læning, §§ 79-83.

(3) V. Læning, § 96.

d) C'est encore par une *Verfügung* que peut être créée
une nouvelle personnalité juridique, ou que sont conférés à
une société ou à une corporation des droits de personnes
juridiques. (V. loi prussienne sur les corporations des mi-
neurs de 1865, § 185 : V. encore loi du 7 avril 1876, §§ 4
et 5, etc.)

e) Enfin une *Verfügung* peut contenir une déclaration de
l'Etat, par laquelle, sur le fondement d'une proposition
tendant à ce but, un droit litigieux subjectif public est établi
ou reconnu.

Telle est la classification que donne Lœning : elle est
beaucoup moins pénétrante que celle de G. Meyer : toutefois, elle est à la fois plus formelle et plus précise, en ce
sens qu'elle contient des détails plus circonstanciés sur les
hypothèses dans lesquelles se rencontre la fameuse
Verfügung et c'est pourquoi, ne nous contentant pas d'indiquer la double-division des *Befehle* et des *Ermächtigungen*,
opposés aux *Staatsrechliche Verträge*, dont se contente
Raneletti, au risque de donner une notion fausse de la division générale des diverses manifestations de l'activité juridique des êtres administratifs, nous avons cru, avec Lœning, devoir indiquer les cas différents dans lesquels les
Verfügungen se manifestent.

L'indication de ces classifications était indispensable
pour comprendre comment la littérature allemande comprend la nature juridique des actes qui font l'objet de cette
étude. Il est à remarquer que ces classifications, surtout
celle de Meyer, se basent sur la nature intrinsèque et cons-
titutive des actes, ce qui n'est point admis dans nos lois, dans
notre doctrine et surtout dans la jurisprudence administrative, pour laquelle—et peut-être est-ce malheureux—un sem-

blable critérium n'est point adopté, comme nous le verrons.

Toutefois, ces classifications ne sont-elles pas absolument irréprochables : et non seulement cela paraît, à nos yeux, une véritable inélégance de classer sous la même catégorie d'actes qui « *créent des droits* » la conclusion d'un mariage et la légitimation d'un fils naturel : non seulement cela nous paraît tout au moins étrange de ranger ce dernier acte parmi les actes administratifs, alors qu'au premier chef, nous le rangeons dans les actes du droit privé, mais encore peut-être, n'est-ce point, en soi, absolument vrai. Et n'y a-t-il pas dans cet acte une véritable *Constitutio personalis,* un vrai *privilège* au sens propre du mot, alors que dans le premier. il ne faudrait voir, croyons-nous, qu'un de ces actes que nous avons nommé *actes d'exécution.* De plus, que faut-il penser de la divergence que l'on rencontre entre Meyer et Lœning au sujet des actes de police ? Meyer les détache des actes qui se réduisent à un *pur consentement,* trouvant qu'il y a en eux quelque chose de plus : Lœning les fait rentrer dans les *Ermächtigungen,* c'est-à-dire dans les autorisations, c'est-à-dire dans les actes administratifs, qui concèdent la faculté d'exercer quelques droits subjectifs, dont l'exercice était subordonné à l'existence d'une telle permission. Nous croyons qu'ici, Meyer a raison : il est vrai que ces actes ont les uns et les autres un caractère accessoire, en ce sens qu'ils donnent une efficacité juridique à des actions de personnes physiques et juridiques : mais Lœning n'a pas vu que le pouvoir discrétionnaire qui tantôt appartient, tantôt est refusé à l'autorité administrative suivant les cas, est l'obstacle qui s'oppose à ce que de pareils actes soient rangés en une même catégorie.

Nous avons voulu donner cette double classification parce qu'elle rend plus intelligible l'étude, chez les mêmes auteurs, de la nature juridique des actes qui font l'objet de cette étude et cependant nous ne croyons pas que ces classifications, ainsi que nous l'avons déjà dit, soient particulièrement remarquables : non seulement elles sont d'une complication extrême, mais encore elles n'ont pas d'intérêt au point de vue du contentieux administratif, et même au point de vue purement spéculatif, elles nous paraissent présenter des lacunes, car elles ne s'attachent pas à la volition des êtres juridiques ; enfin, elles paraissent contenir, surtout chez Lœning, plutôt une énumération qu'une exposition scientifique et limitative, notamment dans les sous-classifications et, dernière critique, elles se placent tantôt au point de vue *formel,* tantôt au point de vue *matériel.*

Si maintenant nous entrons dans l'étude de la manière dont a été envisagée la nature juridique des autorisations et des concessions, dans la littérature allemande, nous pourrons constater deux courants très distincts.

Une opinion que nous retrouverons dans nos développements ultérieurs, n'admet jamais, envisageant la question au point de vue général, que les actes administratifs spéciaux puissent faire l'objet d'un contrat de droit public ; autorisations et concessions sont donc, toujours, d'après les défenseurs de cette opinion actes unilatéraux et actes unilatéraux de puissance publique (1). Quant à la déclaration de

(1) V. Lœning, *op. cit.,* § 53, p. 245 et 246, § 25, p. 119 et suiv. et particulièrement la note sur la nature de pareils contrats et sur l'évolution de la doctrine ; à ce sujet voir les autorités qui y sont rapportées : Seuffert, *Von dem Verhältnisse des Staats und der Diener des Staates gegeneinander im rechtlichen und politischen Verstande,* Wurtzbourg,

volonté du sujet qui se rencontre vis-à-vis de l'Etat ou du concédant quel qu'il soit, commune, province, etc., cette déclaration de volonté ne doit être prise en considération qu'autant qu'elle manifeste le désir de l'administré, désir dont la vérification par l'administration est nécessaire pour que celle-ci puisse développer toute son activité, mais quant à être un contrat, la concession ou l'autorisa-

1793, § 15, p. 113 et note 1, et Gönner, *der Staatsdienst aus dem Gesitchts punkte des Rechts und der nationalökonomie*. Landshut, 1808 *(passim)* ; Von Gerber, *Grundzüge des deutschen Staatsrecht*, p. 121 ; G. Meyer, *op. cit.*, p. 363 ; Zorn, *Staatsrecht des Deutschen Reïches*, 1re édit., I, 231 : Schulze, *op. cit.*, p. 321 ; Klüber, *Offentliches Recht des Deutschen Bundes*, § 492, v. Mohl, *Wurtemb. Straatsrecht* II, 133 ; Weisz, *System des deutchen Staatsrechts* (1843), p. 799 ; Schmithenner, 12 livres, *vom Staat*, III (1845), p. 509 et suiv. : Seydel, *Allgemeine Staatslehere*, p. 59 et suiv. ; Laband, I, 401 et suiv. De ces auteurs, les premiers, Seuffer en tête dans l'ordre chronologique, soutiennent que les relations des employés avec l'Etat sont établies, non par un acte unilatéral de puissance publique, mais par un contrat obligatoire de droit public *(offentlichrechtlicher Vertrag*, ou mieux *staatsrechlicher Vertrag)* ; les seuls cas, d'après lui, où il est impossible de parler de contrats sont ceux dans lesquels existe une obligation, un *devoir* à l'acceptation de la charge : v. Klüber et les derniers auteurs cités ; quant à Gonner, il défend l'opinion qui prévaut en Allemagne, celle de l'acte unilatéral, et si la raison qu'il en donne, à savoir qu'un contrat est impossible parce que tous les citoyens ont une *obligation générale* à remplir les places d'employés de l'Etat ne parait pas exacte, car, par voie de conséquence, le contrat serait seul possible quand un étranger entre au service de l'Etat (p. 93), tout au moins cette opinion est-elle reconnue comme vraie en soi, parce qu'il est impossible de parler de contrats dans les rapports de supérieurs à inférieurs (V. Gerber, Zorn, Meyer, Schulze *cit.*). C'est à Hegel *(Rechtsphilosophie*, § 294) qu'est due l'expansion de cette théorie, et la raison qu'il donne est l'absence de force d'obligation d'un pareil contrat. On voit donc que lorsque nous disions que la nomination des fonctionnaires était envisagée comme un contrat de droit public, cette affirmation était susceptible de nombreuses restrictions.

tion n'en sont jamais et ne peuvent jamais le devenir.

L'autre opinion, transportant dans le domaine du droit public les théories du droit privé, affirme qu'il existe des actes administratifs unilatéraux et des actes administratifs bilatéraux, suivant que ces actes sont l'émanation de la volonté d'une seule personne, ou qu'on y rencontre une double volition, d'où surgit un accord qui engendre un contrat, c'est-à-dire suivant que ces actes sont produits par l'Etat puissance publique, unilatéralement, ou suivant qu'on y trouve un accord contractuel : toutefois, restreignant quelque peu la portée de l'affirmation précédente, cette opinion a soin de faire remarquer que les actes unilatéraux sont la règle, les actes bilatéraux l'exception ; que l'activité de l'Etat est une activité qui se développe presque exclusivement par des déclarations de volonté unilatérale et que ce n'est que dans des cas fort rares qu'on le trouve jouant le rôle d'un contractant (1). Cependant cette possibilité existe abstraitement.

Ces contrats, d'après Lœning qui résume le plus clairement cette doctrine, peuvent être conclus ou entre l'Etat — par le moyen de ses organes — et les personnes qui sont sous sa domination, les administrés, et seulement dans la mesure où l'Etat peut s'obliger, ou entre les personnes qui ont un droit subjectif à l'exercice des fonctions publiques, et d'autres personnes. En règle générale, les personnes qui ont un

(1) Sur les concessions de chemins de fer, voir Lœning, *op. cit.*, § 160, p. 628 ; Heusler, *Rechtsgutachten über die Rechtliche Natur der Eisenbahn concession*, 1877, p. 13 et suiv. ; Koch, *Deutschlands Eisenbahnen, Versuch einer systematischen Darstellung der Recht verhältnisse*, 1860, p. 489 et suiv. ; Reyscher, *Zeitschrift für deutsches Recht*, XIII, p. 288 et suiv. ; Meili, *Zeitschrift für Handelsrecht*, XXIV, p. 360 ; v. Meyer, tome I, p. 532.

droit subjectif à l'exercice des fonctions publiques ne peuvent ni aliéner leurs droits, ni se débarrasser de leurs devoirs par le moyen d'un accord contractuel. Toutefois la chose serait possible, elle l'est dans certains pays (1) lorsqu'une loi en donne la possibilité préalable et abstraite : et cette possibilité préalable et abstraite, contenue dans une loi, est indispensable, parce que les droits et les devoirs en question sont, en règle générale, soustraits à la disposition de leurs titulaires. Le caractère commun de ces contrats de droit public, qu'ils interviennent entre l'Etat et les administrés, que les contractants soient au contraire des titulaires de droits subjectifs publics, c'est qu'ils ne peuvent se produire qu'autant qu'ils sont au préalable autorisés par une loi, que cette loi soit générale ou spéciale, peu importe; il existe une autre catégorie de contrats de droit public qui n'exige nulle autorisation législative antérieure et que nous citons seulement pour être complet dans notre énumération des contrats de droit public, car ils ne nous intéressent pas, ce sont des contrats passés avec les Etats étrangers.

Chose curieuse, parmi tous ces auteurs (2) qui, à l'inverse de ceux dont nous avons parlé en première ligne, admettent l'existence, vis-à-vis de ces déclarations unilatérales que sont les *Verfügungen* au sens étroit, de déclarations bilatérales qu'ils appellent contrats de droit public (*Staatsrechliche Vesträge*), aucun n'a l'idée de ranger les concessions administratives : pour la doctrine allemande, les concessions administratives sont toutes des actes unilatéraux de puissance publique, non pas que nous en trouvions

(1) Laband, *Le Droit public de l'empire allemand*, traduction Gandilhon, 1901, t. II, p. 530.

(2) *Ibid.*, p. 535 et 537.

toujours la déclaration expresse, mais la chose n'en est pas moins certaine, puisque, procédant par voie limitative, les auteurs cités donnent comme seuls exemples des contrats de droit public la nomination des employés de l'Etat et l'acquisition du droit de cité (1).

En un mot, qu'il s'agisse de la théorie restrictive et n'admettant qu'une seule catégorie d'actes administratifs, qu'il s'agisse de la théorie plus large reconnaissant l'existence des contrats de droit public à côté des actes unilatéraux de puissance publique, la conclusion doit être la même; concessions et autorisations administratives doivent être rangées dans la même catégoire et placées parmi les actes unilatéraux (2) ; qu'il s'agisse de concessions de travaux publics, de concessions de chemins de fer, la règle est générale (3).

Et encore si, parmi les auteurs dont nous parlons, il en était auxquels la notion de contrat de droit public, comme nous le constaterons plus tard chez nombre d'autres auteurs de toute littérature, parût impossible ou tout au moins admissible, mais avec la plus grande restriction, une pareille constatation n'aurait rien qui put étonner. Mais il n'en est rien. « Le traité ou contrat, dit La-

(1) V. Meyer, *op. cit.*, Lehrbuch, § 21, *in fine*, p. 72, *Lehrbuch des deutschen Staatrechts*, 1878, p. 29 ; Haenel, *Studien zum deutschen Staatsrechte*, Leipzig, 1873, I, p. 242 ; Zorn, *Der Staatsrecht des deutschen Reichs*, t. I, 1880, p. 105 ; v. encore Meyer, *Abschluss von Staatsvertragen*, p. 76 et suiv. ; Lœning, *Lehrbuch*, *cit.*, § 52 et 53. La théorie de la concession acte unilatéral est également dominante en Angleterre. Cf. Cammeo, *op. cit.*, p. 573 et suiv. Cf. Pilon, *op. cit.*, p. 66, note 2.

(2) V. Baron, *Pandekten*, *cit.*, Leipzig, 1890, § 48, p. 84 et suiv. ; Serafini, *Ist. di diritto romano*, Firenze : Pellas, 1881, § 25 ; Lœning, *Lehrbuch*, *cit.*, p. 245. Cf. Raneletti, *cit.*, p. 56, note 1.

(3) *Ibid.*

band (1), trouve sa place partout où l'Etat n'est pas à même de
s'acquitter de ses devoirs à l'aide des droits souverains, dont
il est investi ; le traité peut être conclu avec un autre gouvernement, il est alors un traité international; il peut aussi avoir pour
fin d'établir une relation de droit public, par exemple, la nomination de fonctionnaires, la naturalisation, c'est alors un
traité de droit public ; il peut enfin concerner une question
d'intérêt matériel ou pécuniaire ; c'est alors un traité de
droit privé. » Mais Laband, dans sa définition très large
des divers contrats de l'Etat, ne trouve pas place pour la
concession ; lui aussi en fait un acte unilatéral de puissance
publique. Parlant des actes unilatéraux de droit public, il
nous dit : «…Le contenu du décret ne consiste pas *nécessairement* dans un ordre de prestation ou d'abstention, il ne se borne
pas *exclusivement* à cela ; on retrouve dans le domaine où
le décret fait loi *in concreto*, la même variété d'affaires juridiques que la loi règle *in abstracto*. Ainsi, le contenu du décret
peut avoir pour fin une concession, une autorisation, etc. ».

Nous n'avons ici qu'à faire l'exposé de la doctrine allemande, mais nous ne pouvons nous empêcher de remarquer
que, très certainement, l'unanimité des auteurs à repousser
toute idée de contrat dans les actes de concession repose
sur la prédominance du point de vue formel sur le point de
vue matériel ; et, malgré leurs dénégations, il est impossible
de trouver un autre motif à cette conformité de vues sur
une question qui, cependant, est des plus douteuses.

(1) De tels contrats sont admis par la législation prussienne du
14 avril 1856, § 1 (*Vgl. Zust. Ges.*, § 25); en Bavière, loi fédérale du
16 avril 1868 ; dans le grand-duché de Bade, loi du 14 janvier 1868,
§ 4 ; loi de 1868 (*Elementarrunt urricht*, § 55) ; en Saxe, loi sur la
réparation des chemins et chaussées du 12 janvier 1870, § 4, 17 ; v.
encore F. Mayer, *Grundsätze des Verwaltungsrechts*, p. 447 et suiv.

CHAPITRE II

**De la nature juridique des Autorisations et Concessions
administratives dans la littérature italienne**

Il serait peut-être plus logique d'examiner les autorisations avant d'entrer dans l'étude des concessions ; ce sont
des actes moins complexes et dans l'étude de leur conception,
nous les avons étudiés avant les concessions. Toutefois et
précisément parce qu'ils sont moins complexes, ils donnent
lieu à moins de difficultés et de controverses. Et c'est pourquoi, renversant l'ordre suivi jusqu'ici, nous examinerons,
tout au moins dans l'étude de la législation italienne, les
concessions avant les autorisations.

En Italie (1), la théorie que l'on peut, sans erreur, appeler
dominante, se résume ainsi : les concessions se divisent en
deux grandes catégories ; d'une part les concessions *unilatérales* que l'on nomme encore *concessions-licences*, et, d'autre
part, les concessions *bilatérales* ou *concessions-contrats*. Nous
trouvons cette distinction, faite pour la première fois, par le
Conseil d'Etat Italien (section de l'Intérieur), avec un avis
du 10 mars 1879, relatif à la compétence du Ministre des
Finances en matière de concessions domaniales : toutefois,
il est à remarquer que chez les différents auteurs dont nous

---

(1) Les théories italiennes sont signalées brièvement, mais complètement, dans l'ouvrage de M. Pilon, déjà cité, les *Monopoles communaux*,
p. 64 et surtout même page, note 1.

aurons occasion de parler, la terminologie est quelquefois différente, mais les expressions pour être dissemblables, ont la même valeur.

Mantellini (1), chez lequel nous rencontrons des concessions unilatérales d'une part, et bilatérales ou contrats, d'autre part, fonde cette distinction sur les éléments rencontrés dans ces actes : y a-t-il ou non dans ces actes des obligations pour l'autorité concédante, y rencontre-t-on, dans ces mêmes actes, des obligations contractuelles? Pour lui, les concessions-contrats sont seulement celles que l'Etat fait à qui assume la charge d'un travail public : cette charge, bien entendu, peut être très différente suivant les cas ; il peut s'agir d'un chemin ordinaire, d'une voie ferrée, d'un assainissement, etc., etc., avec le droit, pour l'entrepreneur de ces différents travaux, de se couvrir des frais qu'il aura faits, en un mot de trouver une compensation à la charge qu'il a assumée, avec les produits de l'usage *non gratuit* des travaux accomplis par lui. En d'autres termes, l'Etat concédant, non seulement investit le concessionnaire des pouvoirs nécessaires pour les expropriations et les occupations qui en découlent, non seulement lui confère le droit de recueillir les péages, les prix des transports, etc., non seulement lui garantit l'exemption de certaines charges publiques, et parfois d'une manière exclusive, par conséquent donne en pareils cas un monopole, mais encore l'Etat, en tant qu'il concède comme Etat, c'est-à-dire comme personne publique, s'oblige dans certains cas à contribuer pécuniairement à la construction des travaux ou au fonctionnement des établissements qui sont l'œuvre du

____

(1) V. Mantellini, *Lo stato e il codice civile*, Florence, Barbera, vol. II, p. 5o5, 5o8, 52i, 524 et suiv.

concessionnaire, soit par des subventions à fonds perdu, soit par des garanties d'intérêts, etc., etc. Et à ce moment, d'après Mantellini, l'acte change de face. C'est à cet instant d'après l'auteur italien, que la concession *incidit in contractum* ; c'est un contrat *sui generis*, il est vrai, mais c'est un contrat quand même, présentant de nombreux points de contact avec les contrats privés : toutefois, et comme s'il éprouvait quelque regret de ce qu'il vient d'énoncer, avec précision cependant, Mantellini prend soin d'ajouter que l'acte demeure, malgré tout, *acte de concession* et que les obligations de l'Etat prennent naissance plus par les lois, ces lois dans lesquelles la concession est faite, lorsqu'un texte l'exige, que par le contrat. Et ce qu'il dit ici, le même auteur ajoute qu'il le dit encore, et à plus forte raison, lorsque la concession est faite par un acte administratif.

La manière dont Mantellini traite ce sujet, bien qu'assez complète, laisse cependant place à des lacunes que Raneletti signale avec raison (1). Bien que le départ soit nettement fait entre les concessions unilatérales et les concessions bilatérales, on ne sait ce que l'on doit décider lorsque ces subventions n'existent pas. La concession est-elle ou non un contrat ? Les principes ne sont malheureusement pas encore assez clairement présentés, pour que nous puissions donner la réponse de Mantellini.

En regard de ces concessions-contrats, nous trouvons les concessions unilatérales : ce sont celles qui sont comprises dans les tableaux annexés aux lois budgétaires sur les concessions du gouvernement ; parmi ces concessions, nous rencontrons les suivantes : les concessions de

----

(1) Raneletti, *op. cit.*, p. 48.

dériver les eaux d'une rivière appartenant au domaine public ; la concession d'occuper les rivages de la mer, etc. ; ces diverses concessions sont des *faveurs* accordées par l'Etat qui les concède : ce ne sont pas des *contrats* et ils ne deviennent pas actes bilatéraux par la taxe que l'on doit verser pour que ces licences et ces concessions soient données ou octroyées (1).

Giorgi (2), chez lequel nous trouvons encore traitée, mais à un point de vue plus général que celui auquel se place Mantellini, cette matière des concessions, nous parle aussi des *concessions-contrats* qu'il oppose aux *concessions-licences*. Mais la catégorie des concessions-contrats est pour lui assez large : il l'étend à tous les cas *dans lesquels l'acte de concession est accompagné d'un contrat ou d'un acte adjoint qui, en imposant des obligations et des droits réciproques*, change le caractère juridique de la concession qui devient un acte mixte, tenant un juste milieu entre l'acte d'autorité et le contrat : en d'autres termes, pour Giorgi, la règle est que les concessions sont des actes unilatéraux ; mais cette règle souffre de nombreuses exceptions, car du moment que l'acte de concession est accompagné d'un acte adjoint ou d'un contrat, la physionomie de cet acte de concession change, et l'acte unilatéral devient un acte bilatéral. Et la conséquence des principes posés par Giorgi, c'est que nous trouvons des concessions-contrats, non

(1) Mantellini, *op.* et *loc. cit.*; V. encore Ansaldo, *De commercio,* disc. XXIII, n° 20 et suiv., Florence, 22 juillet 1868 : *Annali*, vol. II, partie II, p. 204. — Du même, Venise, 26 mars 1891, *Temi Veneta,* 1891, 375.

(2) Giorgi, *La dottrina delle persone giuridiche,* Florence, Cammelli, vol. II, 1891, page 461 et suiv. ; vol. III, 1892, n° 134, p. 273 et suiv., et note.

seulement dans les concessions de travaux publics, mais encore dans les autres concessions de biens domaniaux, patrimoniaux, etc., et de fait, Giorgi, logique avec les conséquences des principes posés, parle de concessions-contrats aussi bien en matière de biens domaniaux, qu'en matière de travaux publics (1).

A première vue, et si l'on considère les choses d'une manière superficielle, il existe entre la théorie de Mantellini et celle de Giorgi, des différences profondes, leur critérium n'étant pas identique, quoique l'un et l'autre admettent la division bipartite des concessions-contrats, et des concessions actes unilatéraux ; mais, en fait, les divergences sont moins grandes qu'on ne peut d'abord le croire, car les deux théories sont basées sur des principes identiques, en ce sens qu'elles admettent l'une et l'autre la possibilité pour l'Etat, puissance publique, de s'obliger ; qu'en effet, l'on prenne comme critérium l'existence, dans la concession même, d'obligations contractuelles (critérium qui sert de point de départ à la théorie de Mantellini), que l'on se base sur l'adjonction à la concession d'un contrat (et c'est là le fondement sur lequel Giorgi établit sa distinction), on n'en admet pas moins, dans un cas comme dans l'autre, qu'il est loisible à cette puissance publique, qu'est l'Etat, de contracter vis-à-vis des individus de véritables obligations. Quoi qu'il en soit, la théorie de Mantellini rentre dans celle de Giorgi ; la première est compréhensive de la seconde.

Tout d'abord, il semble que, d'après les définitions données par les deux auteurs, c'est le contraire qui devrait se produire, car tandis que Mantellini demande seulement l'existence d'obligations chez le concessionnaire pour qu'il y ait

(1) Giorgi, *op,* et *loc. cit., passim.*

concession-contrat, Giorgi exige que ces obligations soient renfermées en un acte adjoint à la concession proprement dite ; il paraît donc que les conditions réclamées par Mantellini, moins nombreuses que celles énumérées par Giorgi, rendent le champ d'application des concessions-contrats plus étendu dans le premier auteur que dans le second : cela serait exact si Mantellini, comme nous l'avons dit, ne prenait soin de nous avertir lui-même que les concessions-contrats ne se rencontrent que dans les concessions de travaux publics, alors que Giorgi étend beaucoup ce champ d'application : mais, somme toute, c'est là une simple question de mesure et qui n'atteint nullement le fond de la théorie qui est la même chez les deux écrivains.

Cette théorie peut se résumer ainsi : les concessions, quel que soit leur objet, chose ou droit, quel que soit leur domaine, domaine public ou domaine privé, travaux publics, locations ou aliénations, puisqu'elles s'étendent partout où la puissance publique se rencontre, sont toujours actes de puissance publique. Ces actes, ce sont ceux où l'Etat ou son représentant développe sa puissance souveraine et non sa personnalité juridique : et soit que ces actes émanent de l'autorité législative, soit, par une délégation de pouvoirs, qu'elles soient l'œuvre du pouvoir administratif, ce ne sont jamais des contrats de droit civil. Quant aux concessions unilatérales ou licences, ce sont des faveurs réparties entre les administrés, de vraies et simples permissions et elles se maintiennent toujours purs actes d'autorité. Si l'on envisage les concessions unilatérales ou concessions-contrats, on voit qu'elles offrent cette particularité que le double élément de la concession, acte d'autorité, de puissance publique, et du contrat, acte de gestion, est réuni ;

ces deux actes tendent au même objet et c'est en cela que la concession touche à la conception de la justice commutative qui domine dans les contrats de droit civil, autant cependant que la chose est conciliable avec l'intérêt public qui domine ici, mais cependant d'une manière effective, c'est-à-dire en tant que de pareils actes déterminent des obligations et des droits réciproques (1).

Cette doctrine est, on peut le dire, la doctrine qui prévaut en Italie. Cependant nous ne voulons pas dire, par là, qu'elle soit universellement admise : c'est ainsi qu'il convient de citer, en sens contraire, Gianzana (2) pour lequel toutes les

---

(1) Mantellini, *op. et loc, cit.,* Giorgi, *op. et loc. cit.,* ; de plus, voir *Ibid.,* vol. I, n° 155 ; vol. II, n° 138, p. 312 ; n. 221, p. 440 et note 4, p. 460 : voir dans le vol. IV, 1894 ; dans ce volume, Giorgi applique (à propos des concessions sur le domaine de la voirie) les mêmes principes aux concessions faites par les communes, n° 140, p. 313 et comme le fait remarquer Raneletti, qui cite ces auteurs. (V. p. 51, *op. cit.*), l'on peut arguer de ce que dit Giorgi qu'il étend les mêmes principes aux provinces. (V. Giorgi, n° 287, p. 539. V. Vita-Levi, *Delle locazioni di opere e più specialmente degli appalti* Turin, Union typog., édit., 1876, vol. II, n° 72, p. 57) ; la théorie de Vita-Levi, un peu différente, est néanmoins, en substance, identique en ce qui concerne les travaux publics. (V. Cammeo, *Archiv. giur.,* t. 55, p. 70 et suiv.) La terminologie dont nous nous servons, rigoureusement empruntée d'ailleurs aux auteurs italiens que nous citons, nous fait toucher du doigt la bizarrerie qui consiste à opposer les actes unilatéraux aux contrats alors que dans la terminologie de la littérature italienne, comme dans la nôtre, les contrats peuvent être unilatéraux ou bilatéraux.

(2) V. Gianzana, *note* sous un arrêt de la Cour d'appel d'Ancône, 7 février 1880. Foro Ital., 1880, I, 911 et la critique qu'il en fait ; voyez les arrêts qu'il cite en faveur des principes qu'il défend et d'autres arrêts contre ces mêmes principes. — Du même auteur : *Le acque nel diritto italiano.* Turin, 1879, vol. I, n°ˢ 232-237, p. 324, 331, n° 375 et suiv., p. 518 et suiv., les derniers numéros cités relatifs aux concessions d'eaux faisant partie du domaine public, sont placés sous la même rubrique que celle qui abrite les principes généraux.

concessions sont de vrais contrats qui doivent suivre les règles du droit civil commun ; ici, d'après lui, l'Etat joue le rôle non de puissance publique, mais de personne privée.

Entre l'opinion absolue de Gianzana et celle de Mantellini et de Giorgi, il y a place pour une opinion intermédiaire, dont nous trouvons l'expression dans Ratto (1) : se séparant des auteurs précités, il admet en principe que les concessions de l'Etat sont, en *général*, des actes de puissance publique mêlés à un contrat, et le contrat, pour lui, c'est le contrat de précaire (2). Allant encore plus loin et renversant les théories généralement admises, ou tout au moins un point de ces théories, à savoir que si les concessions n'ont pas toujours la même nature, l'objet de ces concessions n'a, en tout cas et d'aucune façon, une influence quelconque sur cette nature, il soutient au contraire que cette nature varie d'après l'objet de la concession, tout en les faisant rester actes de puissance publique. Si les concessions ont pour objet des occupations de *biens domaniaux*, il dit qu'elles prennent l'aspect de *locations conditionnelles* avec une prédominance plus ou moins accentuée, selon les cas, du caractère d'actes de puissance publique : toutefois, il fait une restriction en ce qui concerne le régime des eaux (3) ; les concessions d'eaux, en général, ont l'aspect *d'aliénations*. Cependant, il n'arrive pas à une telle affirmation sans avoir longuement hésité, et seulement après avoir déclaré que la nouvelle législation sur la dérivation des eaux publiques laisse dans une grande perplexité au sujet du caractère de la concession d'eaux publiques, permettant d'hésiter entre les caractères

(1) Ratto, *cit.* par Raneletti, *op. cit.*, p. 5o et suiv.
(2) Ratto, *op. cit.*, p. 4, *in fine*.
(3) *Ibid.* p. 8.

d'aliénations ou ceux d'actes de *puissance publique* ou de *contrats* ; plus tard il revient sur cette affirmation, et déclare finalement que la concession d'eaux n'est pas une aliénation, mais que, demeurant une attribution nécessaire du pouvoir administratif par l'importance que présentent les eaux au point de vue du domaine public, c'est un acte de puissance publique, basé sur le principe que l'eau doit être utilisée, et la conséquence en est que peuvent être l'objet de concession même les eaux qui ne sont pas la propriété de l'Etat (1). Enfin, le même auteur soutient que les concessions sont, sans conteste possible, *contrats de droit privé*, si leur objet porte sur les canaux qu'il nomme « *fiscali* » ; cependant, si l'on trouve admise, à leur sujet, et chez certains auteurs, la conception d'actes de gouvernement, c'est peut-être parce que, dit-il, la distribution des eaux aux particuliers revêt l'aspect d'un service public. De là, il est permis de tirer la conséquence que les concessions qui ont pour objet des *biens patrimoniaux*, sont des contrats de *droit privé* (2).

L'opinion présentée par Ratto, et c'est un point sur lequel, comme on le verra plus tard, nous sommes d'accord, en ce sens qu'il se produit, à notre avis, des erreurs de langage malheureuses, par l'extension excessive que l'on donne au mot de concession, cette opinion, dis-je, se rapproche et peut-être, comme le fait remarquer Raneletti (3), un tel rapprochement n'est-il pas volontaire, d'une opinion émise déjà par de Brouckère et Tielemans (4). « C'est

(1) Ratto, *op. cit.*, p. 20, 28.
(2) *Ibid*. p. 45.
(3) Raneletti, *op.* et *loc. cit.*
(4) Brouckère et Tielemans, *Dictionnaire administratif,* voir concession.

se servir, disent-ils, d'expressions impropres que de déclarer qu'il y a des concessions dans le domaine privé : la concession n'existe pas dans le droit privé : ou plutôt elle existe
mais non d'une manière indépendante, elle fait double
emploi avec les contrats de droit civil. » Et c'est encore à
cette théorie que se rallie Tiepolo (1).

La théorie de Ratto dont le moindre inconvénient n'est certes
pas l'absence de clarté, absence de clarté rendue, il faut bien le
dire presque nécessaire par la diversité de nature qu'il reconnaît aux diverses concessions, suivant leur objet, devient donc
encore plus obscure à mesure qu'elle se ramifie davantage.
Ratto trouve qu'il y a encore lieu de distinguer suivant que
la concession est faite par l'Etat, ou par la province, ou par
la commune. Faites par la commune ou par la province, ces concessions sont simples actes d'autorité et n'ont
en fait aucun caractère contractuel (2); ces actes ne confèrent au concessionnaire aucun *droit* sur les eaux, mais
donnent seulement naissance à une obligation *personnelle*
de la commune ou de la province vis-à-vis du concessionnaire. Au contraire, sont contrats de droit privé, même
ventes véritables, les concessions qui ont pour objet des
eaux patrimoniales, et dans ce cas-là, le concessionnaire a
un véritable *droit de propriété* sur l'eau, mais ce n'est qu'un
droit éventuel, lorsque l'eau est refusée (3). Il est à remarquer que Ratto dont nous avons assez longuement exposé
la théorie, parce qu'elle est non seulement originale, mais
spéciale, puisqu'elle est diamétralement opposée à la théorie

(1) Tiepolo, *Li acque pubbliche nella legislazione italiana*, Turin,
Union tip. édit. 1889, n⁰ˢ 97, 98, p. 153, 155.
(2) Ratto, *op. cit.* p. 46.
(3) *Ibid.* p. 47-49.

classique italienne, consacre presque tous ses développements relatifs aux concessions des communes et des provinces aux seules concessions d'eaux ; il garde un silence complet sur les concessions domaniales ou patrimoniales, relatives aux autres biens (1), sauf un très rapide examen des concessions sur le sol public, concessions auxquelles il donne bien un nom (*concessione di posteggio*), mais dont il passe sous silence la nature juridique (2).

(1) Ratto, *op. cit.*

(2) Au surplus, nous croyons, pour mieux faire comprendre la doctrine italienne, qu'il est préférable de donner un exposé plus complet des opinions émises au texte, en voyant dans les dispositions positives de la législation italienne, les théories admises.

Cet exposé que nous allons donner, nous l'empruntons surtout au livre de M. Raneletti (*op.cit.*, p.59-80), dont nous avons eu souvent déjà l'occasion de parler et sur lequel nous reviendrons encore dans l'avenir. Nous examinerons d'abord l'exégèse des textes et des règlements : 1° Quant aux concessions sur le domaine des voies publiques ; 2° sur le domaine fluvial ; 3° sur le domaine maritime ; 4° sur le domaine militaire, et à plusieurs concessions diverses ; 5° aux concessions d'assainissement des marais et des terrains marécageux ; 6° et enfin aux concessions de chemin de fer (construction et exploitation). Voyons-les successivement :

1° *Concession sur le domaine des voies publiques.* Lorsqu'un individu désire faire un dépôt même temporaire sur la voie publique, lorsqu'il désire déverser dans les fossés qui bordent les voies des eaux d'une nature quelconque ; lorsqu'il a l'intention de faire traverser ces mêmes voies d'un cours d'eau ou de construire des abreuvoirs ; ou encore de faire des embranchements greffés sur les voies ou d'établir des accès aux fabriques ou aux immeubles situés latéralement aux côtés des voies, il est nécessaire, dans tous ces cas, que l'impétrant obtienne une concession de l'autorité compétente. Dans ce but, il est nécessaire qu'il fasse une demande, à laquelle il adjoint des dessins et d'autres documents dont nous n'avons pas à nous occuper. L'autorité compétente peut prendre deux partis : accorder la concession ou la refuser. L'accorde-t-elle ? Elle établit dans ce cas les conditions et les règles auxquelles doit être assujettie la concession en question et fixe le prix de l'occupation ou de l'usage concédé

En résumé, l'on peut dire de la doctrine italienne que les opinions les plus diverses se sont produites au sujet de la nature des concessions.

Au contraire, l'accord a toujours été parfait sur le point de savoir quelle était la nature juridique des Autorisations.

ou bien la redevance annuelle : la forme de la concession, c'est un *simple décret;* cependant, pour certaines concessions, par exemple, celle de conduire les eaux dans les fossés des routes ou de faire traverser ces routes de cours d'eau, ou de construire des abreuvoirs ou encore pour greffer des embranchements sur les routes, *on pourra* demander que les concessons résultent d'un acte public (*V. Règlement de police sur les chemins, 10 mars 1881, n° 124, art. 3, 5, 9, 10, 12, 13*). Nous avons donc jusqu'ici une *demande* faite par le particulier; nous voyons cette concession accordée par l'autorité compétente, et dans cette concession, nous voyons établies les conditions auxquelles est subordonné l'exercice de la concession; enfin, il y a de la part du concessionnaire une acceptation; cette acceptation peut être tacite ou expresse; tacite, elle résulte du simple fait de l'exercice de la concession; expresse, elle est, disons-le, beaucoup moins fréquente, mais se rencontre encore quelquefois; soit parce que le concessionnaire s'oblige à respecter ces concessions en un acte public, ou parce qu'il donne caution pour en garantir l'observation; mais le règlement précité se sert à dessein de l'expression : *d'après les cas (secondo i casi)* sans vouloir déterminer quels sont ces cas, en en laissant l'appréciation à l'autorité administrative. Mais pour ces diverses concessions faut-il distinguer? Sont-elles toutes contrats, sont-elles toutes actes unilatéraux? Que décider? Giorgi (*op. cit.* vol. III, n° 156, p. 320 et suiv. ; vol. IV, n° 140, p. 313, n° 287, p. 589), fait ici une distinction. S'agit-il d'une occupation du sol public des chemins ? On se trouve en présence d'un acte véritable d'autorité, de puissance publique. S'agit-il au contraire d'une concession ayant pour objet de traverser les routes, soit sur le sol avec des ponts, soit sous le sol avec des aqueducs souterrains ? On est en présence d'un acte ayant un caractère contractuel, parce qu'ici on stipule par acte public, sous des conditions et pour un temps déterminé. Raneletti critique la distinction faite par Giorgi, trouvant qu'il attache une importance exagérée à l'acte public; de plus il n'est pas exact de dire que ces concessions soient faites pour un temps déterminé, le même article 13 parlant de concessions faites pour un temps indéterminé; enfin il y a

Chacun a reconnu que c'étaient des actes unilatéraux ; le caractère de puissance publique se révèle en effet avec une

une raison terminologique importante qui nous fait regarder cette distinction de Giorgi comme inexacte ; le règlement en question se sert indifféremment des expressions *licences* et *concessions*. Il ne parait donc pas dans l'intention des auteurs du règlement d'avoir voulu attribuer une nature juridique différente aux diverses concessions qui peuvent se produire dans le domaine de la voirie.

2° *Sur le domaine fluvial.* Ici la concession la plus importante que nous rencontrions est celle qui est délivrée aux particuliers pour dériver des eaux ou établir des moulins ou autres travaux. Le particulier ou la la société qui désirent accomplir de semblables travaux, ont besoin, pour cela, d'obtenir une concession de l'autorité compétente, sauf bien entendu le cas ou le particulier possède un *titre* (*titolo legitimo*), mais si un pareil acte peut servir de base à une concession, il ne nous intéresse pas, car nous n'étudions pas ici la source du droit des particuliers en général, mais le droit qui dérive de la concession, et non d'autres modes d'acquisition possibles (V. Tiépolo, *op. cit.*, 1889, n. 80 et suiv., p. 125 et suiv. Mantellini, *op.* et *loc. cit.*, p. 106. Giorgi, *op. cit,,* vol. III, n. 176, p. 360 et suiv. et note. V. encore art. 1ᵉʳ des lois sur la dérivation des eaux publiques, l'art. 1 et l'art. 24 de la loi sur la dérivation des eaux publiques, 10 août 1884, n° 2644. Cf. Raneletti. *op.* et *loc. cit.*, p. 62, et la note). Et voici comment nait la concession : quiconque a l'intention de dériver des eaux publiques pour un usage, quel qu'il soit, ou d'établir sur ces cours d'eau des ouvrages, doit en faire la demande à l'autorité compétente, autorité que nous ne désignons pas autrement, car cela nous entraînerait dans des développements trop considérables, mais qui est déterminée par diverses lois : à la suite de cette demande, survient une instruction destinée à voir si la demande est ou non recevable ; si pour des motifs résultant des faits, l'on voit qu'une réponse favorable nuirait à l'intérêt général, cette réponse favorable n'est pas accordée et la concession est refusée : au contraire, si ces motifs n'existent pas, la demande est accordée, publiée et notifiée aux intéressés afin que tout intéressé puisse en prendre connaissnce et y faire toute opposition qu'il jugera nécessaire ou opportune : puis, il y a une visite sur les lieux, visite dont on rédige le procès verbal ; ensuite c'est un rapport sur le plus ou moins de convenance qu'il y a, d'accorder la concession ou de faire les travaux projetés, et l'on se place au point de vue de l'intérêt public, des concessions antérieurement accordées et d'une manière plus générale

telle force, la supériorité de l'Etat est ici si incontestable que l'idée de faire participer les particuliers à la production

de l'intérêt des tiers : enfin nous rencontrons un acte qui, comme nous allons le voir, va jouer un rôle important. La doctrine italienne l'appelle « *disciplinare* », c'est l'acte « *qui contient les conditions auxquelles est attachée l'obtention de la concession* » ces conditions visent le bon régime des eaux, la libre navigation et d'une manière plus générale les intérêts publics et les droits des tiers ; lorsqu'il est reconnu que les actes d'instruction ont été réguliers, l'autorité peut ou produire elle-même le décret de concession, ou, suivant les cas, provoquer un décret royal. Mais que ce décret de concession soit royal, ministériel, ou préfectoral, entre les autres indications, il doit contenir la suivante, que l'acte de concession « se réfère à la soumission (*al diciplinare*), à l'acceptation des obligations, pour les conditions auxquelles est attachée la concession ». Après ce décret, mais seulement après, est possible l'exécution des travaux qui ont toujours lieu sous la surveillance de l'administration publique, et c'est à partir de ce décret que la concession prend date (V. Règlement, 26 novembre 1893, n° 110, pour l'exécution des travaux sur la dérivation des eaux publiques, qui abroge celui du 9 novembre 1885, n° 3544 ; art. 1 à 14, 16 à 21, 23, 28-37). Mais il est d'autres conditions, qui ne sont pas contenues dans le « disciplinare » mais que néanmoins le concessionnaire est censé accepter. Voilà quelle est la procédure. A ce sujet deux questions importantes se posent dans la doctrine italienne. D'abord, dans le *disciplinare*, cette acceptation des conditions à l'exécution desquelles est attachée l'obtention de la concession, ne forme-t-elle pas un *contrat adjoint* à l'acte de concession, et s'attachant à lui, ne vient-elle pas modifier le caractère de puissance publique de l'acte de concession ? Ensuite, à lui tout seul ce *disciplinare* ne constitue-t-il par un contrat ? Nous ne verrons que la première de ces questions, la seconde supposant connus des éléments que nous n'avons pas encore étudiés. Au sujet de la première question, deux théories sont opposées, l'une présentée par Giorgi, l'autre défendue par Raneletti.

Raneletti affirme, peut-être un peu gratuitement, que l'acte de concession naît et demeure acte séparé, sans former avec l'obligation du particulier qui a formé la demande, un tout contractuel : car, dit-il, qu'est-ce que contient ce fameux *disciplinare* ? Il contient une série de conditions qui sont relatives à la concession, c'est-à-dire que cet acte est destiné à établir les conditions *spéciales* de la concession ; par exemple s'il s'agit de dérivation, de la quantité d'eau à dériver, des modes et conditions de

d'un acte semblable ne s'est jamais présentée. Et là, comme
en Allemagne, le caractère unilatéral de l'autorisation a

dérivation et de restitution de l'eau, des modes d'usage, etc., mais il y a
d'autres conditions qu'il n'est pas nécessaire d'insérer dans le *disciplinare*. Ce *disciplinare* ne contient que les conditions spéciales, non les
conditions générales : ces conditions générales qui sont acceptées,
avons-nous dit, ajoute Raneletti, par le concessionnaire, alors qu'il n'est
qu'impétrant, sont donc, par la même, contenues implicitement dans la
demande : la demande a donc la même importance que l'acte spécial qui
a pour fin l'acceptation de conditions spéciales. Est-il très logique
d'attribuer à une concession une nature juridique différente dans les
deux cas? dans une hypothèse, il y a des conditions générales ; dans
une autre des conditions spéciales, c'est là la seule divergence.

Nous croyons que le raisonnement de Raneletti, bien qu'il paraisse en
forme, n'est pas très rigoureux ; d'une part, on ne peut dire que la demande
contienne implicitement l'acceptation des conditions ; qu'il les *suppose*
c'est vrai, mais c'est autre chose : car il est faux de dire, comme le dit
l'auteur italien, que la demande soit la *source* des obligations du concessionnaire. Au point de vue formel, c'est là une véritable inélégance ; de
plus, nous ne voyons rien d'essentiellement choquant, avec Giorgi, que,
dans un cas, il y ait contrat, dans l'autre acte unilatéral, bien que,
pour notre part, nous croyons que la concession a toujours la même nature.
Et la preuve en est dans un paragraphe ajouté par l'article 14 au nouveau
règlement : « le *disciplinare* doit contenir l'expresse condition que le concessionnaire s'oblige contractuellement à observer toutes les dispositions
du règlement ». Les termes mêmes sont très nets. C'est donc que lorsqu'il
y a un *disciplinare*, toutes les obligations du concessionnaire dérivent de
cet acte. Raneletti fait bien remarquer qu'abstraitement une concession
peut se concevoir sans *disciplinare*, nous ne le méconnaissons pas ;
mais cela ne prouve rien ; somme toute, c'est pure affaire d'interprétation du règlement cité, mais l'interprétation de Giorgi *(op. cit.* vol. III,
n°s 171 et 173, p. 352 et suiv.) nous paraît préférable (V. un rapport de
la Commission présenté à la Chambre des députés italienne, le 1er décembre 1882 — et une note dans De Pirro, *Della enfiteusi* — Lanciano,
Carabba 1892, n° 15, note 9, page 36-41).

3° *Concessions sur le domaine maritime.* — Les dispositions positives
sont contenues dans le règlement relatif à l'exécution du code de marine
marchande, 20 novembre 1879, n° 5166. Nous sommes ici en une matière où les lois positives donnent une force singulière à la théorie soute-

toujours été affirmé. Certains auteurs, comme Raneletti, ont été encore fortifiés dans leur opinion, par une compa-

nue par Giorgi. Le règlement fait ici une distinction entre les concessions à l'usage des industries maritimes (*ad uso delle industrie maritime*, par ex. les chantiers et les constructions navales) et les concessions pour des usages étrangers aux industries maritimes (*per usi estranei alle indusrie maritime*) : ces dernières se subdivisent, suivant qu'elles ont pour objet un usage ayant un caractère temporaire et précaire, comme par ex. l'érection d'établissements balnéaires mobiles, de baraques de bois, de toiles, de nattes et autres objets du même genre ayant pour but l'usage des baigneurs etc., tous cas déterminément prévus par l'article 761, ou qu'elles ont pour objet un usage ayant un caractère en général permanent. En tous cas et sans distinction, celui qui veut obtenir l'une quelconque de ces concessions doit en faire la demande à l'autorité maritime compétente, en indiquant l'usage auquel il veut destiner le lieu concédé, la durée de la concession, les travaux qu'il veut accomplir etc. A la demande, est adjointe une instruction, et, si la concession devait avoir une importance particulière et une durée très longue, on ferait publier la demande de l'impétrant, pour permettre aux observations ou aux oppositions de se produire. A la suite de cela, la distinction faite reprend toute sa force et son importance : lorsqu'il s'agit des concessions ayant pour fin des industries maritimes ou étrangères aux industries maritimes, mais qui ont un caractère provisoire, elles sont accordées aux particuliers comme simples *licences*, sans autres formalités, (sauf pour le particulier et seulement dans le second cas l'obligation du concessionnaire de souscrire en fin de la licence devant deux témoins, une déclaration d'où il résulte qu'il accepte toutes les conditions imposées). S'agit-il, au contraire, des concessions destinées à des usages étrangers aux industries maritimes, mais qui ont un caractère *permanent*, elles doivent résulter de *contrats formels (formali contratti)* stipulés par le capitaine de port et en des cas spéciaux par les officiers de port et approuvés par le ministre de la marine (Règlement cité art. 752, 756-758, 761, 763-769, 771-774, 776, 887 et suiv. V. Code de la marine marchande, art. 158 et suiv. et 178 et suiv.). Giorgi répète ici la distinction qu'il fait partout et, là encore, il trouve dans Raneletti son adversaire habituel; mais ici Raneletti est moins affirmatif (V. Giorgi, *op. cit.*, vol. III, n° 184-186, pages 371-376 : Raneletti, *op. cit.*, page 70). Cet auteur va même jusqu'à dire qu'il y a dans la doctrine de Giorgi tout au moins des apparences de vérité et il convient que le

raison, ou mieux, un rapprochement entre l'autorisation de
droit public et les autorisations diverses de droit privé ; sans

règlement déjà cité semble donner raison au défenseur des concessions-
contrats. En effet, comme nous l'avons déjà dit, ce règlement établit une
distinction entre les concessions qui résultent de simples *licences*, de
celles qui résultent de *contrats formels*. Et disons qu'ici l'expression
formelle n'a pas le sens qu'on lui donne dans la littérature allemande,
mais est synonyme d'exprès.

Nous croyons donc que, là, Giorgi donne l'expression complète de la
vérité et que les arguments opposés par Raneletti ne nous paraissent pas
avoir une grande force. Car, on peut se demander si le législateur, comme
le dit Raneletti, a eu en vue une question de pure forme et s'il n'a pas
entendu atteindre la nature juridique de l'acte même. Ce qui fait croire
à l'auteur italien que le législateur n'a entendu parler que de la forme,
c'est que, à toutes les concessions, sans distinction, il applique les
règles des contrats de droit privé. L'argument cependant se retourne
contre lui du moment que Raneletti fait abstraction complète, pour porter un tel jugement, des termes dont se servent les textes, pour juger
uniquement d'après les règles auxquelles obéissent les concessions ; c'est
donc, pensera-t-on, que Raneletti est sûr que ces concessions sont traitées
uniquement comme actes unilatéraux de puissance publique : il n'en est
rien, c'est le contraire qui se produit, puisque les concessions obéissent aux
règles auxquelles sont subordonnés les contrats de droit privé. Si donc,
comme le dit Raneletti, il n'y avait qu'une seule catégorie de concessions, ces
concessions seraient toutes des contrats. D'ailleurs, il est forcé d'en
convenir (*op. cit.*, p. 71). Mais il semble que cet aveu lui coûte ; car
après l'avoir fait, revenant sur son opinion, il se pose la question de
savoir s'il y a bien véritablement contrat ? Et à cela il répond négativement : car, dit-il, l'expression « conditions » — ce que pour notre
part nous ne voyons nullement — évoque bien plutôt un acte unilatéral ;
de plus, ajoute-t-il, le code de la marine marchande (art. 158 et suiv.,
art. 178 et suiv.) laisse la question sans la juger ; la question est donc
tranchée uniquement par un règlement : or, un règlement est relatif et
conditionnel. Ici encore, nous trouvons que Raneletti va beaucoup trop
loin, lorsqu'il affirme que la définition donnée par un règlement ne peut
avoir aucune importance scientifique : nous ne pouvons nous empêcher de
protester ; sans nul doute, si la loi était en sens contraire du règlement,
on devrait préférer la première au second ; mais, les textes de loi
gardant le silence, où trouver l'expression de la vérité, sinon dans le

aucun doute en droit privé, « l'autorisation, disent-ils, est un acte unilatéral ; la nature de l'autorisation ne pourra

règlement ? Et encore si nous trouvions des arguments combattant cet argument de texte. Mais ici — Raneletti le reconnait — le règlement transporte beaucoup des formes rencontrées dans les contrats. Tout nous porte donc à croire que Giorgi est dans la vérité. (Sur la force et la valeur des définitions données par les actes du pouvoir exécutif (v. Meucci, *op. cit.*, p. 49-52 et la note pour ce qui regarde la jurisprudence ; v. Persico, *op. cit.*, vol. I, p. 59 *in fine* et suiv. ; Orlando, *Dir. amm.*, n° 402 et suiv., p. 231, 233 ; *Dir. cost.*, cit., n° 293, p. 182 et suiv.)

4° *Concessions sur les terrains attenant aux ports*, etc. — Nous ne trouvons là rien de particulièrement intéressant (V. loi relative à cette question, 2 avril 1885, n° 3095, texte unique qui abroge le titre IV sur les ports, etc., de la loi sur les travaux publiés, cit., art. 18, chap. 1 et 2).

5° *Concessions sur les terrains de l'administration militaire*. — Ici, la conception des autorisations et des concessions que nous avons donnée, basée sur la présence ou l'absence d'un droit que l'acte administratif rendrait d'éventuel actuel, reprend toute sa force.

Nous pouvons faire une distinction ; ou bien les dispositions sur cette matière peuvent être étudiées suivant qu'elles concernent les travaux et les occupations à effectuer sur les biens domaniaux, comme par exemple le passage de conduits ou de canaux au travers de fortifications, ou bien suivant que les travaux et occupations seront exécutés sur les biens même du domaine militaire ; par conséquent, ces travaux à exécuter le seront dans les limites des zones soumises à des servitudes militaires, c'est-à-dire à ces servitudes qui consistent en une défense d'effectuer des travaux dans un rayon déterminé, à une certaine distance des fortifications et des établissements dans lesquels se manipulent ou se conservent des poudres ou autres matières explosives (V. Mantellini, *op. cit.*, vol. II, p. 123 et suiv. ; Giorgi, *op. cit.*, vol. III, n° 188, p. 377 et suiv. ; Meucci, *op. cit.*, p. 371, lett. m. ; v. encore loi, 19 oct. 1859, n° 3748, étendue à tout le royaume et modifiée par les lois du 22 avril 1886, n° 3820 et le règlement relatif à la question du 25 nov. 1886, n° 4258). Et ici, comme le fait avec grand'raison remarquer Raneletti, la double conception des autorisations et des concessions retrouve toute sa force ; nul doute que, en ce qui concerne les biens situés dans l'étendue de ceux soumis aux

changer au cas où changerait le domaine dans lequel on la
rencontre. »

servitudes militaires, l'individu n'eût en germe le droit d'y effectuer des
travaux, puisque ces biens lui appartiennent, mais pour des raisons
d'intérêt général faciles à deviner, notamment du danger que peuvent
présenter la construction de maisons ou d'une manière plus générale
l'exécution de travaux quelconques, ce droit lui a été retiré par les lois
et lui est redonné par un acte de l'autorité administrative ; au contraire,
les actes relatifs à l'usage des biens du domaine militaire sont bien des
actes qui créent des droits et c'est en vain, croyons-nous avec l'auteur
italien, que l'on chercherait dans la sphère de l'activité individuelle, le
germe de pareils droits.

6° *Concessions de travaux publics ; concession pour l'amélioration
des marais et des terrains marécageux.* — A ce propos, les lois italiennes
divisent les travaux possibles en deux catégories : la première présente
ce caractère que les travaux tendent surtout à une grande amélioration
hygiénique ou tout au moins qu'ils ont ce but de joindre à l'accomplissement d'opérations particulièrement avantageuses pour l'agriculture, la
satisfaction d'importants intérêts hygiéniques.

Quant à la seconde catégorie, elle comprend les diverses concessions
qui ne répondent à aucun de ces deux buts : les travaux de la première
catégorie sont accomplis par l'Etat avec l'aide des communes ou des
provinces, et par les propriétaires, mais leur exécution *peut être concédée*
(V. Raneletti, *op. cit.*, p. 74) aux particuliers intéressés réunis en société,
ou bien à des membres d'une société déjà constituée, aux communes et
aux provinces qui déjà doivent concourir à l'exécution des travaux, pourvu
qu'elles en fassent la demande et qu'elles démontrent de quelles manières elles peuvent y faire face, c'est-à-dire quels sont leurs moyens financiers, ou encore à des sociétés particulières et à des entrepreneurs, après
que les intéressés ont donné leur avis. Les travaux de la *seconde* catégorie sont accomplis par les propriétaires isolément ou réunis en société
volontaire ou obligatoire. (V. Loi sur l'amélioration des marais et des
terrains marécageux, 25 juin 1882, n° 869 ; art. 4-6. Loi, sur le même sujet,
4 juillet 1886, n° 3962 ; art. 9. Loi, du 6 août 1893, n° 463, qui modifie
quelques articles de la loi précédente, art. 1er).

Raneletti, étudiant cette question, laisse de côté le cas de l'exécution des travaux de la première catégorie, lorsque ces travaux sont
effectués par l'Etat, parce que, dans ce cas là, ils ne nous intéressent pas ; il laisse également de côté, les actes dans lesquels

Quoiqu'il en soit, quels que soient les motifs invoqués, chacun est d'accord pour affirmer, à l'étranger comme en

l'Etat intervient pour les travaux d'amélioration de la seconde catégorie, actes qui donnent encore la capacité juridique aux sociétés volontaires, ou qui ont pour objet de permettre des études en vue de ces améliorations : en effet, ces actes doivent être laissés de côté, non pas qu'ils ne soient pas intéressants pour nous, mais parce que nous étudions ici les concessions de travaux publics et qu'ils sont étrangers à ce but. La concession de travaux publics se rencontre au cas où l'Etat, au lieu d'exécuter les travaux lui-même (travaux d'amélioration de la première catégorie) les fait faire par des tiers, personnes physiques ou juridiques. Pour obtenir une pareille concession, on doit présenter une demande à l'autorité compétente, avec l'adjonction des documents exigés par la loi : puis on y adjoint une enquête *de commodo et incommodo*, puis survient le décret royal de concession qui établit, entre autres choses, le temps dans lequel doivent être accomplis les travaux, les cas de déchéance du concessionnaire et pour les sociétés particulières ou pour les entrepreneurs, le montant des sommes qui doivent être déposées par le concessionnaire dans les caisses de l'Etat, comme garantie de l'accomplissement des obligations dont les parties ont convenu, et en outre, en ce qui concerne les obligations assumées par l'Etat, l'annualité qui doit être payée aux concessionnaires, etc. (V. Lois de 1893, *cit.*, art. 1er et suiv. Lois de 1886, *cit.*, art. 9 : règlements du 7 septembre 1887, n° 4963, art. 21 et suiv., art. 29). — Si nous résumons les divers éléments en présence desquels nous nous trouvons, nous voyons d'abord une demande qui contient des propositions, puis nous avons un décret de concession qui décide si ces propositions doivent être prises en considération, qui impose des obligations et crée des droits chez le concessionnnaire. Quelle est la nature de l'acte de concession ? Giorgi (*op. cit.*, vol. II, n° 232, p. 463 et note 4), sur cette question donne d'assez longs développements ; il détache l'acte de concession du *Capitolato* (c'est notre cahier des charges) qui peut y être annexé et montre que, logiquement, ils sont séparés, mais que en fait ils s'unissent : ce *Capitolato*, en tant que pacte adjoint, forme un tout avec l'acte de concession et en tempère le caractère d'acte d'autorité, nous allons encore retrouver cette même idée avec les :

7° *Concessions de chemins de fer*, car l'Etat au lieu d'exécuter lui-même ces travaux publics, les confie à des particuliers ; mais

France, que l'autorisation est un acte unilatéral. Nous renvoyons donc au chapitre consacré à la nature juridique

plusieurs combinaisons sont ici possibles : ou bien l'Etat construit lui-même la voie et assure l'exercice du service à des particuliers, ou bien au contraire il concède la seule construction, et garde pour lui-même l'exercice des services : ou enfin, il concède la construction et l'exercice au même concessionnaire ou à différents concessionnaires.

Pour obtenir de telles concessions de voies ferrées, on doit présenter une demande à laquelle on joint les documents destinés à montrer l'utilité publique de la voie et indiquer la manière dont on entend couvrir les frais d'établissement, etc., ensuite il est procédé à une enquête de *commodo et incommodo* relative autant à ce qui concerne le côté technique de la question que le côté administratif et juridique : enfin, vient l'acte de concession qui sera basé, dit la loi, sur un cahier des charges, ou préventivement approuvé par une loi ; la concession peut être indirectement l'œuvre du pouvoir exécutif, en tant que le ministère interviendra pour provoquer la sanction législative. Nous parlons ici de sanction législative : jadis, les lois sur les travaux publics déclaraient que la construction et l'exploitation d'une voie ferrée ne pouvaient être concédés que par une loi (art. 209) : les lois postérieures autorisent le gouvernement à faire de semblables concessions par simple décret royal, et c'est ainsi que cette matière, rentrant dans le domaine du droit administratif, nous intéresse. (Loi 29 juin 1873, n° 1475, accordant au gouvernement la faculté de concéder la construction et l'exploitation de quelques voies ferrées dans les provinces de Vénétie et de Mantoue ; art. 1er, loi 29 juillet 1879, n° 5002, qui autorise la construction de nouvelles lignes de chemins de fer ; art. 12, modifié par la loi du 5 juin 1881, n° 240 ; loi du 22 mars 1885, n° 3011, qui donne au gouvernement le droit de faire des concessions de voies ferrées secondaires dans l'île de Sardaigne par simple décret royal, art. 1er, etc.). Giorgi reprend ici sa théorie (*op. cit.*, vol. II, n° 532, p. 463) et sans vouloir nullement préjudicier la question que nous étudierons en ce qui concerne la concession française, nous ne pouvons nous empêcher de dire que la doctrine de l'auteur italien paraît avoir toute apparence de raison, Raneletti d'ailleurs n'ose pas insister et il nous donne encore un argument singulièrement probant. Les lois précitées contiennent assez souvent l'expression appliquée à ces concessions de conventions (*convenzione*) et il semble que cette expression doive écarter toute possibilité de doute, bien que pour lui, le terme dans son imprécision n'apporte aucun argument de l'autorisation ; les controverses étant les mêmes, les solutions seront également les mêmes.

ni dans un sens ni dans l'autre. Nous sommes d'un avis différent, et à ne consulter que les apparences, sans entrer dans les arguments de fond qui sont identiques en ce qui concerne la théorie française et italienne, nous ne pouvons nous empêcher de dire que Giorgi paraît être dans la vérité.

CHAPITRE III

DE LA NATURE JURIDIQUE DES ACTES D'EXÉCUTION
ET DES AUTORISATIONS ADMINISTRATIVES

SECTION I : Théorie générale des actes administratifs. — SECTION II : Nature juridique des actes d'exécution et des autorisations.

Il nous est maintenant nécessaire de connaître la nature juridique des actes qui font l'objet de cette étude, et comme, ainsi que nous l'avons déjà dit (1), rechercher la nature juridique d'un acte c'est, en somme, savoir quelle place il occupe dans la hiérarchie des diverses manifestations de l'activité des êtres publics, il est auparavant indispensable d'étudier comment les actes administratifs sont répartis d'après leur nature. Très malheureusement, dans une étude, aussi simple en apparence, on ne peut fournir une donnée unique et incontestable, car, sur ce point, l'accord n'est pas fait (2). Aussi nous faut-il entrer dans l'examen des diverses théories qui ont eu pour objet de répartir les actes administratifs ; c'est seulement alors, après avoir pris parti, que nous pourrons dire quelle est, d'après nous, la nature juridique des actes que nous avons appelés actes d'exécution et autorisations.

(1) V. *suprà*, p. 3.
(2) *Ibid.*, p. 4.

SECTION 1

§ Ier. — Théorie du droit unique tout à la fois privé et public

Et d'abord, le problème ne se pose pas pour ceux qui, assez rares aujourd'hui, soutiennent l'unité du droit tout à la fois public et privé : car rechercher la nature d'un acte administratif, c'est supposer qu'il y a un droit administratif, savoir à quelles règles spéciales il obéit; c'est supposer qu'il y a des règles spéciales au droit public et c'est précisément ce que nient les partisans de la théorie en question (1), théorie cependant sur laquelle nous n'insisterons pas, puisque nous pouvons dire qu'elle n'a en France aucun défenseur.

Le droit public n'est pas, disent-ils, distinct du droit privé : et l'opposition classique et venant en droite ligne du droit

---

(1) Parlant en effet des rapports de l'Etat et du fonctionnaire, Posada, *Tratado de derecho administrativo*, Madrid 1897-98, I, p. 75, déclare qu'il ne faut y voir qu'un rapport juridique de droit commun : « Répondant au double caractère technique et représentatif de l'Etat, les fonctionnaires peuvent se classer suivant que l'un ou l'autre de ces caractères *prédomine*, mais tous cependant ont à la fois l'un et l'autre ». Cf. Nézard, *Théorie juridique de la fonction publique, op. cit.*, p. 434 et il énonce ensuite à ce propos cette idée qu'il nous importe de retenir et qui bien qu'appliquée à cette situation, a évidemment une portée générale... « Il n'en saurait être autrement parce que les *manifestations de la puissance publique*, quand il n'y a pas de texte positif qui les régit, *sont soumis aux principes généraux du droit.* » Posada, *op.* et *loc. cit.*

romain, entre ces deux branches du droit, n'est qu'un vestige
du passé, et est si peu nécessaire que certaines législations,
comme la législation anglaise, l'ignorent (1) et même la notion
qu'en donne l'histoire est erronée, car on ne se trouve pas
en présence d'une théorie née toute faite et l'évolution qu'elle
a subie, en modifiant ou plutòt en changeant complètement
la face des choses, montre l'inanité de l'ancienne division
bipartite.

C'est ainsi que ce qui jadis était du droit privé est aujour-
d'hui du droit public, telles les fonctions remplies autrefois
par des particuliers et assumées aujourd'hui par l'Etat, et
inversement (2). C'est ainsi que la séparation des deux
domaines du droit public et du droit privé, dans les relations de l'Etat et des individus, est factice, car les institutions de l'individu sont souvent réglées par le droit public;
tel le mariage, etc. ; l'individu est titulaire de droits publics,
de droits politiques ; à l'inverse l'Etat a des droits qui ne sont
rien pas autre chose que des droits privés (3) et la similitude
entre sa vie patrimoniale et la vie patrimoniale de l'individu
va même plus loin qu'une similitude, elle va jusqu'à la
parfaite unification.

Les partisans de la théorie trouvent encore un argument
dans ce fait que la distinction du droit public et du droit
privé, appliquée aux relations de l'individu et de l'Etat, sup-

(1) Nézard, *op. cit.*

(2) Posada, *op. cit.*, I, p. 72, n° 11.

(3) Giner, *Résumen*, p. 241, cité par Nézard, *op. cit.*, p. 241. « C'est
une erreur de croire qu'il y a un droit public qui se rapporte à l'Etat et
un droit privé qui se rapporte à l'individu et aux biens. D'abord l'Etat
jouit de quelques-uns des droits qu'on a l'habitude de considérer comme
privés, par exemple de celui de propriété, et l'individu, à son tour, a des
intérêts publics et des relations qui touchent aux fins sociales, etc... »

pose une opposition entre l'un et l'autre de ces facteurs ;
il semble que chacun se meuve dans une sphère distincte et
tout prouve le contraire ; il est hors de doute qu'il y a parallélisme entre les deux vies, coexistence et collaboration de
leurs activités qui s'entrepénètrent, se fortifient, « et les relations qu'engendre cette vie juridique de l'Etat et celle de
l'individu ne sont ni de droit public, ni de droit privé, mais
elles appartiennent à la fois à l'un et à l'autre » (1). Car le
point de départ ici, c'est le sujet de droit, le sujet de droit
c'est l'individu, la personne qui se meut dans toute sphère
et qui, par conséquent, a tout à la fois des droits publics
et privés. « Tout droit est privé en tant qu'il est particulier
à la personnalité substantielle et indépendante de chaque
être et se rapporte aux fins de sa vie et il est public en
tant qu'il concerne la subordination et la dépendance orga-
nique dans laquelle se trouve le sujet par rapport à un tout
commun dont il fait partie (2) ».

Nous croyons cette théorie tout à fait inadmissible. Et
d'abord, l'argument historique ne nous paraît pas avoir une
grande valeur, car, si certaines institutions ont tour à tour
passé du droit public dans le droit privé, *et vice versa*, la
distinction fondamentale n'en a pas moins toujours subsisté :
admettre un pareil argument serait aussi bizarre qu'affirmer
que, l'esclavage ayant tour à tour été considéré comme n'of-
fensant nullement la morale et dans la suite comme contraire à cette morale, la morale n'existe pas ; en fait, ces
variations prouvent seulement que l'on a, suivant les temps,
considéré comme essentielles et fondamentales de l'Etat

(1) Nézard, *op. cit.*, p. 434.
(2) Giner, *op. cit.*, p. 240. Cité par Nézard, *op.* et *loc. cit.*

des institutions qui, plus tard, ont été jugées en dehors de son champ d'activité et de même que l'on a pris pour capitales des institutions jugées plus tard secondaires. De plus et comme le fait très justement remarquer M. Nézard (1), toute la fausseté de la doctrine de Posada vient de ce que cet auteur s'est singulièrement mépris sur la notion du droit public et du droit privé. « On ne saurait, comme il le fait, distinguer le droit, d'après le caractère du sujet, et il est vrai de dire que cette conception conduit à des conséquences inadmissibles (2) ». Car l'Etat ne peut pas ne pas avoir que des droits publics, puisque « en tant que personne morale, il a tous les droits des individus » (3) et de même, l'individu n'a pas que des droits privés, « car il est impossible de considérer comme tel le droit de vote ou d'éligibilité, et, en général, tous les droits politiques dont il jouit (4) ».

De plus, la théorie de l'unité du droit méconnaît singulièrement l'intérêt de la distinction du droit public et du droit privé. On peut affirmer qu'il y a des rapports qui laissent aux parties en cause peu de latitude, car ces rapports sont rigoureusement prévus par les lois positives des différents pays ; alors que d'autres rapports laissent un champ d'action infiniment plus large, puisque souvent les règles qui régissent ces rapports sont l'œuvre de la coutume (5), et laissent même parfois à l'Etat un pouvoir discrétionnaire.

En troisième lieu, les rapports de droit public et de droit privé diffèrent quant à leur sanction ; il est inutile d'insister

---

(1) Nézard, *op. et loc. cit.*, p. 435.
(2) *Ibid. eod. loc.*
(3) *Ibid.*
(4) *Ibid.*
(5) *Ibid.*

sur ce point, chacun sait que les violations du droit privé sont sanctionnées par les lois, et chacun sait encore que si l'esprit moderne tend à enfermer de plus en plus dans des règles de droit les manifestations de la puissance supérieure, il en est toutefois qui échappent à l'asservissement de la loi, tels les actes de gouvernement (1) et il convient encore d'ajouter que même lorsque cet asservissement existe, les responsabilités des violations du droit n'engagent pas les auteurs de manière absolue et identique (2).

Si maintenant l'on envisage les formes dans lesquelles les règles de droit public sont ou émises ou sanctionnées, il est facile de voir que, là aussi, règnent des divergences ; alors que les premières sont la plupart du temps établies dans des lois spéciales par des assemblées particulières, dites constituantes, modifiables dans les formes où elles ont été votées, et parfois avec l'approbation nécessaire du peuple même, les règles de droit privé sont votées par des assemblées permanentes, reflet de l'opinion de ce peuple : tandis que les premières sont sanctionnées par des tribunaux spéciaux, les autres confient les litiges qui naissent à leur sujet à d'autres juridictions.

Enfin, il est une dernière divergence que nous ne citons qu'avec une certaine réserve : car bien que, ainsi que M. Nézard (3) auquel nous l'empruntons, nous soyons assuré de sa réalité, elle n'offre pas un caractère absolument général et de plus soulève une question préjudicielle sur laquelle nous

(1) Laferrière, *Juridiction administrative*, t. II, p. 32 et suiv. « Les actes du pouvoir exécutif ne sont pas tous des actes *d'administration* ; plusieurs sont des actes de *gouvernement* et échappent à ce titre à tout recours devant la juridiction contentieuse, etc... »

(2) Nézard, *op.* et *loc. cit.*, p. 436.

(3) *Ibid.*

aurons à revenir plus tard. Le droit privé, dit le distingué
auteur de la *Théorie juridique de la Fonction publique* » (1),
est surtout individuel « en ce qu'en cette matière, le législateur ne fait que sanctionner des principes du droit naturel ;
en droit public, au contraire, il crée bien davantage,il a une
initiative bien plus grande, car il n'est pas lié par un principe
supérieur d'équité et de justice qui est souvent absent des
règles contingentes du droit public. On ne comprendrait pas
par exemple, que le législateur ne reconnaisse pas le droit
de propriété, on admet fort bien qu'il restreigne le droit de
vote (2) ».

Nous disons que cette dernière différence doit être admise
avec une certaine réserve car si, dans l'exemple que donne
M. Nézard, il est vrai de dire que cette règle contingente
de droit public ne met nullement en jeu les idées supérieures
de justice et d'équité, il peut au contraire s'en concevoir
d'autres — et la formule restrictive dont il se sert prouve qu'il
est de cet avis — où ces idées supérieures de justice et
d'équité se retrouvent avec toute leur force : enfin cette dernière différence nécessite, avons-nous dit, la résolution d'une
question préjudicielle, celle de savoir — et c'est notre opinion profonde, si l'homme a des droits individuels subjectifs
au sens littéral du mot, antérieurs et supérieurs à toute
réglementation objective. C'est là d'ailleurs un point sur lequel
nous reviendrons.

Nous devrions maintenant, pour être complet, rechercher quel est le fondement de la distinction ; mais c'est là
un point qui nous entraînerait trop loin ; qu'il nous suffise
de dire que le critérium n'étant point dans la qualité du

(1) Nézard, *op.* et *loc. cit.*
(2) *Ibid.*

sujet de la relation, n'étant pas non plus dans la théorie qui adopte, comme pierre de touche, la sanction du droit, considérant comme droit privé celui qui fait intervenir la puissance de l'Etat (puisque la sanction du droit dans tous les cas est une), la puissance publique, c'est-à-dire la souveraineté qui seule est un principe suffisant pour contraindre l'activité des individus à se diriger dans un sens donné ; le critérium, disons-nous, n'étant pas non plus dans la distinction proposée par les Allemands de l'intérêt général et de l'intérêt privé, certains actes, tels ceux de gestion des biens de l'Etat rentrant notoirement dans le droit privé encore qu'ayant comme fin l'intérêt général, d'autres actes, tels ceux des droits publics individuels faisant incontestablement partie du droit public bien qu'ils aient certainement en vue un intérêt privé, c'est ailleurs qu'il faut chercher, nous croyons que c'est encore Ulpien qui a donné la vraie définition : « *Publicum jus est quod ad statum rei Romanæ spectat : privatum quod ad singulorum utilitatem* » (1). Puissance publique d'une part, intérêt privé, de l'autre, quoi qu'il en soit, ce qu'il nous faut retenir, c'est qu'il y a dualité dans le droit. Les difficultés d'ailleurs sont loin, par là, d'être tranchées.

§ II. — Théorie classique de la distinction des actes administratifs

D'après la doctrine que l'on peut encore considérer comme classique, bien qu'elle soit combattue par des auteurs éminents, l'activité de l'administration se meut dans deux sphères complètement distinctes : cette autorité administra-

---

(1) Ulpien, *Loi I* § 2, *De justitia et jure*, I, p. 1.

tive a en effet un double rôle ; d'une part la fortune
publique a besoin d'être administrée ; l'Etat, le départe-
tement, la commune ont un patrimoine à l'occasion duquel,
une série d'actes peuvent être accomplis, locations, ventes,
etc. ; tous ces actes par lesquels une telle fin est réalisée,
sont dits *actes de gestion* ; mais d'autre part, l'administration branche du pouvoir exécutif, est investie à ce titre,
d'une certaine puissance, d'une certaine autorité qu'elle
possède précisément en tant que pouvoir exécutif. « Elle
est chargée de faire exécuter les lois, d'édicter les prescriptions secondaires destinées à assurer leur application,
de régler la marche des services publics et de procurer aux
citoyens les avantages d'une bonne police ; elle intervient
par voie de prescriptions générales et individuelles, d'in-
jonctions ou de défenses, adressées à ceux qui s'écartent
des règles prescrites ou qui nuisent à l'intérêt général.
L'administration agit alors comme autorité, comme puissance et ses actes sont dits actes *de commandement* ou de
puissance publique (1) ». Entre ces deux catégories d'actes,
aucun lien, si ce n'est qu'ils émanent les uns et les autres
de l'autorité administrative.

Il ne faudrait pas croire que cette distinction a été trouvée
toute faite dans notre ancienne législation. Elle est l'œuvre
de la jurisprudence ; sous l'ancien régime cette distinction
n'était pas soupçonnée. « Les intendants, par exemple,
mettaient fréquemment leur droit d'autorité publique au
service des intérêts pécuniers du domaine ; ils réclamaient
pour leur juridiction qui, en principe, n'aurait dû statuer
que sur les actes de puissance publique, tous les litiges

(1) Laferrière, *op. cit.*, I, p. 5.

concernant les matières d'administration qui sont actuellement de la compétence des tribunaux administratifs et de plus les contestations relatives aux contributions indirectes, aux domaines, aux affaires du domaine, à l'expropriation pour cause d'utilité publique et à toute matière d'intérêt général(1) ».

Si maintenant, nous arrivons aux lois révolutionnaires, nous constatons la même tendance : loi des 16-24 août 1790; loi du 16 fructidor de l'an III; dans ces lois, on n'y constate que le désir de soustraire toutes les opérations des autorités administratives aux tribunaux judiciaires. Il est, en effet, interdit aux tribunaux « de troubler de quelque manière que ce soit les opérations des corps administratifs » et « de connaitre des actes d'administration de quelque espèce qu'ils soient ». Et nous trouvons rédigé dans le même esprit, un arrêté du 2 germinal an V (2) donnant des actes administratifs la définition suivante : « toutes les opérations du gouvernement ou de ses agents avec les fonds fournis par le Trésor(3) ».

L'Empire et la Restauration arrivent. Il était naturel que les souverains ne modifiassent pas une définition de l'acte

(1) Nézard, *op. cit.*, p. 452.

(2) *Bulletin des Lois*, à sa date.

(3) « Considérant que l'article 13 du titre II de la loi des 16 et 24 août 1790 établit en principe général que les fonctions judiciaires sont distinctes et demeureront séparées des fonctions administratives, que par la loi du 16 fructidor, an III, défenses itératives sont faites aux tribunaux de reconnaitre des actes d'administration de quelque espèce qu'ils soient, aux peines de droit, que dans la classe des affaires administratives se rangent toutes les opérations qui s'exécutent par ordre du gouvernement, par ses agents immédiats et avec les fonds fournis par le Trésor public. » Cf. Nézard, *op.* et *loc. cit.*, p. 453, note 2.

administratif qui assurait leur autorité : aussi trouvons-
nous à cette époque la même législation et même on rencontre des arrêts (1) punissant d'amende les auteurs du
pourvoi introduit par la voie contentieuse contre les actes
d'autorité.

C'est sous la monarchie de Juillet que nous trouvons une
modification dans les idées précédemment admises ; un premier pas est fait vers des idées plus larges ; la création du
tribunal des conflits, établi par l'article 89 de la constitution de 1848, consacre la distinction de la gestion et de la
puissance publique, en donnant à chacun d'eux un contentieux distinct.

Enfin, c'est depuis 1872 que s'est développée dans le
sens que nous avons indiqué la théorie de la distinction
des actes de puissance publique et des actes de gestion.
Cette œuvre est l'œuvre de la jurisprudence qui s'est basée
sur les lois de 1790 et de l'an III et les a interprétées,
croyons-nous, plus justement qu'elles ne l'étaient auparavant. Cette distinction est nettement établie en France ;
nous pouvons ajouter qu'elle l'est également, bien qu'à un
moindre degré, dans les diverses législations étrangères.
En Italie (2) où, comme nous l'avons déjà signalé à maintes
reprises, la question de la nature des actes administratifs
a fait l'objet de nombreuses controverses, le principe est

(1) Arrêts 13 mars 1822, 10 août 1825, 23 novembre 1825 dans Lebon,
1822, 73, 214.

(2) Raneletti, *op.* et *loc. cit.*, p. 1 et suiv. Giorgi, *La dottrina delle
persone guiridiche*, t. III, p. 165. Cf. *Toria delle obligazioni*, Florence
1882, t. V. p. 471-472. Bonasi, *Della responsabilita penale, e civili
dei ministri e degli ufficiali pubblici*, Bologne, 1874, p. 330, 346, 349.
Bertolini, *Delle garanzie della legalita in ordine alla funzione amministrativa*. Roma 1890, p. 230 et suiv.

certain et l'opposition toujours faite entre les actes accomplis *jure gestionis* et ceux accomplis *jure imperii;* « elle correspond à la distinction de deux ordres de relations diverses entre l'Etat et les individus et les deux faces différentes de la personnalité de l'Etat ; relations de droit public ou personnalité politique quand l'acte accompli au nom de l'Etat constitue l'exercice et la puissance publique, relations de droit privé ou personnalité juridique quand l'acte n'est pas l'émanation de la puissance publique... Dans le premier cas il y a un rapport unilatéral ; dans le second, c'est un rapport d'égalité, un rapport contractuel »... (1). « Ce critérium répond à une idée scientifique : c'est au droit public à régler les garanties accordées au citoyen contre les abus de pouvoirs ; c'est au contraire le droit privé qui doit s'appliquer à l'Etat quand celui-ci se dépouille du droit de commander et développe son activité dans le champ des relations individuelles » (2).

En Allemagne, on peut également affirmer que la distinction non seulement domine, mais est classique : « L'Etat, dit Rönne (3), peut agir de deux manières, comme puissance publique, c'est-à-dire comme Etat dans le sens éminent, ou comme association productive pour se procurer les moyens nécessaires à la marche de l'Etat, c'est-à-dire comme fisc. Agissant comme puissance publique, l'Etat ne peut se trouver soumis aux règles et aux obligations du droit privé ; comme

---

(1) Giorgi, *La Dottrina*, III, p. 161 : la Jurisprudence est dans le même sens. V. les arrêts cités par Bertolini, *op. cit.*, p. 235, note 1. Cour de Lucques, 24, 1888 ; Cass. Florence, 27 juin 1889.

(2) Giorgi, *La Dottrina*, cité par Nézard, *op. cit.*, p. 457, note 2.

(3) Von Rönne, *Das staatsrecht der preussischen Monarchie*, 4ᵉ édit. Berlin 1883, t. III, p. 583. V. Lœning, *Die Haftung des Staats*, p. 93.

fisc (1), au contraire, l'Etat peut acquérir des droits et avoir des obligations suivant les règles du droit commun » (2).

En Belgique (3), aux Etats-Unis (4), la même distinction s'est également produite.

Et en France, à part trois ou quatre auteurs, des plus éminents, il est vrai, la théorie est universellement adoptée (5).

(1) Faisons remarquer en passant que l'expression *de fisc* est prise, en droit allemand, dans une acception toute spéciale ; elle ne s'applique pas aux services qui sont considérés, en France, comme des services fiscaux par excellence, à ceux qui président à l'assiette et au recouvrement de l'impôt, elle vise uniquement ce que nous appelons en droit administratif français, l'Etat personne civile, l'Etat partie contractante, l'Etat débiteur, par opposition à l'Etat puissance publique.

(2) Cité par Laferrière, t. I, p. 38.

(3) Laferrière, *op. cit.*, I, p. 91 et 94.

(4) Goodnow, *Comparative administrative law*, Londres 1893, p. 554.

(5) V. Dareste, *La Justice administrative en France*, 1re édit. 1862, p. 222. Gautier, *Précis des matières administratives*, 1880, t. II, p. 192. Ducrocq, *Cours de droit administratif*, 6e édit. 1881, t. I, nos 111, 208. Laferrière, *Traité de la Juridiction administrative et des recours contentieux* (édit. de 1887 et de 1896, livre préliminaire chap. I, § 1, liv. III, chap. I, § 2. Répertoire de Béquet, V. *Contentieux*, n° 215 (1891). Hauriou, *Précis de droit administratif*, 2e édit. 1893, p. 193. Brémont, *La compétence administrative*, 1894, nos 225 et suiv. Hauriou, *op. cit.*, 3e édit. 1897, p. 271 et suiv., 276 et suiv. Ducrocq, *op. cit.*, 7e édit. 1898, t. II, nos 423 et 427. Cf. Dareste, *op. cit.*, 2e édit. 1898. Cf. Hauriou, *La gestion administrative*, 1899, p. 1, note 1. V. Berthélemy, *op. cit.*, *Droit administratif*, p. 46. Michoud, *De la responsabilité de l'Etat à raison des fautes de ses agents (Revue du droit public et de la science politique)* 1895, I et II, n° 9 et suiv. Simonet, *op. cit.*, nos 236 et suiv., 448 et suiv., etc. Nous croyons que c'est à tort que M. Nézard dans la liste des auteurs qu'il énumère cite comme adoptant l'opinion classique, Aucoc, *Conférences sur l'administration*, t. I, p. 23 et suiv. ; sans doute, Aucoc adopte bien la distinction classique des actes de gestion et des actes de puissance pnblique qu'il appelle actes de police ; mais il subdivise les actes de gestion en deux catégories et dit que l'autorité administrative

Ce serait une erreur de croire que la question est une
pure question d'école : elle a des conséquences importantes
dans le domaine de la pratique ; nous ne voulons retenir que
celle-là : lorsque l'administration agit en vertu de son
pouvoir de commandement, d'autorité, elle est hors du
droit commun. Si un litige a pour cause un acte de puissance publique, il échappe au recours contentieux de pleine
juridiction ; il n'est soumis qu'au recours pour excès de
pouvoir : au contraire les actes de gestion sont soumis
aux mêmes règles de compétence que les actes semblables
faits par les particuliers. Il serait impossible qu'il en fût de
même pour les particuliers, *puisqu'il n'y a pas d'actes
semblables faits par les particuliers* ; les actes de gestion font l'objet d'un recours contentieux au fond devant les
tribunaux judiciaires, sauf lorsque des textes spéciaux
renvoient les litiges devant les tribunaux administratifs qui
auront le droit de les réformer ; pour caractériser d'un mot
cette différence, nous pouvons dire que les actes de puissance publique sont toujours de la compétence administrative et soumis à l'unique recours pour excès de pouvoir :
les actes de gestion, en règle générale, de la compétence
judiciaire, mais parfois, en vertu de textes, de la compétence
administrative : bien qu'exceptionnelle dans ce second cas,
puisque c'est à l'administration à établir le texte en vertu
duquel la compétence est administrative, les cas de compétence administrative sont assez fréquents, car le tribunal

joue parfois le rôle « d'intendant général, d'homme d'affaires de la
société, mais d'intendant *ayant autorité.* » Il semble donc que M. Aucoc
se rapproche, par cette formule, davantage de la théorie de M. Jacquelin
et adopte son point de vue ; à savoir que dans les actes de gestion, il y
a souvent puissance publique.

des conflits se contente de se référer au texte général des lois de 1790 et de l'an III.

Mais, il n'y a pas à le nier, le recours pour excès de pouvoir ne donne pas toujours satisfaction aux intéressés, car il est assez restrictif tant dans ses cas d'ouverture que dans ses effets, puisqu'il arrive seulement à l'annulation. Si une autre demande était jointe à la demande d'annulation, se rattachât-elle à la demande d'annulation de la manière la plus étroite, nul doute que le Conseil d'Etat se refuserait de se prononcer sur cette nouvelle prétention. Aussi, et cela dans l'intérêt même des intéressés, devrait-on souhaiter que les actes de puissance publique fussent le moins nombreux possible, la prédominance étant assurée aux actes de gestion et au contentieux de pleine juridiction. A première vue, il semble que cela soit impossible. Toutefois une pareille impossibilité n'est qu'une apparence, car si les actes de puissance publique sont faciles à reconnaître à leur caractère d'unilatéralité, de souveraineté, de contrainte, les actes de gestion sont beaucoup moins faciles à distinguer et tandis que les actes d'autorité sont facilement définissables et définis, les actes de gestion ne font généralement l'objet d'aucune étude, les auteurs se contentant de déclarer que tout ce qui n'est pas acte de puissance publique, est acte de gestion. Toutefois il est un certain nombre d'actes, dans lesquels le caractère de puissance publique, d'autorité se rencontre en même temps que le caractère de patrimonialité. Ces actes sont-ils actes de puissance publique ? Sont-ils actes de gestion ? L'intérêt des administrés est en jeu, car si, à leur sujet, s'élève un conflit, le recours pour excès de pouvoir seul sera ouvert, ou le recours judiciaire, suivant la solution apportée. La question ne peut être résolue si

l'on ne cherche une définition à l'acte de gestion. Cette définition, l'éminent maître, M. Hauriou, crut l'avoir trouvée
lorsqu'il proposa comme critérium la collaboration.

§ III. — Théorie de la gestion administrative

M. Hauriou après avoir rappelé la doctrine traditionnelle
des actes de puissance et des actes de gestion est amené à
reconnaître que la puissance publique est opposée souvent à
la patrimonialité ; toutefois, il déclare qu'il existe un terrain
neutre sur lequel se rencontrent les actes de puissance publique et de patrimonialité ; ce terrain, c'est celui des actes de
gestion administrative. Les actes de gestion administrative se
différencient des actes de puissance publique proprement dits
en ce qu'ils sont la manifestation d'une force sociale non
plus à l'état statique, mais à l'état dynamique ; c'est toujours de la puissance publique, mais ce n'est plus de la
puissance publique au repos, c'est de la puissance publique
au travail. Or, ce qui caractérise une force sociale — et la
puissance publique peut, doit être considérée comme telle —
c'est que son travail s'accomplit *toujours avec la collaboration du milieu* (1) ; la collaboration, tel est le critérium de la
gestion administrative, mais, dans les actes de puissance
publique la collaboration n'existe pas ; les relations de
l'administré et de l'administration sont « de pur voisinage »(2).
D'autre part, les actes de gestion administrative se différencient des actes de simple gestion : mais, tandis que dans

(1) V. Hauriou, *La gestion administrative*, p. 7 et 57 et *Leçons sur le
Mouvement social*, 2ᵉ leçon.

(2) *La gestion administrative*, p. 57.

les actes de simple gestion, on chercherait vainement la
moindre parcelle de puissance publique, d'autorité, dans les
actes de gestion administrative, on en trouve des traces,
notamment dans l'exécution des services publics... « Dans
l'entreprise coopérative des services publics, elle (la puissance publique) accepte des concours et des dévouements,
elle a des auxiliaires et des serviteurs, elle n'abdique pas
pour elle la maîtrise, elle reste un patron qui impose son
droit en même temps que sa volonté » (1). Il y a donc
d'après M. Hauriou, une troisième catégorie d'actes administratifs dont l'ensemble constitue la gestion administrative : le critérium de cette gestion, c'est la collaboration.
M. Hauriou le déclare formellement « le critérium de la gestion administrative est la collaboration des administrés à
l'action administrative » (2). Voici un exemple de la
situation de gestion : « un particulier confie à un ministre
plénipotentiaire un dossier d'une affaire en vue de réclamation à présenter à un gouvernement étranger ; en
tant que le fonctionnaire prend la garde du dossier, il
s'établit une situation de gestion, parce que le particulier
n'a fait que procurer au service diplomatique l'occasion
de fonctionner et par conséquent a coopéré à son fonctionnement (3) ».

La situation de gestion se rencontre dans deux catégories d'hypothèses : ou bien cette situation de gestion
se crée par l'exécution même du service public, ou bien
l'acte de gestion est un acte d'administration séparé, constituant par lui-même un fait de gestion. Pour qu'il y ait

(1) Hauriou, *La gestion administrative*, p. 76.
(2) *Ibid.*, p. 7.
(3) *Ibid.*, p. 12 et 13.

situation de gestion, et nous venons d'en donner un exemple, il faut partout introduire les idées de temps et de durée; cela est évidemment, car la collaboration des administrés au service administratif ne produira ses effets qu'autant que le travail administratif est régulier et durable, et l'exemple le plus frappant se rencontre dans l'exécution des services financiers (Définition de la gestion et de l'exercice. Décret 31 mai 1862, art. 2-4), mais cette collaboration peut se produire soit avec les fonctionnaires, soit avec les administrés; suivant qu'on envisage les divers aspects sous lesquels il peut se présenter, un fonctionnaire est tout ensemble un subordonné, un instrument au point de vue de la délégation de la puissance publique et un collaborateur en tant que considéré dans l'exercice régulier et habituel de ses fonctions. Et M. Hauriou, poussant cette idée dans ses conséquences les plus importantes, déclare que ses droits sont protégés par un contentieux de pleine juridiction, contentieux qu'il retrouve encore en cas de révocation ou de demande d'indemnité (Conseil d'Etat, arrêt *Cadot*, 13 décembre 1889 ; *Drancey,* 28 mars 1890 ; *Wotthing,* 29 avril 1892).

Mais la collaboration se rencontre encore dans les rapports de l'administration avec les administrés. Et lorsqu'il y a dommage causé dans la collaboration de l'administration avec le public, il y aura situation de gestion, et par là droit pour la victime du dommage à une indemnité garantie par un recours de pleine juridiction. Et c'est là que se trouve l'exemple cité plus haut du particulier confiant à un ministre plénipotentiaire un dossier en vue de réclamation à présenter à un gouvernement étranger.

De plus, la situation de gestion d'après M. Hauriou donne

la raison pour laquelle la jurisprudence administrative protège des avantages purement administratifs qui ne sont pas, à proprement parler, des droits. C'est ainsi que l'éminent auteur explique comment les droits d'accès et de vue, les aisances de voirie, atteints par une opération de travaux publics donnent lieu à un contentieux de pleine juridiction : il y a collaboration de l'administré, une vue ne se concevant pas sans maisons, collaboration dont la preuve manifeste réside souvent dans le partage des frais à faire en cette matière (p. ex. confection de trottoirs faits souvent de compte à demi. Loi du 7 Juin 1845). Et pour être logique, la jurisprudence administrative devrait, au cas de révocations des concessions établies sur les cours d'eau navigables et flottables, déclarer que ces révocations ne sont pas précaires, mais subordonnées à une indemnité, car il y a collaboration manifeste ; de là situation de gestion. Toutefois l'art. 45 de la loi du 8 avril 1898, a établi un obstacle à un pareil état de choses : mais, la logique reprend ses droits en ce qui concerne les prises d'eau sur les cours d'eau non navigables et non flottables. (Loi, 8 avril 1898, art. 14, *in fine*. Jp. constante).

Cette même idée de collaboration pourrait en matière de concessions sur le domaine public, être fertile en conséquences heureuses. Disons dès maintenant que la jurisprudence administrative en cette matière est la meilleure preuve qu'elle n'a pas entendu se référer, tout au moins à l'heure actuelle, au critérium proposé de la gestion : en effet, les concessions faites sur le rivage de la mer pour établissements de pêcheries ou de parcs à huîtres sont faites en vue d'une collaboration de l'administration et des concessionnaires. Il ne devait pas y avoir révocation sans indemnité et c'est pourtant ce qui se produit. Enfin, c'est encore par la situation de gestion qu'est expliquée la nature des droits qui appartiennent à certains concessionnaires, notamment des concessionnaires dans les cimetières. Le cimetière est une dépendance du domaine public inaliénable et imprescriptible, sur lequel des droits très forts peuvent être constitués, des droits qui vont presque jusqu'à la propriété (1). Si l'on applique ici encore l'idée de collaboration, ces droits se comprennent, car leur constitution va « *dans le sens même de l'utilisation du domaine* » (2).

En second lieu, l'auteur de la gestion administrative examine les cas où la gestion résulte d'actes de gestion ; il les divise en quatre catégories : l'acte de gestion contractuelle, l'acte de gestion pécuniaire, l'acte de gestion officieuse, l'acte de gestion forcée.

L'acte de gestion contractuelle comprend les contrats passés en vue d'assurer le fonctionnement des services publics et la collaboration est de son essence même, marchés de travaux publics, offres de concours en matière de travaux publics, etc. Mais là, encore, il faut constater que la jurisprudence — et la constatation est faite par M. Hauriou lui-même — ne se laisse pas guider immuablement par l'idée de collaboration, ne rangeant point

---

(1) V. note dans Sirey, 1892, III, 41. *Revue adm. du culte catholique*, Lille, 1898, p. 331. Trib. des Conflits, 21 novembre 1896. *Régère*. Remarquons toutefois que ce caractère des cimetières de rentrer dans le domaine public inaliénable et imprescriptible est quelquefois contesté. Voir cependant Proud'hon, *Traité du domaine*, t. I, p. 461, n° 337 : Gaudry, *Tr. du domaine*, t. III, p. 228 et suiv. Dufour, *Traité de droit administratif*, 3ᵉ édit. t. I, 286 ; Gauthier, *Précis des matières administratives*, t. I, 292, etc. Cf. Hauriou, *op. cit.* p. 20, notes 2 et 3.

(2) Hauriou, *op. cit.*, p. 21.

les marchés de fournitures des départements et des communes parmi les contrats administratifs. (Conflits 28 janvier 1899, Lagauche).

En second lieu, la gestion pécuniaire ; l'acte de gestion pécuniaire est « l'acte par lequel il est statué sur une créance ou sur une dette de l'administration » (1). Les liquidations des actes de l'Etat, les traitements de pensions, les arrêtés de débet, les décisions rendues sur des demandes d'indemnité, etc., et la perception des impôts. Dans ce cas, il faut remarquer que la collaboration du contribuable est aujourd'hui volontaire, car l'impôt est la contribution consentie et discutée par les élus de la nation (2).

Nous trouvons en troisième lieu la gestion officieuse : ici la collaboration est inverse de celle que nous avons constatée jusque là, ce n'est plus un appui apporté à l'administration par l'administré. C'est plutôt l'administration qui est l'auxiliaire de l'administré : la gestion par bons offices est celle dans laquelle l'administration intervient pour soutenir l'initiative individuelle de l'administré. La gestion officieuse se remarque dans la police des établissements dangereux, insalubres et incommodes, et c'est ainsi qu'est expliqué, ce qui paraît première vue une anomalie, comment les arrêtés du préfet qui donnent ou refusent l'autorisation d'ouverture sont susceptibles d'un recours contentieux ordinaire. (Décret 15 octobre 1810, art. 7 et 8). L'exemple le plus intéressant de la gestion officieuse, se rencontre dans l'opération administrative de l'élection : l'administration est ici la collaboratrice de l'électeur ; elle dirige l'opération, mais

(1) Hauriou, *op. cit.*, p. 22.
(2) Hauriou, p. 23.

elle ne nomme pas l'élu ; c'est l'électeur qui le nomme ; l'administration ne fait que protéger les opérations ; elle n'est que l'auxiliaire de l'élection ; de là, il en découle une situatien de gestion qui explique d'une part comment l'administration peut former une réclamation contre l'élection, comme peuvent le faire les électeurs et, d'autre part, comment à partir de la proclamation du résultat, moment où, suivant l'expression de M. Hauriou « *se noue la collaboration* » (1), le contentieux devient de pleine juridiction. Enfin, dans la gestion officieuse, nous trouvons l'opération de travaux publics, tout au moins en tant qu'elle produit des effets vis-à-vis des tiers et spécialement des conséquences de plus-value. C'est de la gestion par bons offices, car « l'administration contribue ici à l'enrichissement des administrés (2).

En dernier lieu, vient la gestion forcée, c'est-à-dire celle dans laquelle « la collaboration de l'administré à l'opération administrative est obtenue par la contrainte ». Et M. Hauriou donne comme exemple le service militaire, basé il est vrai, sur la conscription, mais qui est une collaboration des hommes à la protection de leur pays : donc, nous avons encore là une situation de gestion et, partant, les difficultés que présentent les causes d'exemption ou de dispense sont jugées par les conseils de revision (art. 18. Loi 15 juillet 1889) : c'est un contentieux de pleine juridiction. Nous voyons encore de la gestion forcée dans l'occupation temporaire en matière de travaux publics, dans l'établissement de servitudes d'utilité publique, dans les réquisitions militaires, etc. (3).

(1) Hauriou, *op. cit.* p. 27.
(2) *Ibid.*, p. 29.
(3) *Ibid.*, p. 29.

Mais cette collaboration, quelle est-elle ? Et quelle est sa
nature ? il est important de le savoir, car dans les questions
litigieuses, pour savoir si l'on se trouve en présence d'un
acte de gestion, le premier devoir des juges sera de se
demander s'il y a collaboration. La collaboration, pour
M. Hauriou, s'analyse « en une forme de société ». Ce qu'il
y a de certain, c'est que cette forme de société n'est pas
un contrat ; souvent l'on se trouve en présence d'une situation contractuelle, il est vrai, mais souvent aussi l'acte de
gestion revêt la forme d'un acte unilatéral, de puissance
publique. Et M. Hauriou déclare que bien qu'une certaine
école — et nous sommes de ceux-là (1) — néglige la forme
des actes, il la croit cependant un élément indispensable,
pensant qu'il n'y a pas de contrat sans pacte (2). Pour lui,
la gestion administrative s'explique par l'idée de la situation d'état, « d'un état de société spécial qui, pour n'être
pas contractuel, n'en engendre pas moins des effets juridiques » (3). Mais devant quelle situation d'état nous trou-
vons-nous ? Devant une situation d'association active,
lorsque la puissance publique ne récèle qu'une situation de
pur voisinage ? Et cette situation de gestion engendre-
t-elle une situation de droit privé ou de droit public? Si
l'on adopte le premier de ces deux partis, voilà le contentieux administratif réduit au contentieux de l'annulation et
l'absorption de toutes les matières administratives par le
contentieux judiciaire. C'est à la dernière des deux solutions que s'arrête M. Hauriou, séduit par la « physionomie
traditionnelle du droit public français qu'il ne peut se défen-

(1) V. *Infrà* chap. IV.
(2) Hauriou, *op. cit.*, p. 66.
(3) *Ibid.*, p. 75.

dre d'aimer » (1). Et la situation de gestion est de droit public parce que dans la gestion il y a de la puissance publique. Là, l'éminent auteur est d'autant plus à l'aise que sa notion de gestion est tellement large qu'il y fait rentrer des actes qui, jusqu'à lui, ont toujours été considérés comme étant de puissance publique. Et il n'a nulle difficulté à prouver que l'opération de perception des impôts, droit d'impôts, etc., contiennent de la puissance publique. Quant à la compétence judiciaire, elle sera réservée à la forme propriété qui, en fait, est toujours opposée à la puissance publique.

Telle est, dans ses très grandes lignes, la doctrine de M. Hauriou. Il n'est pas le premier à avoir trouvé une troisième catégorie d'actes intermédiaires. Il existe à l'étranger des doctrines analogues, d'après lesquelles il y a, entre les actes de gestion privée et les actes de puissance publique « des actes de gestion des services publics » (2).

(1) Hauriou, *op. cit.*, p. 72.

(2) Longo, *Li odierne difficulta del diritto amministrativo.* (*Archivio guiridico*, XLIII, 1892, p. 495). D'autres auteurs, tout en opposant très nettement la puissance publique et la personne morale, croient qu'il y a « impossibilité et même péril au point de vue du droit public interne de séparer d'une manière absolue ces deux caractères de l'Etat. » Ducrocq, *La personnalité civile en France du Saint-Siège*, p. 10, *De la personnalité civile de l'Etat*, 1894, p. 5. V. encore Ducrocq, *Cours de droit administratif*, 1re édit., n° 275, p. 253, 6e édit. t. II, n° 905, p. 104. V. Laurent, *Droit civil international*, IV, n° 216.

Comme le fait remarquer M. Duguit, dans son livre sur *l'Etat, le droit objectif et la loi positive*, la théorie de la collaboration de M. Hauriou se rapproche beaucoup des théories allemandes, notamment de la théorie de Jellinek dans son ouvrage : *System der subjektiven öffentlichen Rechte*, p. 193 et suiv. sur la *Vereinbarung*, dont avant lui Binding (*die*

Mais cette division bipartite est loin d'être considérée comme étant l'expression de la vérité, et notamment il est fait de la théorie de M. Hauriou une critique très pénétrante par M. Jacquelin, à la suite de laquelle est exposée une nouvelle théorie des actes administratifs.

§ IV. — Théorie des actes de puissance publique à décroissance graduelle

Et d'abord le principe sur lequel s'appuie la théorie tout entière ne paraît pas à l'abri de tout reproche. Car il est bizarre de repousser dans la puissance publique toute idée de collaboration ; car l'administration, dans la puissance publique, bien loin d'agir dans son seul intérêt, agit au

grunding der norddeutschen Bundes, p. 69-70, 1889 et Gierke, *Genossenschafts théorie*, p. 133, 1887) avaient posé et affirmé le principe, avec cette différence que Binding ne l'appliquait qu'au droit public ou plus précisément aux Unions d'Etats. De même que Hauriou, mais pour des raisons différentes, car ainsi que nous l'avons dit, c'est surtout l'absence de pacte qui semble diriger M. Hauriou dans son opinion que la collaboration n'est pas un contrat, Jellinek repousse l'affirmation du Contrat et de la *Vereinbarung;* sans vouloir entrer dans des détails, disons que la différence entre le contrat et la *Vereinbarung* repose, d'après Jellinek, sur ce que aucune des trois propositions suivantes applicables au contrat ne sont exactes pour la *Vereinbarung* : 1° dans le contrat, la volonté n'est jamais *une,* en ce sens que chacun des contractants désire une chose différente, alors que dans la *Vereinbarung* il y a parallélisme entre les volontés des unionistes ; 2° dans le contrat, et encore que le motif *juridique,* ce qui est absolument nécessaire pour que le contrat produise un effet de droit, soit le même, les motifs qui déterminent la volonté des contractants sont différents pour chacune des parties, alors que dans la *Vereinbarung,* la volonté est *une,* les motifs déterminants étant les mêmes ; 3° dans le contrat, l'effet est de créer une situation juridique subjective, ne faisant jamais naître une règle de droit objectif, l'effet de droit se produisant par la seule volonté

contraire pour l'administré, pour l'individu : elle n'agit pas
« à l'instar d'un propriétaire ». Et comme le fait remarquer
M. Jacquelin (1), à prendre la formule isolément, on la croi-
rait bien plutôt caractéristique de la gestion du domaine
privé. Si l'on réfléchit que la puissance publique apparaît
surtout dans l'activité de la police qui a pour but exclusif la
protection préventive ou curative de l'individu, cette affirmation prend encore de la force. De plus, le critérium paraît
encore inexact, car l'idée de collaboration se retrouve certainement dans la puissance publique, puisque les administrés
étant la matière même sur lesquels s'exerce cette puissance,
« l'obéissance à la loi est une forme de coopération à l'ordre
public » (2). C'est alors que l'on peut dire que d'après
M. Hauriou la théorie de la gestion ne tendrait à rien moins
qu'à l'absorption complète de la puissance publique par la
gestion et partant à la destruction du contentieux de l'annulation, au profit du contentieux de pleine juridiction.
M. Hauriou convient lui-même que sa notion de la gestion est « souple et insinuante » (3). Nous ne disconvenons
pas des inconvénients très sérieux du contentieux de l'annulation et notamment du peu d'efficacité du recours pour

des parties et se produisant parce qu'il est voulu conformément à une
règle de droit antérieure et extérieure au contrat ; nous voyons au contraire la *Vereinbarung* créer une situation de droit objectif, d'après Jelli-
nek, | *op, cit.*, p. 193. Entre MM. Hauriou et Jellinek existe donc
notamment cette différence, bien que leurs théories soient similaires, que
la *Vereinbarung* ne crée aucun droit individuel, tandis que la collaboration en engendre qui donnent lieu à un contentieux de pleine juridiction.

(1) *Une conception d'ensemble du droit administratif*, Paris 1899,
p. 8, note 3.

(2) *Ibid.*, p. 9.

(3) *Ibid.*, p. 32.

excès de pouvoir (1) ; néanmoins nous croyons, et telle devrait être l'opinion de M. Hauriou qui a pour notre organisation juridictionnelle administrative, dans son développement historique et dans son fonctionnement une admiration qu'il manifeste souvent, nous croyons, dis-je, que le seul moyen d'assurer le maintien de cette juridiction est de repousser l'idée de collaboration qui tendrait manifestement à la disparition du contentieux d'annulation.

Encore, si M. Hauriou trouvait dans la jurisprudence administrative le fondement de sa théorie? malheureusement, s'il arrive à expliquer par l'adoption de l'idée de gestion, certaines décisions du Conseil d'Etat, il est d'autres décisions et plus nombreuses qui lui donnent un démenti formel. Car, tandis que la jurisprudence du Conseil d'Etat, à savoir l'adoption d'un contentieux de pleine juridiction en ce qui concerne les autorisations ou refus d'autorisations des établissements insalubres et dangereux, peut à la rigueur être expliquée par l'idée de gestion, nous voyons dans d'autres hypothèses, par exemple dans les décisions juridictionnelles relatives aux questions litigieuses touchant les contributions indirectes, dans les solutions relatives aux marchés de fournitures, etc., nous voyons, dis-je, la Jurisprudence formée en un sens complètement opposé à celui qu'elle devrait suivre logiquement. Au surplus, par l'exemple que nous venons de citer, il est facile de voir que de la gestion absorbe complètement la puissance publique. L'arrêté préfectoral portant autorisation ou refus d'autorisation des établissements dangereux insalubres ou incommodes n'est-il pas au premier chef un acte de puissance publique? l'élection n'est-elle pas un acte de

(1) V. *infrà*.

puissance publique, puisque, comme le fait remarquer M. Jacquelin (1), la souveraineté est exercée par le peuple lui-même ? Nous croyons que M. Hauriou a été frappé surtout par cette considération que le contentieux des actes de puissance publique laisse les administrés à peu près désarmés. Peut-être cela est-il exact ; le recours en annulation pour excès de pouvoir est évidemment loin d'être irréfutable. Néanmoins, pour certains esprits (2), la disparition du contentieux de l'annulation aurait un désavantage considérable ; cette disparition au profit du contentieux de pleine juridiction aurait comme conséquence inéluctable l'augmentation des pouvoirs du juge vis-à-vis de l'administration active : le juge pourrait prendre de vraies décisions engageant plus ou moins la puissance publique ; il réformerait par exemple un arrêté préfectoral et il est hors de doute que la chose serait contraire à l'esprit de notre droit et au fameux principe de la séparation des autorités et des fonctions. Quoi qu'il en soit, nous croyons qu'il est impossible d'adopter les vues du savant maître, pas plus d'ailleurs que celles de M. Jacquelin.

M. Jacquelin commence par poser ce principe que « le droit administratif est partagé entre les deux notions de puissance publique et de patrimonialité » (3), et il ajoute que « cette distinction est fondamentale et naturelle » (4). Mais pour cet auteur, et encore qu'il s'inspire d'une seule idée, celle de puissance publique, il existe entre le droit administratif de la puissance publique et le droit public

---

(1) V. notamment *Précis de droit administratif*, 4ᵉ édit., p. 236, notes 1 et 237 même note.

(2) V. Nézard, *op, cit.*, p. 447.

(3) Jacquelin, *op. cit.*, p. 18.

(4) Jacquelin, *op. et loc. cit.*

pur autant de divergences qu'entre le droit privé administratif et le droit civil. Car, chaque acte administratif n'appartient à proprement parler, et d'une manière exclusive, ni à l'une ni à l'autre ; à des degrés divers, mais toujours, il participe à la fois au caractère de puissance publique et au caractère de patrimonialité. Dans tout acte de l'administration, il y a une hiérarchie qui se « laisse très facilement constater » (1). « Il suffit d'examiner l'espèce de gradation descendant de la puissance publique dans l'acte de gouvernement, dans l'acte d'administration pure et discrétionnaire, dans le règlement, dans l'acte administratif proprement dit, enfin dans l'acte de patrimonialité » (2). Cette décroissance graduelle de la puissance publique est reliée à la généralité de l'acte, c'est-à-dire à l'étendue du territoire sur laquelle cet acte se fera sentir : cette hiérarchie est également reliée à la hiérarchie des personnes administratives : lorsqu'on se trouve en présence d'un acte très général, on se trouve en présence d'une autorité administrative très élevée, et, à mesure que l'on descend dans la hiérarchie des actes, on descend en même temps dans la hiérarchie des personnes : donc plus l'acte est général, plus la personne administrative se rapproche de la puissance publique : moins il y a de patrimonialité. Toutefois, si haut que l'on soit, on ne se trouve jamais en présence d'un acte de pure puissance publique : de tels actes n'existent pas, car on y rencontre toujours la gestion d'intérêts collectifs ; à l'inverse, on ne rencontrera jamais des actes de pure patrimonialité, car ces actes de pure patrimonialité sont accomplis par des personnes morales publiques qui ont toujours, quelquefois

(1) Jacquelin, *op.* et *loc. cit.*
(2) *Ibid.*

à un degré très faible, il est vrai, mais néanmoins incontestable, de la puissance publique. Par le sommet de l'échelle administrative, les actes administratifs touchent au droit constitutionnel et par les derniers échelons au droit civil.

La distinction proposée par M. Jacquelin n'est pas intéressante qu'au seul point de vue du droit déterminateur ; elle a encore de l'intérêt au point de vue du droit administratif sanctionnateur. En effet, puisqu'on se trouve en présence d'une seule catégorie d'actes qui ne sont séparés les uns des autres que par le degré où se rencontre la puissance publique, à quoi bon deux justices ? « Il suffirait de transporter chez nous, en le généralisant, le système pratiqué en Belgique : au lieu de deux justices séparées et parallèles, sans aucun lien supérieur, une seule justice comprenant des tribunaux investis d'attributions différentes, mais organisés sur le même modèle, jouissant des mêmes garanties d'indépendance et d'impartialité et tous soumis au contrôle suprême d'une cour unique placée à la tête du pouvoir judiciaire, tel serait le résultat général de cette adaptation. Ainsi, « on aurait, au sommet, l'unité indispensable et représentative du pouvoir judiciaire bien distinct du pouvoir exécutif et, dans les degrés inférieurs, la variété nécessitée par la spécialité des connaissances » (1). Ce que veut donc M. Jacquelin, c'est la remise aux tribunaux judiciaires du contentieux de pleine juridiction et la remise du contentieux de réformation de l'acte administratif illégal à l'administration, « non pas à l'administration active, mais, puisque le progrès existe déjà, à l'administration délibérante supérieure, sauf qu'elle ne statuerait plus en vertu de pouvoirs propres, mais seulement, comme avant 1872, dans

____

(1) Jacquelin, *op. cit.*, p. 30.

le contrôle et l'autorité du chef du pouvoir exécutif » (1).
Ces principes, M. Jacquelin les avait déjà exprimés, dans
son ouvrage : « Les principes dominants du contentieux
administratif » (2).

Sans entrer dans le fond de la question, on peut se
demander si cette réforme capitale du droit administratif donnerait les résultats qu'en espère son promo-
teur. M. Berthélemy s'est, de son côté, posé la question
et voici quelle est son opinion : il se demande si les tribunaux administratifs pourraient ne pas exister ? Et, comme
M. Jacquelin, il répond par l'affirmative, mais leurs opinions
diffèrent quant aux conséquences qu'entraînerait cette destruction. Si l'on tenait au respect de l'indépendance des
administrateurs et à l'observation utile du principe de la
séparation des autorités administrative et judiciaire, on ne
pourrait pas davantage permettre aux tribunaux judiciaires
de connaître des conflits soulevés par l'exécution des
ordres de l'autorité administrative. Ces conflits, c'est à dire
les contestations des particuliers sur la validité ou sur l'application de tel ou tel ordre administratif, ne pourraient être
tranchés que par les autorités administratives supérieures. La
plus haute serait le chef de l'Etat qui resterait, seul et sans
conseil, juge souverain du contentieux administratif (3).

Malgré le talent avec lequel elle est exposée, la théorie de
M. Jacquelin nous semble tout aussi inacceptable que celle
de M. Hauriou ; elle entraînerait la réforme complète de
notre juridiction administrative et la question de savoir si

(1) Jacquelin, *op. cit.*, p. 31.
(2) *Les principes dominants du contentieux administratif*, Paris
1899.
(3) Berthélemy, *op. cit.*, p. 24.

ce serait un bien est tout au moins douteuse (1). Dans l'état actuel, elle est donc inadmissible. De plus il est hors de doute que, dans son principe même, elle péche ; à supposer qu'il existe des actes où à la puissance publique se mêle un autre élément, il est hors de doute aussi, et M. Jacquelin le reconnaît (2), qu'il y a des cas où la puissance publique est à l'état pur, par exemple, dans le cas de l'arrêté préfectoral portant autorisation ou refus d'autorisation d'un établissement dangereux, incommode ou insalubre. Au surplus, il paraît bizarre qu'il y ait des degrés dans la puissance publique. Tous les actes de puissance publique sont également obligatoires, ils ont tous la même sanction ; qu'un arrêté soit pris par un préfet au nom de tous les habitants du département, qu'il soit pris par un maire au nom de la population de la commune ; dans un cas comme dans l'autre, nous nous trouvons en présence d'un acte de droit public, d'un acte de pur commandement.

En sens inverse, nous trouvons aussi des actes de pure patrimonialité ; qu'un bail soit passé par un ministre, qu'il le soit par un maire, ce n'en n'est pas moins un bail ; qu'il y ait des règles spéciales, c'est possible. Mais la raison n'en est pas, comme nous allons le voir tout à l'heure, qu'il y a dans l'acte un double caractère ; en principe, dans l'hypothèse indiquée, le droit civil est applicable, et le droit public n'a à intervenir en aucune façon. Que l'on dise que dans les opérations administratives, il est parfois difficile de distinguer les actes de commandement des actes de gestion, cela est possible ; que l'on dise que dans les opérations administratives, il y a souvent, à côté des actes de puissance pu-

____

(1) Jacquelin, *op. cit.*, p. 9-10.
(2) *Ibid.*

blique, des actes de pure patrimonialité c'est encore possible.
Ce qu'il faut considérer dans une opération de cette nature
c'est chaque acte de cette opération. Et comme l'établit
Piloty (1) à propos de la responsabilité de l'Etat, pour savoir
à quelle classe appartient une opération juridique, il est
nécessaire d'étudier non pas l'ensemble des actes confiés à
un service public, mais chaque acte dans sa nature intrinsèque.

Pour nous donc, nous restons attaché — et c'est un point
sur lequel il était absolument indispensable que nous pre-
nions parti — à la vieille et traditionnelle théorie qui oppose
les actes de puissance publique aux actes de patrimonialité ;
aux actes de puissance publique, le contentieux administratif, et dans le contentieux administratif, le contentieux
d'annulation obtenu par le recours pour excès de pouvoir ;
aux actes de patrimonialité, le contentieux judiciaire (2). La

(1) *Hirth's Annalen* 1888, p. 263.

(2) Nous ne voudrions pas exagérer cependant le dissentiment qui
nous sépare de la théorie de M. Jacquelin, théorie dans laquelle il y a
beaucoup de vrai ; mais d'abord nous ne pouvons admettre, comme
nous l'expliquons au texte, les conséquences tirées en ce qui concerne
le contentieux : tout au contraire, en modifiant légèrement les principes
posés pourrait-on expliquer les règles actuelles ; si M. Jacquelin recon-
naissait — et c'est somme toute ce qui nous éloigne de sa théorie —
qu'il y a des actes de *pure* puissance publique, des actes de *pure* patrimonialité, nous reconnaîtrions de notre côté qu'il y a des actes qui, certainement, mais en petit nombre, empruntent quelque chose à la puissance publique. Tout alors s'explique : aux actes de pure puissance
publique, le contentieux d'annulation pour excès de pouvoir, aux actes
de pure patrimonialité, le contentieux judiciaire, quant à la catégorie
intermédiaires d'actes (qui n'est pas à proprement parler une catégorie
d'actes intermédiaire puisque l'on n'y rencontre aucun caractère nouveau et c'est là ce qui nous fait rester très ferme sur le principe de la
division bipartite), un contentieux qui donnerait satisfaction à ce qu'il

distinction est rationnelle, ses adversaires mêmes en conviennent (1), elle est nécessaire pour assurer le principe de la séparation des fonctions administrative et judiciaire ; de plus, c'est ce principe qui explique et justifie notre législation relative à la séparation des compétences et aux pouvoirs de juridiction. M. Jacquelin en doute ; car, dit-il (2), les tribunaux judiciaires sont compétents à l'égard de certains litiges soulevés par des actes de puissance publique. Et il donne comme exemple le jugement d'expropriation pour cause d'utilité publique, qui est prononcé par le tribunal d'arrondissement et l'indemnité d'expropriation fixée par le jury, car le jury est également un tribunal judiciaire puisqu'il relève du contrôle suprême de la Cour de Cassation; de même l'article 471, § 15 du Code pénal, donne aux juges de police le pouvoir de se prononcer sur la légalité des règle-

peut y avoir de puissance publique, tout en sauvegardant néanmoins le respect dû aux conséquences de la patrimonialité : le contentieux de pleine juridiction, administratif par la forme, judiciaire par l'effet, puisqu'il est de réformation, ne répond-il pas à ce double desideratum ?

Nous sommes d'autre part éloigné de la théorie de M. Jacquelin par la part excessive qu'il fait à la puissance publique : en réalité, il n'y a pour lui que des actes de puissance publique ; nous croyons que, en dehors de toute autre raison, cette extension de la puissance publique est très dangereuse pour l'administré qu'elle laisse à l'abri de tout recours, car le contentieux de la puissance publique est excellemment le contentieux d'annulation pour excès de pouvoir et d'autre part, asservir la puissance publique à un contentieux de réformation, c'est méconnaître le principe de la séparation des pouvoirs et en même temps contredire à la définition reconnue par tous de l'acte de puissance publique : un acte dans lequel l'administration est investie d'un pouvoir discrétionnaire d'agir ou de ne pas agir, d'ordonner ou de prohiber.

(1) Jacquelin, *Principes dominants*, p. 87.

(2) *Ibid.*, p. 87.

ments (1). C'est donc que les actes de puissance publique relèvent de la compétence judiciaire ; de même encore les contraventions de petite voirie sont de la compétence du tribunal de simple police, les contraventions de grande voirie appartiennent aux Conseils de préfecture !

A l'inverse, les tribunaux administratifs statuent souvent sur des actes de gestion ; c'est ainsi que l'article 4 de la loi du 28 pluviôse de l'an VIII donne au Conseil de préfecture la faculté de statuer sur les contentieux des marchés publics et des ventes domaniales ; c'est ainsi encore que le contentieux des baux de sources minérales appartenant à l'Etat, rentre dans la compétence du même Conseil de préfecture par application de l'arrêté du 3 floréal an VIII. Les dérogations à la fameuse régle de la répartition des compétences, dit M. Jacquelin (2) sont si nombreuses et si imposantes qu'elles

---

(1) Cette compétence spèciale appartenant aux tribunaux judiciaires en vertu de l'art. 471, § 15 du *Code pénal*, ne constitue en aucune façon une atteinte au principe que la puissance publique est subordonnée au pouvoir judiciaire ; remarquons d'abord que le juge de paix ne touche pas à l'acte de puissance publique : non seulement il ne substitue pas sa décision à celle de l'autorité administrative, mais encore il n'annule en aucune façon cette décision ; il se contente de dire qu'en cas d'illégalité, il n'y aura pas de peine. L'appréciation de l'illégalité, répond-on, voilà l'intrusion du pouvoir judiciaire. Encore une fois, il n'y en a pas, puisque la décision de l'autorité administrative en soi, n'est pas atteinte, mais l'argument fût-il exact, la situation créée par l'art. 471, § 15 serait nécessaire ; l'administration n'a pas le pouvoir de prononcer de peines : le pouvoir judiciaire seul peut le faire ; le pouvoir administratif n'a pas davantage le pouvoir de relever d'une peine qu'elle n'a pas pu prononcer. Il serait dur pour le particulier de se voir condamner pour une faute qu'il n'a pas commise, sans possibilité d'être relevé de sa condamnation, sous le fallacieux prétexte d'assurer le respect d'un principe qui n'est pas atteint.

(2) Jacquelin, *op. et cit.*, p. 88.

atteignent le principe et font douter de son existence, et surtout, elles atteignent le principe d'autant plus qu'elles sont inexplicables. Sans insister sur l'argumentation de M. Jacquelin, ce qui nous entraînerait dans des développements trop considérables, prenons un des exemples qu'il cite, la dérogation au principe contenue dans l'article 471, § 15. Nous convenons pour un instant avec lui que cette dérogation est injustifiable, que les actes réglementaires, malgré leur caractère général et collectif, n'ont nullement le caractère de lois, et partant ne donnent pas au juge le pouvoir d'appréciation que celui-ci possède lorsqu'il se trouve en présence d'un texte législatif. Nous convenons que les concessions, dont nous aurons à parler (1) devraient être du ressort des tribunaux judiciaires : mais ce n'est pas parce que nous nous trouvons en présence d'exceptions qui sont peu de chose somme toute, si l'on songe à la quantité innombrable de cas qui viennent corroborer et fortifier le principe, ce n'est pas pour cela que nous devons affirmer que le principe n'existe pas ; enfin, ce n'est pas parce qu'il existe quelques dérogations à une règle dont l'explication est difficile qu'il faut dire que toutes les dérogations n'aient pas de raison d'être. On peut affirmer que c'est en matière de travaux publics qu'existe la principale exception au principe de la répartition des compétences. Or, si au premier abord, il paraît que l'opération de travaux publics, qui se résume en un contrat, soit réservée aux tribunaux judiciaires, on comprend à la rigueur que les tribunaux administratifs connaissent du contentieux de ces opérations ; car le contrat de travaux publics a pour base des actes qui sont faits par l'administration, par exemple le cahier des charges et des conditions générales : or, qu'est-ce

(1) V. *infrà*, chap. IV.

que le contrat de travaux publics si ce n'est l'acceptation,
par l'entrepreneur, des conditions contenues dans ce cahier,
des clauses? Les difficultés qui surgissent se résoudront dans
une interprétation de ces actes administratifs. Et l'on ne
comprendrait pas que le contentieux de l'interprétation
des actes administratifs appartint aux tribunaux judiciaires.

D'ailleurs cette dérogation au principe, comme beaucoup de dérogations, a une explication historique. Sous
l'ancien régime, en effet, la compétence administrative avait
été donnée aux intendants, sauf recours au roi. Et dès avant
la promulgation de la loi du 28 pluviôse de l'an VIII, l'administration avait attribué aux tribunaux administratifs la
compétence des marchés de travaux publics : c'étaient les
directoires de département qui étaient compétents. Dans ce
but, l'administration insérait, dans le cahier des clauses
et des charges, cette disposition que, en cas de difficultés
entre l'administration et l'entrepreneur, la compétence serait
administrative : nul ne pouvait se prétendre lésé par cette
clause, car nul n'était tenu de traiter avec l'administration.
La loi du 28 pluviôse de l'an VIII rendit cette disposition,
non seulement obligatoire, mais applicable à tous les marchés de travaux publics. Et parmi les raisons qui avaient
décidé les rédacteurs de la loi de l'an VIII, il est inutile
d'en chercher d'autres que la rapidité et l'économie plus
grandes des juridictions administratives. Au surplus, la
compétence judiciaire se retrouve lorsqu'il s'agit de régler
les différends qui peuvent naître entre les concessionnaires
et les tiers, sauf obligation pour cette autorité judiciaire de
surseoir à statuer lorsqu'il se rencontre une question préjudicielle. Cependant, il y a compétence administrative

lorsqu'il s'agit des dommages causés par des travaux publics. C'est, croyons-nous, et malgré qu'on en ait donné une autre explication (1), parce que c'est le « travail public » qui est l'auteur du dommage, et que la compétence est administrative en matière de travail public, que l'intervention des tribunaux judiciaires est ici écartée.

On voit donc que tout n'est pas inexplicable dans les dérogations au principe de la séparation des compétences ; d'ailleurs, nous le répétons, ce n'est pas parce qu'une règle comporte des exceptions que cette règle n'existe pas : bien au contraire, les exceptions la fortifient.

La classique division bipartite nous paraît donc la plus exacte et la plus logique : un contentieux administratif, un contentieux judiciaire. Aux actes de puissance publique est réservée la compétence administrative, aux actes de gestion et sauf les concessions nécessitées par l'application des textes de 1790 et de l'an III, la compétence judiciaire ; nous allons plus loin et nous disons même : « Aux actes de puissance publique, le seul recours en annulation pour excès

---

(1) On a dit encore — v. la question dans Grivellé, *op. cit.*, p. 50 — que la différence de compétence est basée sur la différence de situation entre le particulier et l'administration : car, dit-on, si un dommage est causé à un particulier par son voisin, non seulement ce dernier doit réparer le dommage, mais encore remettre les choses en état, alors que la situation de l'administration est différente ; tandis que le particulier ne peut exiger une indemnité qu'autant que le dommage subi a été causé par une inobservation des lois de police et des distances, l'administration en matière de travaux publics peut être déclarée responsable, alors qu'elle est dans les limites de ses droits et n'a pas failli aux obligations qui lui sont imposées. Mais pour que l'administration soit déclarée responsable, il y a lieu de se livrer à une observation arbitraire que certains esprits aiment mieux voir confiée à une juridiction administrative qu'à une juridiction d'ordre judiciaire.

de pouvoir. » Certains auteurs (1) peuvent trouver qu'un tel recours est artificiel, qu'il est contraire au principe sur lequel repose tout le contentieux administratif, à savoir que la juridiction administrative a la double mission de dire le droit et de le rétablir : on peut lui reprocher d'être une construction « sans fondement suffisant », n'ayant pas un champ d'application nettement déterminé, reproche que nous ne saurions considérer comme portant une sérieuse atteinte à notre opinion car, au contraire, les chefs sous lesquels sont rangés les griefs rendant possible le recours, sont limitativement prévus et indiqués ; on peut dire que la sanction étant l'annulation, les intéressés ne trouvent qu'une demi-satisfaction dans la décision obtenue. Nous persistons à croire, malgré tous ces reproches, que le recours pour excès de pouvoir, notamment dans sa sanction, est le seul qui se conçoive, étant donnée la nature des actes de puissance publique. Les actes de puissance publique, par leur nature, par leur essence même, sont ceux dans lesquels l'administration a un pouvoir arbitraire d'appréciation : elle autorise, elle défend ; c'est elle seule qui est juge de l'opportunité de ses permissions, ou de ses défenses et ce pouvoir très grave qu'elle possède lui appartient en vertu d'une longue évolution basée sur la nécessité sociale : ce pouvoir, disons-nous, est un pouvoir très grave, puisqu'il porte atteinte aux droits des individus ; comme nous l'avons démontré dans la première partie de ce travail, l'autorisation administrative n'est en effet que la restitution à l'individu de droits soit naturels, soit découlant d'autres sources dont l'exercice lui a été implicitement ou

(1) V. notamment la très intéressante étude de M. Marie, déjà citée : *De l'avenir du recours pour excès de pouvoir*, p. 35,

expressément enlevé, dans l'intérêt général. Par la puissance publique, l'administration, lorsqu'elle juge que l'intérêt général ne s'y oppose pas, peut restituer à l'individu l'exercice des droits en question. Concevrait-on que de pareils actes pussent être susceptibles d'être réformés par un contentieux de pleine juridiction ? Tout au plus, l'autorité administrative supérieure peut-elle recevoir les doléances de ceux qui se prétendent lésés par les autorisations ou par les prohibitions. Historiquement, c'est là ce qui s'est passé. Les actes de puissance publique ne pouvaient être portés que devant l'autorité supérieure (loi des 7-14 octobre 1790). « Les réclamations d'incompétence à l'égard des corps administratifs seront portées au roi, chef de l'administration. » Nul doute donc qu'à son origine le recours ne fût un recours hiérarchique et qu'il ne touchât pas le fond même de la question, c'est-à-dire l'opportunité de la mesure prise : encore une fois, on ne conçoit pas que l'acte de puissance publique puisse être réformé : ce serait une atteinte à son pouvoir discrétionnaire (1). Mais nous avons vu, nous verrons encore que l'acte de puissance publique,

(1) Nous ne disons pas : une atteinte à la souveraineté ; car souveraineté et puissance publique, bien qu'employées souvent indifféremment l'une pour l'autre et souvent confondues, sont différentes ; l'idée de souveraineté est compréhensive de l'idée de puissance publique, la souveraineté, pouvoir essentiellement et éminemment libre, sans contrainte possible, est placée dans l'autorité suprême ; on ne pourrait pas dire qu'il y aurait dans l'appel d'un acte de puissance publique à une juridiction, un échec à la souveraineté, car la juridiction, comme l'action administrative, sont deux branches de cette souveraineté ; mais on pourrait dire qu'il y a atteinte du principe de la liberté des pouvoirs, à la liberté de la puissance publique, etc. Sur la notion vraie de la souveraineté, v. Le Fur, *Etat fédéral et confédération d'Etats,* Paris, 1896, p. 354 et suiv.

tout au moins dans l'autorisation, suppose nécessairement la violation d'un droit individuel; lorsque la loi, dans les chefs qu'elle donne à la recevabilité d'un recours pour excès de pouvoir se sert de l'expression : violation des droits acquis ; elle se sert d'une expression injuste, car l'acte de puissance publique, ne fût-ce que dans l'autorisation, répétons-le, qui en est la manifestation la plus fréquente et la plus frappante, suppose nécessairement par définition qu'il y a eu violation antérieure des droits de l'individu ; lorsqu'il y a violation des droits de l'individu dans un intérêt autre que l'intérêt général qui seul justifie cette violation antérieure des droits de l'individu — et nous en aurons une application très curieuse dans les retraits des permissions de voirie — alors, dans ce cas-là, les droits et les droits subjectifs de l'individu, comme le dit avec raison M. Berthélemy, reprennent leur force : l'antique recours hiérarchique est bien à ce moment-là devenu un recours contentieux, mais un recours contentieux qui ne se conçoit cependant qu'autant que sa terminaison est une annulation. Comment la juridiction pourrait-elle s'arroger le droit de se substituer à cette autorité investie du droit de commander qu'est l'administration? Souveraineté de la puissance publique d'une part, droits des individus d'autre part, est-il possible de mieux concilier ces deux idées, en apparence contradictoires, que par un recours qui tout en ne portant pas une atteinte profonde à la puissance publique, donnera cependant une satisfaction aux droits des individus ? Nous sommes donc le partisan résolu de ce recours pour excès de pouvoir, et nous croyons donc qu'historiquement et que juridiquement parlant, il est nécesaire.

Le contentieux de la puissance publique est donc en règle générale, et nécessairement, un contentieux d'annulation pour excès de pouvoir; le contentieux de la gestion est au contraire un contentieux judiciaire, sauf les exceptions, nous le répétons, qui sont motivées par les règles édictées dans les textes de 1790 et de l'an III et sauf d'autres dérogations positives dont l'explication, nous le reconnaissons, paraît résider aussi souvent dans l'arbitraire de la jurisprudence que dans des règles fixes et déterminées.

SECTION II

NATURE JURIDIQUE DES ACTES D'EXÉCUTION ET DES AUTORISATIONS

§ Ier. — Actes d'exécution

Nous avons vu, dans la première partie de ce travail, que l'activité de l'administration active se traduisait sous deux formes, sinon opposées, tout au moins distinctes ; ou bien elle donnait à l'individu des droits que celui-ci possédait antérieurement, ou bien elle faisait naître de toutes pièces dans l'administré, et dans les deux cas n'ayant en vue que l'intérêt général dont elle a la garde, de véritables droits dont on aurait vainement cherché la trace antérieurement : nous avons appelé les premiers de ces actes autorisations, les seconds concessions : mais, nous avons eu soin d'ajouter que les autorisations ne se présentent pas toujours sous la même forme ; tantôt l'administration est liée en ce sens qu'elle ne se réserve pas le droit de délivrer ou de refuser la permission ; cette permission est obligatoire, et tantôt enfin elle possède un pouvoir arbitraire d'appréciation. C'est la première classe de cette subdivision que nous allons étudier.

Raneletti (1), qui, un des premiers, croyons-nous, a songé à séparer, d'une manière peut-être excessive, car il les oppose les uns aux autres (2), bien qu'ils aient des caractères communs, les actes dans lesquels l'autorité adminis-

____

(1) Raneletti, *op. cit.*, p. 18.
(2) *Ibid.*, p. 10, sommaire § II, n° 10.

trative jouit d'un pouvoir arbitraire d'appréciation et ceux
dans lesquels cette même autorité est, au contraire, complètement *liée* et *doit* délivrer l'autorisation, Raneletti,
disons-nous, appelle ces actes des actes de pure exécution (1) et nous leur avons conservé cette dénomination,
bien que nous ne la croyons pas parfaitement exacte : si en
effet l'auteur italien a voulu dire par là que nous nous trouvions en présence de fonctions particulières d'ordre exécutif,
le terme devant désigner par là des manifestations spéciales
de l'activité de l'administration, ce terme est inexact, car
l'administration tout entière n'est qu'une branche du pouvoir exécutif ; s'il a voulu dire par là que l'autorité administrative dans de pareils actes ne faisait qu'*exécuter* des prescriptions contenues antérieurement dans des lois ou dans des
décrets, il s'est servi d'une expression qui ne rend qu'à moi-
tié sa pensée, car les autorisations administratives proprement dites tirent leur force d'une législation positive antérieure : mais si Raneletti a entendu désigner par actes
d'exécution, les actes dans lesquels l'autorité administrative était contrainte à délivrer les permissions en question
avec une force telle qu'il lui était impossible d'y résister, les
actes dans lesquels l'*exécution* est nécessaire, il a eu raison et
c'est pourquoi, malgré les critiques très justes que l'on peut
diriger contre la plus ou moins grande exactitude de l'expression, nous l'avons conservée ; mais ces actes sont plutôt,
à proprement parler, des actes certificatifs, attestatifs, confirmatifs de droits antérieurs : toutefois ces nouvelles expressions, tout en étant à un certain point de vue plus vraies
ont le double inconvénient de ne pas montrer l'obligation

(1) Raneletti, *passim*.

dans laquelle se trouve l'administration d'agir sur la sollicitation des particuliers dans des hypothèses données, et de
plus, d'être également applicables aux autorisations administratives proprement dites.

C'est, en effet, un caractère commun des actes d'exécution et
des autorisations administratives de rendre *actuels* des droits
potentiels, ainsi que nous l'avons longuement développé dans
notre première partie (1). Et pour mieux compléter cette
notion abstraite, nous allons prendre quelques notions qui
l'éclaireront.

D'après la loi du 3 mai 1844, l'individu qui ne tombe pas
sous le coup des déchéances prononcées par les articles
6, 7, 8, a le droit d'obtenir du préfet un permis de chasse.
Ce droit de chasse, tout au moins en tant qu'il s'exerce sur
un terrain dont l'impétrant est propriétaire, fait partie du
droit de propriété, n'en est qu'un des attributs, et, par conséquent, est une conséquence d'un droit naturel (2). De même

(1) *Suprà*, Ire partie, chap. I et III.

(2) On a cependant prétendu que le droit de chasse appartenant au
propriétaire foncier, loin de corroborer, contredisait la théorie généralement adoptée que ce droit était un droit naturel, car, a-t-on dit, le droit
de poursuivre les animaux en état de liberté naturelle, doit appartenir à
tous. (V. Giraudeau, Lelièvre et Soudée, *La chasse*, 1882, 2e édit. n° 1).
Une pareille affirmation repose, croyons-nous, sur la confusion entre le
droit personnel et le droit réel de chasse. Il est parfaitement vrai que le
droit naturel autorise toute personne à s'emparer du gibier, alors que
ce gibier vit à l'état de liberté naturelle, et n'est devenu la propriété de
personne : et l'exercice de ce droit rétabli au profit d'une classe donnée
de personnes serait contraire aussi bien aux données de la législation et
de la raison qu'aux tendances démocratiques actuelles ; mais on ne
saurait oublier que ce principe doit être combiné avec un autre principe
positif et naturel, que le propriétaire a le droit de tirer tous les avantages de son fonds, investi qu'il est d'un droit privatif sur la chose.
Donc et en résumé, le droit de chasse appartient personnellement à tous,

encore, c'est un droit, toujours pour la même raison, pour un propriétaire de faire bâtir sur son propre terrain. Et cependant, si le propriétaire en question veut faire bâtir en bordure de la voie publique, il doit demander à l'autorité compétente de lui délivrer un alignement. Et c'est un principe fondamental en cette matière, mille fois consacré par la jurisprudence et la doctrine(1), que l'autorité administrative (et nous nous servons à dessein de ce terme général, car il serait inutile, au point de vue qui nous occupe, d'entrer dans des distinctions), n'a pas le droit de refuser l'alignement.

mais il n'est permis à personne de l'exercer contre le gré du propriétaire du sol. C'est d'ailleurs dans cet esprit et en considérant ce double point de vue que les législateurs de 1789 et de 1844 ont rédigé les textes qui nous régissent.

(1) V. Conseil d'Etat, 2 mai 1861. *Letellier-Delafosse* (S. 61, 2, 368, P. adm. chr. D. 61, 3, 36) ; 22 janvier 1863, *de la Moskova* (S. 63, 2, 24, P. adm. chr. D. 63, 3, 1); 11 janvier 1866, *Chavannes* (S. 66, 2, 335, P. adm. chr. D. 66, 3, 70), 23 janvier 1868, *Vogt* (S. 68, 2, 236, P. adm. chr. D. 68, 3, 69) ; 18 mars 1868, *Labille* (P. adm. chr. D. 70, 3, 20), 11 juillet 1879, *Ville d'Alger* (S. 81, 3, 9, P. adm. chr. D. 80, 3, 18). Voir dans le même sens Delanney, *De l'alignement, jurisprudence et pratique administrative*, in-8, 1892, p. 136. Frémy Ligneville et Perriquet, *Traité de la législation des bâtiments et constructions*, 1891, 3ᵉ édit. 2 vol. in-8, t. I, n° 238 et suiv., Aucoc, *op. cit.* t. III, n° 1051. Féraud, Giraud, *Servitudes de voirie*, 1850, 2 vol. in-8 t. I, n° 86. Voir encore les arrêts du 12 janvier 1883, 22 juin 1883, 16 juillet 1886, 4 août 1899. Peu importe le motif : même sous le prétexte que des projets à l'étude engloberaient le terrain sur lequel le propriétaire veut construire, l'autorité administrative ne peut non seulement refuser, mais encore ajourner sa réponse. V. Cons. d'Etat 1861, *Diquet et Testard* (S. 62, 2, 496, P. adm. chr. D. 61, 5, 532), 11 janvier 1866, v. *Suprà* ; 23 janvier 1868 ; ibid., 11 janvier 1879 ; ibid., 12 janvier 1883 ; *Matussière* (D. 84, 3, 76), 23 février 1883; *Dame Greletty* (S. 85, 3, 6, P. adm. chr.) 16 juillet 1886. *Consorts Ruty*, Lebon, chr. p. 614, D. 84, 3, 77. Dans le même sens Delanney, *op. cit.* p. 197. Aucoc, *op. cit.*, t. III, n° 1051.

Il n'est pas nécessaire que l'autorisation soit formelle, c'est-à-dire contenue dans un acte, *instrumentum;* elle résulte parfois du silence de l'administration; nous avons de curieux exemples d'anciennes autorisations administratives transformées en actes d'exécution. Ainsi sous l'empire de la loi de 1868, le droit de réunion était subordonné à l'autorisation véritable préalable. La loi de 1881 a supprimé cette formalité de l'autorisation préalable, et, sans proclamer le droit de réunion un droit illimité, a subordonné son exercice à une déclaration faite à Paris, au préfet de police, dans les chefs-lieux de département, au préfet, dans les chefs-lieux d'arrondissement, au sous-préfet, et dans les autres communes, au maire. (Art. 2, Loi 30 juin 1881). Il sera donné immédiatement récépissé de la déclaration. Voilà l'autorisation obligatoire.

A la vérité, nous sommes là dans une matière qui touche aussi bien au droit constitutionnel qu'au droit administratif. Et cependant, nous n'avons pas hésité à la citer, car, pour nous, il y a bien là un acte d'exécution administratif. Et cela est si vrai que la loi allemande (Loi 21 octobre 1878, art. 10) a proclamé qu'il n'y aurait en fait de recours qu'un recours gracieux hiérarchique devant l'autorité supérieure. Nous sommes bien là en face de l'hypothèse que nous avons prévue dans la définition. Il s'agit d'un droit antérieur et supérieur à toute loi, mais dont l'exercice est subordonné à une permission administrative. La permission administrative est tout à la fois obligatoire et tacite; elle n'en existe pas moins et, quant au droit, son caractère a été formellement reconnu lors de la discussion de la loi du 30 juin 1881 : « Le droit de réunion, dit M. *Gatineau* (1),

(1) Duvergier, *Lois annotées,* p. 380, n° 1, col. 2.

est un des plus importants, des plus précieux que puissent revendiquer les citoyens d'un pays libre. Tout le monde le reconnaît, les jurisconsultes, les hommes politiques le proclament : *un droit naturel et primordial.* »

La loi du 15 février 1902 nous fournit encore, croyons-nous, un acte de la même nature (1). Dans les agglomérations de 20.000 habitants et au-dessus, dit l'article 10 de cette loi, aucune habitation ne peut être construite sans un permis du maire constatant que, dans le projet qui lui a été soumis, les conditions de salubrité, prescrites par le règlement sanitaire prévu à l'article 1er, sont observées. Et l'article 12 indique que cette autorisation peut être tacite. Art. 12 : « A défaut par le maire de statuer dans le délai de vingt jours à partir du dépôt à la mairie de la demande de construire dont il sera délivré récépissé, le propriétaire pourra se considérer comme autorisé à commencer les travaux : l'autorisation de construire peut être donnée par le préfet en cas de refus du maire » (1). On peut se demander, ici, si l'on se trouve en présence d'une autorisation proprement dite, ou d'un acte d'exécution. Pour nous, le problème ne fait pas de doute ; le droit public doit trancher toutes les questions dans le sens le plus favorable à la liberté de l'individu, parce que, s'il y a certains intérêts particuliers opposés à l'intérêt général, on peut cependant dire que l'intérêt général est la somme des intérêts particuliers, par conséquent qu'il y a parallélisme entre l'intérêt particulier et l'intérêt général. De plus et surtout, il existe un argument de texte qui doit nous décider. L'article 11 se sert de l'expression : « constatant». Tout ce que l'on demande donc au maire, c'est un simple certificat, la simple attestation de conformité des mesures

(1) V. Sirey, *Lois annotées,* p. 352 et suiv.

prises par l'administré impétrant avec les mesures que le
maire aura ordonnées en vertu des pouvoirs qu'il tient de la
loi du 5 avril 1884, art. 97 et de la loi en question du
15 février 1902, dans son article 1er, § 1 et § 2.

De même encore qu'est-ce que les actes de l'état-civil,
sinon des actes confirmatifs, déclaratifs de l'état et de la
capacité des personnes? A moins que l'on ne considère
l'officier d'état-civil, dans le mariage notamment, comme
jouant un rôle tout spécial, en vertu d'une conception dont
nous avons vu l'inanité dans notre première partie (1), c'est-
à-dire que c'est l'acte qui crée les obligations dans l'une et
l'autre partie et l'officier d'état-civil qui conclut le contrat, on
est forcé de convenir que l'acte d'état-civil est un véritable
certificat : lorsque les parties en présence ont rempli les
conditions exigées par la loi, le rôle de l'officier d'état-civil
est nettement délimité, et ce rôle, il doit l'accomplir. Et
s'il n'y avait pas, en matière d'état-civil, des règles de contentieux toutes spéciales, nul doute que les principes direc-
teurs que nous avons vus ne s'appliquassent.

Nous pourrions quasi à l'infini multiplier les diverses hypothèses dans lesquelles se rencontrent de pareils actes : ce qu'il
est intéressant de retenir, c'est leur nature juridique qui seule
va nous donner la clé de la nature des recours à porter au
cas où des difficultés s'élèveraient : or, leur nature ne peut
faire l'objet de doutes. Ce sont des actes de puissance
publique, et, bien plus, ce ne peuvent être que des actes de puissance publique. Nous nous basons pour affirmer cela, non
pas sur la forme sous laquelle on les rencontre, car le critérium des actes de puissance publique et de gestion ne peut
résider dans une forme qui même peut faire parfois com-

(1) Voir *Suprà*, chapitre III.

plètement défaut, puisque nous avons vu que ces actes d'exécution résultaient, en certains cas, du silence de l'autorité administrative, non pas, davantage sur les autorités de qui ils
émanent ; là encore ne peut être le critérium puisque ces
mêmes autorités ont souvent la double et parallèle mission
d'agir au nom de la puissance publique et de faire des actes de
patrimonialité ; il ne peut être question non plus, comme l'a dit
M. Jacquelin très justement, de l'intérêt en vue, car une
pareille théorie serait antijuridique, puisque le but d'un acte ne
peut en changer la nature (1). Nous croyons que ces actes (2)
sont des actes de puissance publique, parce qu'il n'y a que l'intervention de la puissance publique qui puisse ici se justifier.

De quoi s'agit-il en effet ? Il s'agit de la confirmation des
droits individuels, et même naturels, droit de propriété
dans la délivrance des alignements, droit de propriété
encore dans la délivrance des permis de chasse, tout au
moins lorsqu'il s'agit du propriétaire chassant sur son
propre terrain et droit naturel de poursuivre les animaux
qui sont dans un état de *liberté naturelle* ; dans les autres
cas, comme nous nous sommes efforcé de le démontrer :
droit de réunion, inhérent à la qualité d'être humain,
etc., il ne peut évidemment être question que d'actes de puissance publique, car c'est, seule, la puissance publique (3),

(1) V. Jacquelin, *Principes dominants, op. cit.* p. 91 et note 1. En
sens opposé Hauriou, *op. cit.*, 3ᵉ édit., p. 290 et 291 ; 325 et 326 et
Répertoire du Droit administratif. Cf. la réfutation de cette doctrine par Michoud, *loc. cit. Revue du Droit public et de la Science politique,* 1895 t. III, p. 401 et suiv. Cf. aussi contre cette doctrine
Ducrocq, *op. cit.,* 7ᵉ édit., t. II, p. 15 et 16, n° 421.

(2) Voir encore les exemples donnés dans notre première partie...
Chapitre III. Conception des actes d'exécution.

(3) Voir p. 172, la note 1.

la souveraineté, qui est capable de confirmer les individus dans leurs droits : qui donc parlerait ici de gestion ?

Et même pour ceux qui, se faisant une très fausse notion de la détermination de la nature des droits, prennent à tort l'intérêt général comme critérium de la distinction des actes de puissance publique et de gestion, la même solution s'impose. Nous avons dit déjà que beaucoup d'actes de gestion sont faits dans un intérêt privé, mais qu'importe, supposons, pour un instant, que telle soit bien la base de la division bipartite ; nous disons encore que nous nous trouvons en présence d'actes de puissance publique. Evidemment, à première vue, on peut croire le contraire ; il semble que la délivrance du permis de chasse soit donnée à l'administré dans son intérêt privé, ainsi que la délivrance de l'alignement, ainsi encore que la permission délivrée par le maire de bâtir, en vertu de l'article 12 de la loi du 15 février 1902. Sans nul doute et dans une certaine mesure, il s'agit bien de l'intérêt du particulier, mais c'est surtout l'intérêt général que considère l'autorité administrative qui délivre de pareils actes : l'autorité administrative qui délivre un alignement individuel sait bien en effet qu'il ne peut en résulter aucun dommage pour la collectivité ; le législateur s'en est préoccupé avant elle, et, sachant qu'il n'y avait nul inconvénient possible pour les administrés, a déclaré que la délivrance serait obligatoire ; le préfet qui délivre un permis de chasse à l'individu exempt de toutes condamnations, sait bien que cette délivrance ne peut nuire ni directement à la société, ni indirectement par le spectacle de l'exercice d'un droit précieux à un individu qui en serait peu digne ; de plus, il intervient, dans la privation du permis de chasse une idée de répression personnelle, de châtiment pour l'individu privé de ce permis ; car le droit de punir lui-même n'est-il pas basé sur *l'utilité sociale* (1), c'est-à-dire en somme sur l'intérêt général ? Le maire qui délivre dans certaines conditions une permission de bâtir, a en vue ce même intérêt général ; ici l'exemple est plus frappant peut-être encore : le titre seul de la loi « sur l'hygiène publique » indique qu'il ne s'agit pas de l'intérêt de l'individu, mais de la société tout entière. Donc, là encore, la même idée et plus fortement peut-être se retrouve.

Puisque la loi oblige l'administration à passer de pareils actes, une question préjudicielle se pose : à quoi bon ces actes ? Il semble qu'on pourrait se demander s'ils ne sont pas destinés seulement à compliquer la vie administrative, dont les rouages sont déjà si nombreux ? Ne vaudrait-il pas mieux, par exemple, décider dans un texte élaboré par le Parlement que tous les individus réunissant certaines conditions ont le droit de chasser, sans les astreindre à l'obtention d'un permis ? Évidemment, une telle solution serait possible, mais nous pensons que l'état de choses actuel est préférable. D'une part, en effet, et comme nous l'avons dit, presque toujours à côté de ces actes d'exécution, se rencontrent des autorisations proprement dites ; il est donc plus logique que ce soit toujours la même autorité investie d'un pouvoir discrétionnaire dans certains cas, dans d'autres cas, discrétionnaire apparemment, mais en réalité agissant d'une manière obligatoire ; il est plus logique, disons-nous, que ce soit toujours la même autorité qui intervienne, d'autant qu'il s'agit ici d'actes individuels, et le rôle du pouvoir législatif n'est pas de descendre jusqu'au cas concret, mais d'élaborer les règles générales ; d'autre part, nous croyons qu'il y a ici une idée d'utilité : l'exercice du droit

______

(1) Voir mon discours sur *le Délit nécessaire*, Caen 1901, *op. cit.*

de chasse, par exemple, est subordonné au paiement d'une redevance ; nous n'avons pas à considérer si cette redevance est
légitime ou non : elle existe, et cela nous suffit ; or, si l'acte du
pouvoir administratif n'est pas absolument indispensable,
même à ce point de vue, tout au moins constitue-t-il un
moyen de contrôle effectif et puissant. Enfin, et bien que
non investie ici d'un pouvoir discrétionnaire, l'autorité
administrative ne délivre souvent de pareils actes, qu'autant
que l'individu, de son côté, s'est soumis à des conditions
imposées par les lois et que ces lois ont elles-mêmes
déterminées ; c'est le cas de la délivrance des permissions
de bâtir (art. 12 de la loi du 15 février 1902), le contrôle
dont nous parlons, est indispensable.

C'est encore le cas des brevets d'invention, hypothèse
qui nous met en présence, comme nous l'avons longuement développé dans notre première partie, de conditions de formes qui, pour n'être que des conditions de
formes, n'en sont pas moins si rigoureuses qu'à leur défaut,
l'autorité administrative, le ministre dans l'espèce, a
l'obligation de refuser l'arrêté qui constitue le brevet ;
or, l'autorité administrative seule est en mesure de se
livrer à de pareilles vérifications. Elle est plus près que
tout autre pouvoir, c'est d'ailleurs essentiellement son rôle.

Quoi qu'il en soit, il est ici hors de doute, et ce n'est pas
d'ailleurs contesté, que nous nous trouvons en présence
d'actes de puissance publique ; quel est ici le recours ?
Qu'une difficulté vienne à surgir, quelle juridiction est
compétente et quelles sont les limites de sa compétence ?
Nous n'avons qu'à appliquer ici ce que nous avons dit plus
haut. C'est la juridiction administrative qui est compétente,
et le seul recours ouvert est le recours pour excès de pou-

voir ; et, règle générale, en fait, c'est bien là ce qui se produit ; nous disons en règle générale, car cette règle, pas plus
d'ailleurs que toutes les règles, ne va sans exception ; nous
avons dit, par exemple, que l'acte, *instrumentum*, de
l'officier d'état-civil, n'était qu'un acte d'exécution ; que
l'officier d'état-civil se refuse à célébrer le mariage : le
recours pour excès de pouvoir ne sera pas ouvert ; car
c'est un principe que tout ce qui concerne les questions
d'état rentre dans la compétence exclusive de l'autorité
judiciaire et, par questions d'état, il faut entendre non seulement celles qui se rattachent « à la nationalité, aux liens de
filiation, de parenté et d'alliance, à tous les rapports juridiques qui attachent la personne à la patrie et à la famille » (1),
mais encore les questions « qui touchent à l'état-civil » (2) ;
de plus, les officiers d'état-civil ne rentrent pas dans les
fonctionnaires dont les actes sont soumis au recours pour
excès de pouvoir ; on fait rentrer ces actes dans des actes
judiciaires et de police judiciaire (3) ; les fonctionnaires de
l'état-civil ne rentrent pas dans les autorités comprises dans la
hiérarchie administrative. Donc, nous sommes ici en présence
d'une exception : mais prenons l'hypothèse de refus d'alignement, de refus de permis de chasse, au cas bien entendu où sa
délivrance est obligatoire, de refus de bâtir, lorsque l'impétrant

(1) Laferrière, I, p. 514.

(2) *Ibid*, II, p. 421.

(3) En matière d'alignement, voir notamment (en dehors de la loi des
7 et 14 octobre 1790 et de la loi du 24 mai 1872, art. 9), Conseil d'Etat
2 mai 1861 (S. 61, 2, 368): 23 janvier 1868 (S. 68, 2, 236); 26 mai 1869.
Labille (D. 70, 3, 69). Dans le même sens, Delanney, *op. cit.*, p. 196. —
En matière de chasse voir l'arrêt *Bizet* déjà cité (S. 68, 2, 91). — D. 57,
3, 98). Cf. Leblond, *Code de la chasse et de la louveterie*, Paris, Pédone,
1878, p. 103.

s'est conformé aux conditions exigées par l'article 1er de la loi
du 15 février 1902. Il n'y a pas de doute possible ; le recours
pour excès de pouvoir est recevable. Dans la dernière
espèce, la question, il est vrai, ne s'est pas posée, mais ne
saurait faire le moindre doute et dans les deux premiers
cas, la question s'est souvent présentée et a toujours été
résolue dans le sens que nous indiquons (1).

Or, quel est l'effet du recours pour excès de pouvoir ? Nous
n'avons pas à entrer dans la théorie, mais nous savons que le
contentieux du recours pour excès de pouvoir n'est qu'un
contentieux d'annulation, opposé au recours de pleine juridiction : le Conseil d'Etat va donc prononcer qu'il y a eu
excès de pouvoir. Et c'est tout. Mais alors quelle va être
la situation de l'intéressé ? Le Conseil d'Etat ne va, dit-on,
faire obtenir à l'impétrant victorieux qu'un « succès purement platonique ». Dans une certaine mesure, cela est
exact : néanmoins l'administré n'est pas dans une situation
aussi mauvaise qu'on veut bien le dire : car, d'un côté, il
est hors de doute, qu'avant d'exercer le recours pour excès
de pouvoir, l'autorité supérieure et hiérarchique a pu
être saisie, par lui (2), du refus de l'autorité inférieure. Et
dans ce cas, nul doute que l'autorité supérieure n'ait eu
le pouvoir de délivrer l'acte. En matière d'alignement, par
exemple, si c'est au maire à le délivrer et que le maire s'y

(1) Léon Marie, *op. cit.*, p. 66.

(2) V. Cass., 14 février 1874, *Mandère* (D. 74, 1, 280) Cons. d'Etat,
22 janvier 1875 (*Ville d'Alger*, s. 76, 2, 278, P. adm. chr. D. 75, 3, 98.
16 juillet 1888. *Consorts Ruty*, D. 84, 3, 77). — Voir dans le même sens
Frémy-Ligneville et Perriquet, *op. cit.*, t. I, n° 303. Delaunney, *op. cit.*,
p. 196. Gillon et Stourm, *Traité de la grande voirie et de la voirie des
villes, bourgs et villages*, 1836, in-12, n° 227. Féraud-Giraud, *op. cit.*,
Serv. de voirie, t. I, n° 86.

refuse, le préfet est saisi ; si c'est le préfet qui refuse de
délivrer l'alignement, c'est au ministre que l'on s'adressera,
et le ministre désignera le fonctionnaire appelé par la loi à
remplacer le préfet dans ce cas-là. Le recours pour excès
de pouvoir suppose donc déjà une négligence bien grande
de la part de l'administration active, mais enfin supposons
que cette négligence se soit produite : le recours pour excès
de pouvoir n'a amené qu'une sanction purement fictive.
L'administré restera-t-il sans arme ? Nullement, il pourra
toujours demander une indemnité contre l'administration, et
la jurisprudence a consacré, d'accord avec la doctrine (1),

(1) Cons. d'Etat, 18 mars 1868. *Labille* (P. adm. chr. D. 70, 3, 20)
26 mai 1869, *cit.* 18 juillet 1873. *Lemarié* (S. 75, 2, 190, P. adm. chr., D. 74,
3, 91); 11 juillet 1879 (S. 81, 3, 9) 5 avril 1889, *ville de Pamiers* (S. 91,
3, 46. P. adm. chr. D. 90, 3, 72). Dans le même sens voir Fremy-Ligneville et Perriquet, *loc.* et *op. cit.* Delanney, *op. cit.*, p. 198. Aucoc,
t. III, n° 1076. Dumay sur *Proudhon*, t. II, p. 512. Féraud-Giraud,
Servit. de voirie, t. I, n° 87. Voir cependant en sens contraire, Gillon
et Stourm, *op. cit.*, n° 227. En résumé, ce que l'impétrant ne peut pas
faire, c'est demander à une autorité, par exemple au Conseil de préfecture ou à l'autorité judiciaire, de délivrer l'acte refusé, par exemple
l'alignement. Les principes imposent cette solution que la jurisprudence
a consacrée ; Trib. Confl. 18 mars 1882, *Gallian* (S. 84, 3, 19, P. adm.
chr. D. 83, 3, 84). Un arrêt récent du Conseil d'Etat (3 août 1900, S.
1902, 40) a consacré le droit pour le particulier en cas de retard apporté
dans la délivrance d'un alignement, à obtention d'une indemnité. Dans le
même sens Levavasseur de Précourt (conclusion de l'affaire *Larbaud*,
Cons. d'Etat, 23 juin 1882. S. 84, 3, 44. Michoud, *Responsabilité des
communes*, p. 26 et suiv. Chante-Grellet et Pichat, *Rép. du droit adm.*
V. *Fonctionnaires publics*, n° 285; v. encore *Affaire Herran*, 19 déc. 1867,
S. 68, 2. 293). M. Haüriou en une note très remarquable, examinant
cette solution dans la jurisprudence et en législation, la critique ; l'éminent professeur passe en revue les arrêts du Conseil d'Etat sur la question et en conclut que l'obtention de l'indemnité ne se rattache nullement
à l'idée des droits que l'individu peut avoir vis-à-vis de la puissance
publique, ces droits n'existant pas, mais bien de la seule responsabilité

cette solution ; nous croyons que c'est à tort que M. Léon
Marie déclare que de pareils recours sont exceptionnels ;
parlant des refus d'alignement : « dans les hypothèses en
question, dit-il, le refus avait eu pour but de faciliter des

découlant des opérations de gestion ; l'indemnité ne découle donc jamais
d'un excès de pouvoir, ou d'un quasi délit *d'intérêt pécuniaire déguisé*,
mais la cause d'obligation résulte uniquement pour l'administration de
l'opération des travaux publics ; M. Hauriou déclare qu'une telle jurisprudence est conforme aux principes qui nous régissent, nous retrouvons
ici, et plus nette encore, la conception de M. Hauriou que nous avons déjà
trouvée, de la puissance publique ne s'obligeant en rien vis-à-vis des
administrés ; mais vis-à-vis *d'elle-même* « au point de vue des règles
d'une sorte de moralité administrative, à ne pas commettre d'excès de
pouvoir et à redresser des actes qui en contiendraient ». Encore une
fois, il nous est impossible, avec M. Jacquelin, d'admettre cette conception que la puissance publique agit dans l'intérêt de l'administration et
non des administrés ; d'autant qu'ici nous savons combien il entre peu
de puissance publique, de souveraineté dans un acte *obligatoire* ; nous
essaierons de démontrer dans notre chapitre : « De la nature juridique
des autorisations » qu'il y a des droits vis-à-vis de la puissance publique,
ou pour ceux tout au moins que cette formule choque, que la puissance
publique a des limites et ne peut en sortir sans la possibilité de voir se
dresser devant elle un recours contentieux : or, qui dit recours contentieux dit : *droit violé*. Nous aimons infiniment mieux la manière de
voir de M. Artur : (Séparation des pouvoirs et séparation des fonctions
Revue du droit public et de la science politique, année 1900) pour
lequel le recours est basé sur la violation du droit des administrés. Tous
sont d'accord pour déclarer combien l'annulation prononcée par le
Conseil d'Etat est de peu de secours pour l'administré ; or, cette annulation est la seule sanction possible. Car, lorsque M. Bazille (*Du refus
d'alignement et de l'action en dommages-intérêts pouvant en résulter.
Revue générale d'administration,* 1883, t. I, p. 386) soutient que le
Conseil d'Etat, saisi d'un recours pour excès de pouvoir contre une décision portant refus d'alignement « *tantôt délivre lui-même l'alignement,*
tantôt l'envoie à l'autorité compétente », nous nous demandons où
M. Bazille, qui ne cite d'ailleurs aucun arrêt, a pu trouver de pareilles
décisions. Nous citons un assez grand nombre d'arrêts du Conseil d'Etat
sur cette question ; ils sont au complet dans la note de M. Hauriou, déjà

expropriations projetées et de diminuer l'indemnité à payer par les futurs expropriants ; ceux-ci avaient usé de leur droit de délivrer l'alignement dans un intérêt fiscal ; l'indemnité accordée réparait le préjudice causé, mais le fait même qu'elle a été acccordée prouvait d'une façon péremptoire que le propriétaire avait le droit d'obtenir l'alignement (1) ».

Pour les autres cas de refus d'alignement, étant donnée la jurisprudence du Conseil d'Etat, les personnes administratives, communes ou départements, pourraient être rendues difficilement responsables du fait du maire ou du préfet en pareilles circonstances ; car si l'auteur précité indique deux espèces dans lesquelles les faits de la cause rendaient en effet impossible de refuser, il en est d'autres au contraire où le principe, dégagé des circonstances de nature à le faire nier, apparaît dans toute sa force (2) ; mais nous sommes

citée, et, à part l'arrêt *Clément*, l'annulation est la seule sanction pro‐noncée. Et encore dans l'arrêt *Clément*, des circonstances particulières expliquaient, si elles ne la justifiaient pas, la solution adoptée (v. ces circonstances, *Revue de droit public*, 1900, t. 14, p. 453 et 454, note 1). M. Bazille a très probablement confondu deux choses : la délivrance d'un alignement, ce que le Conseil d'Etat n'a fait qu'une fois, avec le refus d'ordonner la démolition des constructions élevées sans autori‐sation, mais néanmoins dans l'alignement, ou bien élevées en vertu d'autorisations données, révoquées ensuite (v. C. d'Etat, 8 avril 1829. *Loyre*, 20 juillet 1832. *Lora* : « Eu égard aux circonstances et de l'avis de notre ministre de l'Intérieur, il y a lieu de ne pas prononcer la démolition de construction » ; une seule amende a été prononcée, 20 juillet 1832. *Denys*, 5 avril 1862, *Guy*). Il faut remarquer que d'ailleurs l'ordre de la démolition eut été inexplicable, puisque la cons‐truction n'a nullement nui à l'intérêt général qui est l'objectif unique, bien plus, la seule raison d'être de l'administration.

(1) Léon Marie, *loc. cit.*, p. 66.

(2) Cons. d'Etat, D. 70, 3, 70.

d'accord avec lui pour penser que la responsabilité personnelle des agents est difficile à mettre en jeu et à peu près
illusoire : malgré tout, la situation de l'administré est meilleure qu'on ne peut le croire et cependant nous convenons
avec M. Marie que la situation est bizarre ; l'autorité juridictionnelle, en principe, proclame le droit, mais ne peut aller
plus loin ; elle ne peut se substituer à l'administration active
et rendre une décision équivalant à l'acte sollicité et refusé :
cela est certain ; « la décision ne peut que rejeter le recours
ou prononcer l'annulation de l'acte attaqué ; elle ne peut ni
réformer cet acte, ni ordonner aucune des mesures qui
pourraient être la conséquence de l'annulation » (1). Les
limites apportées à l'étendue du pouvoir du Conseil d'Etat
en cette matière résultent de deux choses, d'une part de la
nature même du contentieux de l'annulation et d'autre part
d'un texte : ce texte est l'art. 9 de la loi du 24 mai 1872 qui
donne au Conseil comme pouvoir celui de prononcer « sur
les demandes d'annulation pour excès de pouvoir formées
contre les actes des diverses autorités administratives » et,
comme le déclare très bien M. Laferrière, « n'ayant que le
droit d'annulation et non de réformation, le Conseil d'Etat
ne peut pas modifier, amender l'acte attaqué, car ce serait
faire un acte administratif nouveau et empiéter sur les attributions de l'administration active » (2). D'où une lacune
certaine et une méconnaissance des droits de l'individu.

M. Laferrière, en nous disant que toute réformation « serait
pour l'autorité juridictionnelle » l'accomplissement d'un
acte administratif nouveau et un empiétement sur les attributions de l'administration active, nous donne les raisons

(1) Laferrière, *op. cit.*, vol. II, p. 568.
(2) *Ibid.*

de l'annulation pure et simple et nous fait nous demander si, ici, il n'y aurait pas lieu de penser que l'admission du recours de pleine juridiction serait préférable : on peut croire de notre part, à une contradiction.

N'avons-nous pas déclaré plus haut (1) que les actes des autorités administratives se divisaient en deux classes : actes de puissance publique, actes de gestion ; aux actes de puissance publique, le contentieux d'annulation, aux actes de gestion, le contentieux de droit commun, le contentieux judiciaire ? Oui, sans doute, nous avons déclaré tout cela et, malgré tout, nous persistons dans notre opinion qu'il serait préférable d'admettre ici un contentieux de réformation, c'est-à-dire de pleine juridiction : nous avons dit en effet que les actes se divisaient en deux classes et nous avons même ajouté que la puissance publique « n'avait pas de degrés » ; par conséquent qu'une distinction ne se conçoit pas en une matière qui présente tant d'unités. La puissance publique n'a pas de degrés : nous avons voulu dire par-là simplement qu'il y avait autant de souveraineté dans l'acte du maire qui commande au nom des mille habitants de sa commune que dans l'acte du préfet dont les prescriptions sont effectuées au nom des dix mille habitants du département ; nous n'avons voulu dire que cela : nous n'avons pas entendu, par l'expression en question, affirmer que la puissance publique s'offre toujours sous la même forme. Dans l'acte de pure administration par exemple, acte dans lequel rentrent les autorisations proprement dites, la puissance publique est dans toute sa force, tout son éclat : elle prohibe, elle ordonne ; elle seule est juge de l'opportunité de ses

(1) V. chap. III, section 1re.

défenses ou de ses ordres ; mais au contraire dans l'acte d'exécution, la puissance publique, si nous osons ainsi parler, est au repos : elle s'est elle-même liée, ou plutôt le pouvoir législatif l'a liée. Quel inconvénient y aurait-il à déclarer recevable le recours de pleine juridiction ? Il n'y aurait pas atteinte à la liberté de la puissance publique, puisque la puissance publique s'est déjà liée : et toutes les conditions de recevabilité du recours sont remplies (1). En effet, la condition « nécessaire et suffisante » (2) pour donner nais-

(1) Barthélemy, *op. cit.*, p. 874.

(2) On peut encore faire à notre théorie, croyons-nous, un reproche qui n'est qu'apparent. Donner à la juridiction administrative le pouvoir soit de délivrer elle-même l'acte demandé, soit de contraindre l'autorité administrative négligente à accomplir l'acte en question, n'est-ce pas méconnaître le principe même sur lequel est assis le contentieux administratif, celui de la séparation des fonctions ? Encore une fois non ; le principe de la séparation des fonctions est très respectable, et nous ne voudrions pas l'attaquer. Sur quoi repose-t-il ? Sur les inconvénients — parfaitement justifiés d'ailleurs, mais trop nombreux pour que nous les exposions ici — qui résultent de la confusion de la juridiction avec l'administration. Il ne faut donc pas que la juridiction s'égare dans l'administration active. Mais précisément ici l'administration n'est pas active, puisqu'elle est liée ; d'autant que le principe de la séparation des pouvoirs a devant lui un principe non moins fort, celui du droit de l'individu : l'individu a *droit* à l'obtention de sa demande : or, qui dit juger, dit non seulement affirmer le droit, mais le faire réaliser : au surplus, nous pourrions donner des exemples — contentieux de pleine juridiction en matière de refus d'autorisation des établissements insalubres, etc. — qui montrent que la juridiction empiète parfois sur l'administration : nous ne le voulons pas, car cela serait faire croire que nous ne reconnaissons pas le principe, alors que nous l'affirmons au contraire indispensable ; mais le principe a sa raison d'être : quand cette raison d'être n'existe plus, alors surtout qu'il est combattu par un principe non moins essentiel, il n'y a plus de motif pour l'appliquer. D'ailleurs, nous pouvons nous abriter derrière des autorités considérables. Un propriétaire demande un alignement au préfet d'abord, au ministre ensuite : ils

sance au contentieux de pleine juridiction, c'est qu'il y ait violation d'un droit. Or nous avons longuement insisté sur ce point, d'ailleurs incontesté, qu'il y a violation d'un droit acquis, dans le refus de l'administration à effectuer un acte

se renferment dans un silence absolu. Le Conseil d'Etat « considérant que le préfet avait excédé la limite de ses pouvoirs renvoie Chabanne devant le préfet de la Seine, sauf recours à notre ministre de l'Intérieur pour lui être délivrés l'alignement et l'autorisation de construire qu'il a réclamés. » Et bien loin de considérer une telle décision comme contraire aux principes sur lesquels s'étaye notre droit administratif — deux auteurs — et non des moindres — « appellent de leurs vœux » une loi autorisant le Conseil d'Etat à procéder comme dans l'arrêt Chabanne (Ducrocq, *op. cit.*, t. II, n. 537, p. 195). « La doctrine des deux arrêts du Conseil d'Etat de 1866 et 1869... ne nous paraît pas excessive, mais il serait préférable qu'un texte de loi général... vînt réaliser ce progrès... » (Laferrière, *op. cit.*, t. II, p. 433. En sens inverse voir Artus, *Séparation des pouvoirs et des fonctions, Revue de droit public*, 1900, t. XIV, p. 458).

Nous croyons que dans ces actes d'exécution, il entre bien peu de puissance publique et nous n'en voulons pas d'autre preuve que l'embarras dans lequel se trouvent ceux qui veulent entreprendre de démontrer que nous sommes bien en présence des droits de souveraineté. Barthélemy (*Essai d'une théorie des droits subjectifs, op. cit.*, p. 97) définit excellemment l'acte de puissance publique : « L'acte de puissance publique est celui que l'administration est libre de faire ou de ne pas faire, ou bien, lorsqu'elle le fait, elle est libre de la manière de le faire pourvu qu'elle respecte les droits. » Et arrivant à l'exemple souvent cité de la délivrance obligatoire du permis de chasse, il se demande ... « où est la puissance publique puisqu'on n'y voit pas de liberté. » Et il répond que la puissance publique est libre : « 1° En ce que l'administration est toujours libre de choisir le moment où elle pourra délivrer le permis de chasse ; 2° En ce que le juge ne pourra jamais ordonner la délivrance du permis, mais seulement annuler un refus illégitime. »

Nous répondrons que le premier argument est loin d'être incontestable, car la jurisprudence se demande s'il n'y a pas lieu, après qu'un recours hiérarchique aura été adressé au ministre et que celui-ci aura gardé le silence pendant trois mois, de considérer ce silence comme un

qu'elle a l'obligation d'accomplir. Dans l'affaire Bizet que
nous avons déjà citée plusieurs fois, M. Aucoc, commissaire
du gouvernement, prononçait les paroles suivantes, après
l'exposé des faits... « Voilà le litige. Or dans ce litige, il *est
évident qu'il y a un droit engagé.* C'est un droit qui est un
des accessoires du droit de propriété.

Nul n'en peut être privé que dans les cas fixés par la
loi(1). »

Mais, dira-t-on, dans le recours de pleine juridiction, l'appréciation est à la fois de fait et de droit : or, l'appréciation
du fait ne portera-t-elle pas atteinte à la liberté de l'administration active ? L'argument qui, en matière d'autorisation,
est assez fort pour empêcher la recevabilité du recours de
pleine juridiction, ne porte pas dans l'espèce : précisément,
on ne peut pas parler de liberté de l'administration, puis-

refus, et de le déférer au Conseil d'Etat. De plus, faisons remarquer que
cette liberté est en opposition avec la définition qu'a donnée M. Barthé-
lémy nous a dit que « l'acte de puissance publique est celui que
l'administration est libre de faire ou de ne pas faire. » Or, ici, la liberté
ne porte nullement sur l'*accomplissement* de l'acte : cet accomplissement
est obligatoire ; la liberté ne porterait, à supposer qu'elle existe, que sur
l'époque où l'acte doit être accompli. Quant au second argument, il contient une pétition de principe en ce qu'il admet comme admis ce qu'il faut
précisément prouver, ou tout au moins cet argument est une preuve bien
insuffisante : l'acte est de puissance publique, parce qu'il n'y a qu'un recours
en annulation possible. En effet, on a toujours considéré cet acte comme
de puissance publique. C'est un fait, ce n'est qu'un fait, car la jurisprudence
du Conseil d'Etat contient un certain nombre de décisions que ne justifient
pas toujours les principes. C'est ainsi que l'on devrait — et c'est un exemple entre mille — considérer comme de gestion l'autorisation d'un établissement insalubre puisque le refus d'autorisation entraîne un contentieux de pleine juridiction. Nul n'a jamais osé soutenir, sauf M. Hauriou, que l'on ne se trouvait pas en présence d'un acte de puissance
publique.

(1) V. ces conclusions rapportées dans *Sirey*, 68, II, 91 et suiv.

que, par hypothèse, l'administration *n'est pas libre*. Donc, nous pensons qu'ici une réforme de la Jurisprudence ne ferait nul échec au principe, et d'autre part serait singulièrement favorable à l'administré. D'ailleurs, la Jurisprudence ne ferait que suivre une voie dans laquelle elle s'est engagée, mais où malheureusement elle n'a pas persisté(1).

(1) Dans une affaire *Clément*, l'administration en matière d'alignement, après avoir annulé l'arrêté du maire, a elle-même ordonné l'accomplissement de l'acte que l'impétrant voulait accomplir. Au surplus, voici l'arrêté (S. 70, 2, 195). « Napoléon, etc., — vu l'arrêté du Conseil du 27 février 1765, la loi des 17, 22 juillet 1791, la loi des 6, 7, 11 septembre 1790 ; la loi des 7-14 octobre 1790 ; le décret du 26 mars 1852, sur les rues de Paris : le décret du 2 novembre 1864. — Considérant que la dame Clément s'est pourvue devant notre Ministre de l'Intérieur contre un arrêté du préfet en date du 27 février 1887, par lequel le préfet du département de la Seine a refusé de lui accorder l'autorisation de reconstruire le mur mitoyen de sa maison, joignant le mur de face dans la partie laissée à découvert par la mise de l'alignement de la maison voisine et située sur la portion retranchable de sa propriété ; qu'il n'est intervenu aucune décision dans le délai de quatre mois à dater de la réclamation de la dame Clément au Ministère : que, dès lors, aux termes de l'art. 7 de notre décret du 2 novembre 1864 ci-dessus visé, elle peut considérer sa réclamation comme rejetée et, par suite, qu'elle est recevable à se pourvoir devant nous, en notre Conseil d'Etat.

Au fond : — Considérant qu'il résulte de l'instruction que le mur de face de la maison de la requérante est en bon état, que les réparations qu'elle demandait l'autorisation d'effectuer au mur latéral dégradé, peuvent avoir lieu sans que ledit mur de face en soit réconforté : que dès lors, l'autorisation demandée devait être accordée. — Art. 1er : L'arrêté du préfet du département de la Seine, en date du 27 février 1867, est annulé. — Art. 2 : *La dame Clément est autorisée à réparer le mur latéral dégradé de sa maison,* à la condition que le mur de face n'en soit pas réconforté ».

On peut être tenté de se demander pourquoi le contentieux de pleine juridiction est nécessaire ici : ne suffirait-il pas que la jurisprudence, par une évolution, donne au juge de l'excès de pouvoir, en dehors de l'annulation, le pouvoir de réformation. Nous ne le croyons pas, et voici

Ce que nous venons de dire va nous aider à trancher une question controversée : celle du recours en matière de refus de brevets d'invention. Le brevet d'invention qui n'est autre, avons-nous dit, qu'un arrêté du Ministre du Commerce doit être, lorsque les conditions imposées par la loi sont remplies, obligatoirement délivré : supposons que le ministre refuse de délivrer l'arrêté. Y a-t-il une voie de recours ouverte contre son refus ? Quelle est cette voie de recours ? Sur la première question, la doctrine est partagée.

Suivant les uns, le recours est impossible : le texte et l'esprit de la loi s'unissent pour le repousser : cela résulte en effet de l'un et de l'autre. C'est ainsi que l'enseigne Bédarride lui-même : « l'administration exerce un pouvoir souverain, quant au rejet de demandes irrégulières. On attenterait donc à cette souveraineté, on lui arracherait son effet, si la décision prise pouvait être réformée ». « Au surplus, ajoute le même auteur (1), comment le serait-elle ? Le ministre ne peut rejeter la demande que pour omission matérielle des formalités prescrites par les articles 5 et 6. Or, le pourvoi au Conseil d'Etat fera--il que cette omission n'existe pas ? et si elle existe, est-ce que le Conseil d'Etat ne serait pas lié lui-même et pourrait-il faire autre chose que

pourquoi : le contentieux d'annulation pour excès de pouvoir reste le contentieux des actes d'administration pure, dans lesquels, ainsi que nous l'avons déclaré, l'annulation seule est concevable. Or, il serait à craindre que si le juge d'excès de pouvoir était, en certains cas, muni d'un pouvoir plus étendu que la simple annulation, il ne l'étendît peu à peu et n'empiétât ainsi sur les pouvoirs de l'administration active ; d'autant qu'un tel pouvoir étant, par hypothèse, l'œuvre de la jurisprudence, aucun texte ne serait là pour limiter ce pouvoir ; d'ailleurs cette solution serait contraire aux traditions historiques du recours pour excès de pouvoir.

(1) Bédarride, *op. cit.*, n° 182.

de confirmer le rejet? » Nous ne saurions adopter une telle manière de voir; d'une part, on peut, en effet, concevoir un refus non motivé, et, d'autre part, nous avons vu que si nous nous trouvons ici en présence d'un acte de puissance publique, c'est un acte de puissance publique d'une nature un peu spéciale (1). Un pourvoi, croyons-nous, peut donc être formé et est recevable; mais quel est le contentieux? Est-ce un contentieux de pleine juridiction? ou d'annulation pour excès de pouvoir? Nous croyons, par application de ce que nous avons dit, qu'il serait très à désirer que le contentieux fût de pleine juridiction : mais étant donné l'état actuel de la Jurisprudence, il ne peut s'agir aujourd'hui que du recours pour excès de pouvoir. Les auteurs qui traitent de la question ne se sont point préoccupés de faire cette distinction (2). Pour eux, évidemment, le contentieux est

(1) Encore une fois, cette affirmation peut faire croire de notre part à une contradiction, puisque l'on nous a vu repousser la théorie de M. Jacquelin; mais il n'en est rien; nous n'avons jamais voulu dire qu'il n'y avait que des actes de *pure* puissance publique et des actes de *pure* personne privée, nous avons dit que ces actes, sans doute, existaient et c'était là un des points essentiels qui nous faisait repousser la théorie des actes de puissance publique à décroissance graduelle, mais que, dans certains actes de gestion, d'une part, nous trouvions des parcelles de puissance publique et que, d'autre part, des actes de puissance publique pouvaient intervenir dans un but de gestion, mais n'en restaient pas moins des actes de puissance publique, et devaient ou devraient être traités comme tels ; nous répétons que la division tripartite de M. Jacquelin, ou plutôt que sa théorie des actes de la même nature, puisqu'il n'y aurait, selon lui, que des actes de puissance publique, à dose plus ou moins importante de gestion, est contraire aux faits, et laisse l'administré désarmé vis-à-vis de la puissance publique qui, par nature, est libre et munie d'un pouvoir discrétionnaire.

(2) Dans le sens de la recevabilité d'un recours, V. Bozérian, *Prop. indus.*, *op. cit.*, n° 387. Nouguier, *cit,* n°⁸ 171 et 176. Allart, n°ˢ 117 et 119. Pouillet, *cit.* n°ˢ 132 et 139. Voir dans le sens contraire en dehors

un contentieux de pleine juridiction. Seul, peut-être,
M. Pouillet (1) se rangerait de notre avis en disant qu' « aucun
délai n'est imposé pour introduire le pourvoi » et que « le
breveté n'est guidé en cela que par son propre intérêt. » Or,
chacun sait que, en matière de recours pour excès de pouvoir, aucun texte n'indique le délai dans lequel il doit être
formé, ni la loi des 7-14 octobre 1790, ni le décret du

de Bédarride, cité note précédente : Renouard, *op. cit.*, nᵒˢ 85, 154,
157. Malapert et Forni, *op. cit.*, nᵒˢ 270. Rendu et Delorme, *op. cit.*,
nᵒ 381.

(1) Pouillet, *Contrefaçon, op. cit.* nᵒˢ 132 et 139. Ce que nous disons
au texte, de M. Pouillet, d'une manière dubitative, nous l'empruntons à
Malapert et Forni qui évidemment n'ont consulté que la 1ʳᵉ édition de l'auteur ; car, dans sa 2ᵉ édition, M. Pouillet déclare, revenant sur sa première
affirmation (nᵒ 139, p. 141), que le délai de trois mois est applicable en la
matière et, d'autre part, il dit formellement que le recours est ici un recours
pour excès de pouvoir. « Il ne peut, en effet, dépendre du caprice ou de l'erreur du ministre, de rejeter une demande qui est de tous points régulière :
le rejet de la demande, dans ces conditions, *constituerait un excès de pouvoir*. Cette solution est d'autant plus logique dans l'état actuel de la
jurisprudence que dans l'hypothèse voisine, celle du brevet accordé ou
une demande irrégulière, le seul recours est un recours pour excès de
pouvoir. » V. Nouguier, *Brevet d'invention*, nᵒ 171. Bozérian, *Journal prop.
indus.*, nᵒ 387. Pouillet, *Brevet d'invention*, nᵒ 132. Allart, t. II, nᵒ 119.
Voir cependant en sens inverse pour l'absence de tout recours, Cass.
12 juillet 1837, S. 37, I, 9, 76. P. 37, II, 597, P. Chr., D. P. 37, I, 457,
Mémorial commercial et industriel, 1838, II, 111. Renouard, *Brevet
d'invention*, nᵒ 154. Rendu et Delorme, *op. cit.* nᵒ 381. Ces auteurs
s'appuient, pour affirmer qu'il n'y a pas de recours possible, sur le
caractère de souveraineté des pouvoirs du Ministre du Commerce. Nous
avons vu ce qu'il faut penser de cette souveraineté et combien elle est
relative. Mais, même à supposer que les auteurs précités aient raison
quant au caractère de souveraineté, le recours pour excès de pouvoir
n'en resterait pas moins ouvert. Et nous n'en voulons pas d'autre preuve
que celle-ci : dans les autorisations proprement dites, où la souveraineté
apparaît avec une vigueur extrême, le recours pour excès de pouvoir est
seul recevable.

2 novembre 1864, ni l'article 9 de la loi du 24 mai 1872 (1).
Or, si la grande majorité des auteurs et une Jurisprudence (2) constante indiquent que, dans la formation du
recours pour excès de pouvoir, l'article 11 du décret du 22
juillet 1806 est applicable, décret aux termes duquel, « le
recours au Conseil d'Etat contre la décision d'une autorité
qui y ressortit ne sera pas valable après trois mois, du jour
où cette décision aura été notifiée », peut-être, cependant
peut-on déclarer que les déchéances étant de droit étroit, ne
sont pas applicables par extension, et que, par conséquent,
le recours pour excès de pouvoir n'est soumis à aucun
délai ; quoi qu'il en soit, M. Pouillet est le seul qui admette
ainsi, quoique indirectement, la recevabilité du recours pour
excès de pouvoir ; c'est cependant la solution qui, dans l'état de
la Jurisprudence, nous paraît aujourd'hui la seule admissible.

Nous avons envisagé jusqu'ici l'hypothèse d'un refus
donné par l'autorité administrative d'accomplir un acte
qu'elle a l'obligation d'accomplir : mais supposons que
l'administration, au lieu de refuser l'autorisation demandée,

---

(1) Une loi du 13 avril 1900, art. 24, § 24 a réduit à deux mois *le
délai du pourvoi au Conseil d'Etat*, et a unifié tous les délais des
recours devant le Conseil d'Etat ; mais, comme la question que nous
traitons au texte se posait avant la rédaction de la loi précitée, nous
n'avons pas cru devoir en tenir compte.

(2) Cormenin, *Droit administratif*, 1840, tome. 1er, p. 53 et note 2.
Chauveau, *op. et loc. cit.* Serrigny, *Compétence administrative*, t. I, p. 381.
— V. Conseil d'Etat, 8 déc. 1859. *Commune de Saint-Pierre*, 20 mars
1862, *ville de Châlon*, 5 juin 1862. *d'Andigné de Resteau*, 16 avril
1863, *Guibert*. — La jurisprudence va même jusqu'à déclarer depuis un
arrêt du 9 juin 1849 (*Gordon*) que la déchéance est d'ordre public et
partant, peut être invoquée d'office. Cf. Serrigny, *Compétence administrative*, t. I, p. 401. Voir cependant contre l'adoption des délais de trois
mois, Dufour, *Droit administratif appliqué*, t. Ier, p. 389.

se contente de garder le silence; bien que son intervention,
comme nous l'avons démontré, ne soit requise que pour la
forme, cette intervention est cependant essentielle : de plus,
ce que nous disons là des actes d'exécution peut très bien
se concevoir aussi en matière d'autorisations proprement
dites. Que faut-il décider ? Jusqu'à ces derniers temps, il
n'existait que quelques hypothèses dans lesquelles le silence
de l'administration était interprété par la loi comme un
refus ou comme une permission. Dans ces cas-là, il n'y
avait pas d'hésitation possible. Mais lorsque l'on se trouvait en dehors de ces hypothèses, dans quel sens fallait-il
se prononcer? Evidemment, il y avait très souvent un droit
lésé; l'incorrection de l'administration allait jusqu'au déni
de justice, et c'est bien, semble-t-il, un excès de pouvoir;
toutefois le recours pour excès de pouvoir ne serait possible qu'autant que le silence de l'administration pourrait
être considéré comme un refus d'autoriser.

Or, une pareille interprétation ne peut se produire
qu'autant qu'il y a un texte. Ce texte existait. L'article 7 du
décret du 2 novembre 1864 disposait que, « lorsque des
ministres statuent sur des recours contre les décisions d'autorités qui leur sont subordonnées, leur décision doit intervenir dans le délai de quatre mois à dater de la réception de
la réclamation. Après l'expiration de ce délai, s'il n'est
intervenu aucune décision, *les parties peuvent considérer
leur réclamation comme rejetée et se pourvoir devant le Conseil
d'Etat* (1). C'est donc en vertu de cette fiction que le recours
existait, mais fallait-il qu'il y eût un texte ? Pour nous qui

(1) Nous trouvions encore, sous l'empire de l'ancienne législation,
admise, la même fiction dans d'autres hypothèses, raison de plus pour
nous faire croire que le décret de 1864 ne pouvait être étendu par sim-

non seulement voudrions l'admission très large du recours pour excès de pouvoir, mais même en matière d'actes d'exécution, un contentieux de réformation, l'absence de textes n'empêcherait nullement le recours. Naturellement, on considère trop souvent que ces actes d'exécution ont un caractère de souveraineté, (1) malgré qu'ils soient obligatoires, et la pensée dominante était que l'introduction d'un recours sans texte était impossible. Aussi est-ce dans le dernier sens que s'était formée la jurisprudence : elle avait apporté des limitations dans deux sens : d'une part, la disposition de l'article 7 n'était pas applicable aux cas où le ministre statuait en une qualité autre que celle de supérieur hiérarchique : elle ne se serait pas appliquée s'il avait pris une décision à tout autre titre, par exemple, « comme représentant de l'Etat, comme liquidateur de ses dettes ou comme dépositaire direct de la puissance publique (2). » Et d'autre part, le texte n'était pas

ple analogie de situation : ainsi, en matière de contentieux électoral (voir art. 38, § 4, loi 5 avril 1884 (texte identique à l'article, 45, loi 5 mai 1855). Ce texte considère comme rejetée par le Conseil de préfecture une protestation formée contre une élection municipale, lorsque le Conseil n'a pas statué dans le délai d'un mois. Voir aussi les articles 11-12 du décret du 16 mars 1880, relatif aux élections du Conseil supérieur de l'Instruction publique et des Conseils académiques — ils envisagent l'hypothèse du silence gardé par le ministre de l'Instruction publique pendant un mois; son silence est considéré comme un rejet des protestations. — Cf. Laferrière, *op. cit.*, t. II, p. 420, note 1. La loi nouvelle par sa seule existence nous donne raison.

(1) Laferrière, *op. cit.*, t. II, p. 420 : « On placerait ainsi (admission d'une réclamation contentieuse) une certaine part d'impulsion et d'action administrative dans le domaine d'une juridiction, c'est-à-dire là où ne sauraient résider ni l'exercice direct de la puissance publique ni la responsabilité qui s'y rattache. » Nous savons combien il entre peu de puissance publique dans de pareils actes.

(2) Laferrière, *op. cit.*, t. II, p. 430. Conseil d'État, 19 juillet 1872, *Drouard*, 21 mars 1879, *Guimard*. 27 mai 1881, *ville de Beauvais*.

applicable aux autorités autres que le ministre : peu importait que ces autorités fussent sous la dépendance immédiate
des ministres, comme les préfets, ou qu'elles ne fussent
placées que sous leur surveillance, comme les commissions
départementales ou les conseils généraux. Leur silence,
quelque long qu'il fût, ne pouvait donner à l'intéressé lésé
le pouvoir de déférer l'autorité négligente devant le Conseil
d'Etat en un recours pour excès de pouvoir. La jurisprudence avait consacré cette solution plusieurs fois, notamment en un arrêt du 6 mars 1869 (Hervé) ainsi conçu : «Considérant, porte cet arrêt, qu'aucune disposition de loi ou de
règlement n'autorise le requérant à se pourvoir *directement*
devant nous, contre le refus d'autorisation qu'il prétendait
résulter implicitement du silence gardé par le préfet. »

La question qui se posait était donc celle-ci : puisqu'il était
impossible de se pourvoir *directement* au Conseil d'Etat contre
une autorité, pouvait-on, tout au moins, dénoncer au ministre
le silence de son administrateur subordonné, puis, au cas où
le ministre à son tour s'abstenait pendant plus de quatre
mois, se pourvoir au contentieux? La jurisprudence, en deux
arrêts du 11 janvier 1865 (Chabanne), et du 6 mars 1869
(Hervé), répondait affirmativement, et la raison en était
donnée par le commissaire du gouvernement, M. Aucoc, qui
déclarait que « dans ce cas, le refus de statuer du préfet et le
refus de statuer du ministre ne faisaient qu'un » (1). Laferrière (2), et nous croyons que c'est avec raison, critiquait cette
décision : le premier motif de repousser cette jurisprudence
résidait dans un motif de texte : l'article 7 du décret de 1864
exigeait, pour que le silence du ministre fût assimilé à un rejet,

(1) V. les Conclusions dans Lebon sous l'arrêt Chabanne.
(2) Laferrière, *op cit.*, p. 431.

que le ministre se fût abstenu devant une *décision* de l'autorité
subordonnée, et par hypothèse même, la décision de l'autorité
inférieure faisait défaut : de plus, seconde objection, on pouvait se demander à partir de quel moment le silence du préfet
pouvait donner lieu à un recours : car, sur ce point, les données manquaient ; le délai de quatre mois ne pouvait être
appliqué, puisque ce délai était réservé exclusivement aux
ministres ; d'un autre côté, on ne pouvait admettre davantage que le délai ne fût pas déterminé ou qu'il fût loisible
aux parties de le déterminer, « on était donc en dehors de
tout terrain légal (1). » Enfin, il est hors de doute que, si
une telle interprétation eût été admise, on aurait pu, en suivant
la gradation des recours hiérarchiques, arriver jusqu'au
ministre dont le silence donnait lieu au débat en question et
cela aurait pu se faire pour n'importe quelle autorité, ce qui
évidemment était contraire au texte du décret de 1864 comme
à son esprit. Mais on pouvait se demander pourquoi le
silence du ministre était seul considéré comme constituant
un refus.

La question aujourd'hui n'a plus qu'un intérêt historique,
car une loi du 17 juillet 1900 (art. 3) a décidé que le silence
gardé pendant quatre mois équivaudra à une décision de
rejet et cela quelle que soit l'autorité administrative et quelle
que soit la matière.

Evidemment, cette réforme est excellente puisqu'elle tran-
che une série de cas controversés auparavant. Mais elle
laisse entière, et tous les arguments que nous avons donnés
retrouvent leur force, la question de savoir que décider,
lorsque le recours est porté devant une juridiction autre que
le Conseil d'Etat, car le texte limite les cas d'ouverture du

(1) Laferrière, *op., cit.*, p. 432.

recours aux seules hypothèses où il est porté devant le Conseil d'Etat.

De plus et peut-être, ce texte nouveau qui abroge le *privilège* du silence qui appartenait à l'administration est-il inutile, tout au moins pour les actes d'exécution : si la jurisprudence, en se développant progressivement, avait admis un contentieux de réformation pour les actes dans lesquels la puissance publique s'étant liée, n'a qu'un rôle purement obligatoire, il eût été possible au Conseil d'Etat, juge du fait, de voir si le silence de l'administration portait ou non un préjudice à l'administré et dans ce cas la juridiction eût pu donner l'autorisation : nous ne saurions trop répéter que rien ne s'y fût opposé, puisque d'une part, nous trouvons — et la chose pour être exceptionnelle n'en montre pas moins qu'il n'y a pas incompatibilité substantielle — un recours de pleine juridiction en une matière où l'administration a un pouvoir entièrement discrétionnaire (établissements insalubres), et, d'autre part, puisque la puissance publique étant contrainte d'agir dans un sens donné, il n'y aurait pas eu attentat à sa liberté défaillante.

§ II. — Nature juridique des Autorisations

Nous avons dit, dans notre première partie, qu'il existait en l'homme un certain nombre de droits qui lui appartenaient antérieurement à toute concession de la loi ; ces droits qu'on les nomme naturels, qu'on les nomme individuels, et c'est généralement sous ce nom qu'ils sont connus en droit public, ne peuvent cependant être exercés indistinctement par tous, en toutes conditions, dans toute leur expansion : qu'ils soient ou non consacrés par des textes, leur exercice

est souvent limité par la loi; mais parfois lorsque l'intérêt
général ne se dresse plus devant l'autorité administrative
juge et gardienne de cet intérêt général, l'exercice de ces
droits est rendue aux individus dans des actes qui sont des
autorisations administratives. Nous appelons donc autorisations administratives toute décision administrative exécutoire rendant à l'individu l'exercice d'un droit qu'il possédait en puissance, en germe.

Et d'abord, il faut faire remarquer que de pareils actes ne se
rencontrent pas seulement dans le domaine du pouvoir exécutif et plus spécialement du pouvoir administratif; le pouvoir législatif en renferme aussi et nous n'en voulons comme exemple
que celui que nous fournit la loi du 1ᵉʳ juillet 1901 sur les associations. Pour quiconque admet l'existence des droits individuels, l'association rentre, sans nul doute possible, parmi eux;
la loi du 1ᵉʳ juillet 1901 a mis entre les mains du législateur,
dans des cas que nous n'avons pas à étudier, la restitution
de ce droit d'association. Et faisons remarquer en passant
qu'il est peut-être fâcheux de voir entre les mains du pouvoir législatif ces autorisations, car leur refus peut entraîner la lésion de véritables droits individuels, lésion contre
laquelle en France, il n'y aura pas, comme en d'autres pays (1),

(1) On sait qu'en Amérique, dans les Etats-Unis, le pouvoir judiciaire
peut dispenser le citoyen de l'observation d'une loi inconstitutionnelle;
on sait aussi que certaines constitutions de l'Amérique du Sud (République Argentine, 25 septembre 1860, art. 101 ; Brésil, 24 février 1891,
art. 59, § 1 ; Mexique, 12 février 1857, art. 101) reproduisent, dans des
termes à peu près identiques à ceux dont se sert la constitution des
Etats-Unis, la même garantie ; nous pouvons encore citer l'exemple de la
Suisse où le citoyen possède contre les lois cantonales contraires à la
constitution de la confédération ou des cantons, une action en annulation (*Ungiltigkeit*) devant le tribunal fédéral (*Bundesgericht*). Mais il y
a entre la situation faite à l'individu par la constitution américaine et

de recours possible. Quoiqu'il en soit, de pareils actes ne nous intéressent que parce qu'ils se conçoivent de la même manière que ceux dont nous avons à nous occuper ; mais nous n'avons pas à les étudier autrement.

celle réglée par la constitution suisse cette différence juridique important tante signalée par Barthélemy (*Des droits subjectifs*, etc. p., 147) que le but visé par la première est la protection d'un droit subjectif, car le citoyen ne peut se faire dispenser d'une loi qu'à propos d'un litige né et actuel, alors qu'en Suisse le législateur a eu en vue surtout « une action populaire publicistique » car un citoyen peut faire annuler une loi cantonale inconstitutionnelle en invoquant seulement l'intérêt général qu'il possède, comme tout citoyen, à ce que la constitution soit respectée ; « le juge n'a pas à statuer sur le droit individuel du demandeur, mais sur le droit de la collectivité à la réalisation de l'ordre juridique. » (Jellinek, *System*, etc., *op. cit.*, p. 224). Nous trouvons encore, en Norvège, une application de cette idée ; les tribunaux norvégiens se sont, en effet, à plusieurs reprises, refusé à appliquer les lois qui violent, soit le principe constitutionnel de la non rétroactivité des lois (art. 97 de la constitution), soit le principe d'après lequel l'Etat ne peut s'emparer d'une propriété privée mobilière ou immobilière sans une indemnité complète (Cf. Aschehoug, *Das straatsrecht des vereinigten königreiche Schweden und Norwegen*, cité par Larnaude, *Bulletin mensuel de la Société de législation comparée*, mars 1902, p. 176 et suiv.). Nous n'avons pas à entrer dans les détails sur la manière dont fonctionne cette règle que M. Boutmy appelle « une des inventions les plus originales, les plus inattendues et les plus admirables qu'il y ait dans l'histoire du droit public » (*Etudes de droit constitutionnel*, 2ᵉ édit., p. 342). L'article de M. Larnaude contient un exposé très complet de la question (*op. cit.*). Disons cependant en passant que si nous ne pouvons admettre, contrairement à l'opinion de M. Hauriou (*Précis de droit administratif*, *op. cit.*, p. 39) et de M. Jèze (*Notions sur le contrôle des délibérations des assemblées délibérantes, Revue d'administration*, 1895), que les juges ont le droit de considérer comme non avenues les lois ordinaires contraires à des dispositions constitutionnelles, parce que, ainsi que le fait remarquer M. Larnaude (*op.* et *loc. cit.*), l'art. 127, § 1 du Code pén. s'y oppose («... seront coupables de forfaiture et punis de la dégradation civique : 1° les juges, les procureurs généraux ou impériaux, ou leurs substituts, les officiers de police qui se seront immiscés dans l'exercice

Les autorisations administratives sont essentiellement des actes de puissance publique, à ne considérer que la forme; mais la chose n'a pas une importance capitale, ils se présentent très généralement sous la forme d'arrêtés; à ne

du pouvoir législatif, soit par des règlements contenant des dispositions législatives, soit en arrêtant ou en suspendant l'exécution d'une ou de plusieurs lois, soit en délibérant sur le point de savoir si les lois seront publiées ou exécutées »; si, disons-nous, la généralité de ce texte nous fait croire que les juges doivent se cantonner strictement dans leurs attributions normales, nous croyons néanmoins, et à cause de cela même, qu'il serait peut-être à souhaiter que les droits individuels, tout au moins ceux garantis par la constitution, fussent protégés par le pouvoir judiciaire. On cite souvent la souveraineté du Parlement anglais qui peut tout faire, « excepté changer un homme en femme et une femme en homme, » mais les deux situations ne sont pas à comparer: l'Angleterre a le respect, poussé jusqu'à la passion, de la liberté, et de l'exercice, dans ses dernières limites, des droits individuels. Nous avons, nous autres, plus que le goût de la liberté, la passion de l'égalité. Un grand psychologue l'a déclaré (Fouillée, *Psychologie du peuple français*) et de fait, c'est celui des droits directement garantis par la constitution de 1791 qui est le mieux protégé tant par des actions directes que par des actions en indemnité, tendant à réparer les atteintes qui y ont été portées. Or, la passion de l'égalité peut pousser à des excès autrement graves que la passion de la liberté, l'homme, qu'il soit législateur ou non, étant généralement porté à considérer qu'il est dans une situation inférieure à celle des autres hommes. Chez le législateur, cet état d'esprit le poussera à méconnaitre la liberté d'autrui; l'histoire est là pour corroborer ce que l'on peut considérer comme une vérité; il faut remarquer d'ailleurs que beaucoup de bons esprits, appartenant aux professions et aux partis les plus divers, réclament le transport en France de la règle américaine. (V. M. Devin, Discours prononcé à la rentrée de la conférence des avocats à la Cour de cassation et au Conseil d'Etat (la séparation des pouvoirs) dans *la Loi*, 26 novembre 1896; Louis Blanc, *Journal Officiel*, 12 mars 1873, p. 1707. Alfred Naquet, dont le système est différent, plus compliqué, mais aboutit à la même idée. *La République radicale*, chap. XI (de la Cour Suprême) p. 145. Cfr. Discours à la Chambre des députés, *Journal officiel*, 16 mars 1894, p. 529. M. Charles Benoist, *Revue des Deux Mondes*, 15 janvier 1902. G. Picot, *Bulletin*

considérer que le fond, on arrive et on doit arriver à la
même solution ; il s'agit de la restitution à l'individu de
droits que cet individu avait potentiellement, avons-nous dit.
Or, si l'exercice de pareils droits était implicitement, ou

de législation comparée, janvier 1900, p. 750 et suiv. Cf. en sens inverse,
Larnaude, *op.* et *loc. cit.*, p. 223 et suiv. Nous avons cité un cas où le
pouvoir législatif remplit un rôle généralement réservé au pouvoir exécutif : on sait d'ailleurs que les Chambres font de véritables actes d'administration, la doctrine les appelle *lois formelles* ; ces actes d'administration sont des autorisations d'emprunts de départements, ou de communes, des déclarations d'utilité publique, etc. Il peut y avoir des cas
où des droits véritables soient violés par les Chambres. Si la jurisprudence appliquait ici l'idée qui doit dominer, à savoir qu'un acte se détermine *par sa nature* et non par sa *forme*, nous dirions que nous nous
trouvons ici en présence d'un acte d'administration de puissance publique, par conséquence d'un acte dans lequel le recours pour excès de pouvoir serait possible. Malheureusement, le principe de la séparation des
pouvoirs et des fonctions fait échec à ce qu'une pareille idée puisse être
reçue. La logique serait pourtant en ce sens, d'autant que la jurisprudence administrative applique et surtout appliquera peut-être dans l'avenir, rien ne s'y oppose, cette idée que la violation d'un droit constitutionnel par le législateur peut donner lieu à indemnité. Deux lois qui
violèrent un droit subjectif à l'égalité des charges (v. Barthélemy, *op.*
cit., p. 149) accordèrent des indemnités (loi du 1er mai 1822, supprimant
des distilleries à Paris ; loi du 2 avril 1872, supprimant des fabriques
d'allumettes). Il semble que, même en cas du silence de la loi, en présence d'une situation identique, le Conseil d'Etat pourrait peut-être,
s'inspirant de ces précédents accordés, au cas de violation d'un droit
subjectif, accorder une indemnité : d'une part, il y a des précédents ;
nous avons vu que dans l'hypothèse d'un refus d'alignement, bien que
l'acte fût, sans conteste, qualifié acte de puissance publique, il y avait
indemnité possible, et d'autre part, le principe que l'exercice de la
puissance publique ne peut donner lieu à indemnité, n'est qu'un principe tout à la fois contingent et jurisprudenciel ; et ce que la jurisprudence peut faire, la jurisprudence peut le défaire et cela d'autant mieux que
le droit subjectif à l'égalité des charges publiques a été solennellement
proclamé par la *Déclaration des Droits de l'Homme et du Citoyen.*
Cette nouvelle jurisprudence serait peut-être le trait-d'union entre la

expressément interdit à l'individu, une pareille interdiction
ne pouvait être inspirée que par l'intérêt général. L'intérêt
général seul était donc capable de les faire restituer. Il y a
donc ici une question d'appréciation, d'opportunité, dont
peut seul être muni le pouvoir de souveraineté ; ces actes
sont en effet discrétionnaires et nul n'a songé à contester
qu'ils soient de puissance publique, car même pour ceux
qui adoptent, et nous avons vu combien cette doctrine était
fausse, le critérium qui fait découler la nature d'un acte du
but de cet acte, les autorisations ont certainement le caractère opposé des actes de gestion : qui dit gestion, dit intérêt
privé, particulier, affirme une certaine doctrine ; qui dit
puissance publique, dit intérêt général. Nous avons vu qu'une
telle conception des actes administratifs était erronée ; mais
supposons qu'elle soit exacte : l'autorisation est sans conteste
un acte de puissance publique ; à la vérité, on peut en douter à première vue : une autorisation, un permis de stationnement par exemple, est délivré, c'est dans l'intérêt du permissionnaire, sans nul doute, mais c'est surtout dans l'intérêt général ; le permis de stationnement met en jeu deux
droits, le premier, celui que possède tout individu, droit
essentiellement naturel, d'aller et de venir ; le second, celui
qu'a tout administré de jouir du domaine public ; or, si ce
droit peut être exercé par l'individu, c'est parce que l'administration, dans la personne du maire, dépositaire d'un pouvoir discrétionnaire, estime que l'intérêt général ne met pas

jurisprudence actuelle et l'admission des recours pour excès de pouvoir, lorsque de pareils actes violent des droits ; mais cette idée ne sera
complètement admise que lorsque le contentieux. abandonnant toute
idée de formalité, se rattachera au véritable criterium, à la nature juridique des diverses manifestations d'activité des êtres publics.

obstacle à ce que l'administré obtienne son permis de stationnement. Il faut en effet, bien s'entendre sur la notion exacte de l'intérêt général. L'intérêt général doit être apprécié de très haut ; sans nul doute, il est, dans l'exemple cité, en conformité avec l'intérêt individuel ; mais non seulement l'intérêt général n'est pas la somme des intérêts individuels (1), il peut encore aller jusqu'à se trouver en opposition avec certains d'entre eux (2). Voici par exemple les obligations militaires, elles pourront entraîner, elles entraîneront souvent l'individu jusqu'au sacrifice de sa vie, l'intérêt général est ici directement opposé à l'intérêt particulier ; la peine de mort est en opposition immédiate avec l'intérêt du supplicié ; une pareille affirmation prête même à rire, tant elle

(1) Nous tenons à nous expliquer sur la portée de la formule dont nous nous servons ; lorsque nous disons que l'intérêt général n'est pas la somme des intérêts particuliers, nous entendons seulement dire par-là que *certains* intérêts particuliers peuvent être lésés par les satisfactions imposées par l'intérêt général. Cela va de soi ; toutefois, l'expression est inexacte si l'on pense que l'intérêt général est une chose, que l'intérêt particulier en est une autre ; que l'antinomie est absolue entre eux ; car, même le particulier lésé dans son intérêt, bénéficie des mesures prises au nom de l'intérêt général ; système de compensation, somme toute, et qui interdit de prononcer l'opposition absolue entre l'intérêt général et l'intérêt privé ; quand le particulier ne bénéficiera, même apparemment, d'aucun avantage, en retour des sacrifices qu'il aura faits, on ne pourra pas nier cependant qu'il est touché par la mesure faite au nom de l'intérêt général, car « la satisfaction d'un intérêt général donne à la société un accroissement de force, de puissance, de prestige, d'honneur ; et, ce bien là, commun aussi, précieux entre tous, source d'une série ininterrompue d'autres avantages communs, n'est jamais payé trop cher par un sujet, du moins quand il n'était pas possible de l'obtenir autrement. » (Marquis de Vareilles-Sommières, *Les lois d'ordre public et de la dérogation aux lois*, Paris, Cotillon 1899, p. 18 et suiv.)

(2) Leuthold, *Hirsths Annalen*, 1884, p. 332 et suiv. Neumann, *ibid.*, 1888, p. 356 et suiv.

est évidente ; voici encore le droit de retour de l'Etat sur les chemins de fer, il se réalisera souvent fort longtemps après le commencement de l'exploitation, l'intérêt général exige donc, dans beaucoup de cas, des sacrifices qui, loin de profiter aux générations présentes, leur sont une charge, car l'intérêt général voit l'avenir ; parfois il atteint le principe de l'égalité ; les établissements d'enseignement supérieur profitent à un petit nombre et participent aux frais qu'ils entraînent, etc. Mais quand pourra-t-on dire qu'il y a intérêt général ou intérêt particulier ? Porrini (1) a proposé le critérium suivant : si l'intention du législateur a été de pourvoir à la bonne marche de l'administration sans avoir en vue l'avantage qui en découle pour le particulier, il ne peut y avoir, en aucun cas, à l'avantage de ce particulier, aucune action à faire valoir devant les tribunaux. Nous croyons, avec Meucci et Filosumo Guelfi, qu'il n'y a pas lieu de se prononcer *a priori*, mais de s'inspirer du but de la loi. La question n'est cependant pas sans importance, car bien que l'autorisation soit, comme tout acte de puissance publique, donnée dans l'intérêt général ou plutôt déterminée par l'intérêt général, il faut que l'administré ait un intérêt particulier à l'obtenir, car un droit subjectif suppose que l'intérêt « touche spécifiquement le sujet qui le veut faire valoir et que la règle objective ait eu pour but de protéger cet intérêt » (2).

Les autorisations administratives sont des actes indivi-

____

(1) Porrini, *La giurisdizione d'annulamento* (*Archivio giuridico*, 1892, p. 501). Cf. Codacci Pisanelli, *Le azioni popolari*, p. 236. Meucci, *Instituzioni di diritto amministrativo*, *op. cit.*, t. I, p. 124. Armanni, *La Riforma del Consilio di Stato*, p. 112.

(2) Barthélemy, *op. cit.*, p. 138.

duels, en ce sens, que bien qu'inspirés par l'intérêt général, elles s'adressent à des individualités ; elles rentrent, avons-nous dit, le plus souvent dans l'activité de la police, mais non d'une manière exclusive, et font parfois partie des actes que l'on fait rentrer dans ce que l'on a coutume d'appeler les actes *de tutelle*, comme si l'activité tout entière de la police n'était pas une activité tutélaire. L'article 69 de la loi du 5 avril 1884 en contient un exemple : « Les délibérations des Conseils municipaux sur les objets énoncés à l'article précédent sont exécutoires sur l'approbation du Préfet, sauf les cas où l'approbation par le ministre compétent, par le Conseil général, par la Commission départementale, par un décret ou par une loi, est prescrite par les lois et règlements. Le préfet statue en conseil de préfecture dans les cas prévus aux numéros 1, 2, 4, 6, de l'article précédent. Lorsque le préfet refuse son approbation ou qu'il n'a pas fait connaître sa décision dans un délai d'un mois à partir de la date du récépissé, le Conseil municipal peut se pourvoir devant le ministre de l'Intérieur. » Nous retrouvons donc bien ici tous les caractères de l'autorisation ; il s'agit d'un droit antérieur à l'acte administratif, d'un acte individuel, où l'autorité administrative est munie d'un pouvoir discrétionnaire ; le préfet peut refuser son approbation ou la donner. Il est vrai que la loi ne se sert pas du terme autorisation, mais approbation ; nous avons déjà dit à plusieurs reprises que les questions de terminologie en cette matière surtout où l'accord est loin d'être fait, n'avaient pas d'importance capitale.

De pareils actes supposent, de la part de l'administration, un pouvoir discrétionnaire. C'est dire que contre eux, il n'y a qu'un recours possible, le recours pour excès de pouvoir (1). C'est le seul possible ; car c'est le seul qui soit conciliable avec la majesté des actes de puissance publique, et qui, néanmoins, fasse respecter les droits des individus ; nous ajoutons : c'est le seul qui soit logique ; non seulement il est ici impérieusement exigé par le principe de la séparation des fonctions, mais de plus un contentieux de pleine juridiction ne s'expliquerait pas. Le recours pour excès de pouvoir se termine par une simple annulation ; il ne peut se terminer que par là, car, à supposer que le juge substitue sa décision à celle de l'autorité dont l'acte a été annulé, il prendrait peut-être une décision complètement opposée à celle qu'eût prise cette autorité ; enfin l'annulation est suffisante pour la protection des droits de l'individu ; le pouvoir du juge ne peut aller, disons-nous, jusqu'à la substitution d'une décision de l'autorité active : mais il peut annuler l'acte dans la mesure où l'acte viole le droit. Que peut-on demander de plus ? Et c'est pourquoi l'annulation ne doit porter que sur la partie des actes qui viole les droits des particuliers. « Le juge va jusqu'au bout de son pouvoir logique, mais il ne va pas plus loin. Le domaine de l'administration est comme un terrain limité de tous les côtés par les droits des administrés ; l'administration fait dans son terrain une plantation dont quelques branches ou racines empiètent sur les propriétés voisines. Pour faire cesser cet empiètement, est-il nécessaire de détruire toute la plantation, d'annuler l'acte ? Non, il suffit d'élaguer les branches qui dépassent, d'annuler les dispositions illégales. Cela suffit : donc le juge qui ne peut faire que des choses nécessaires, ne peut pas davantage ; libre

____

(1) V. *infrà.*

ensuite à l'administration, si son œuvre ne lui plaît pas ainsi diminuée, de la détruire tout entière » (1).

Maintenant que nous avons vu les caractères principaux des autorisations, justifions ce que nous avons supposé jusque-là : prouvé que les autorisations mettent en mouvement, en exercice, de véritables droits subjectifs ; bien plus, que le droit subjectif existe avant même l'acte administratif, en d'autres termes, que le droit individuel est un droit subjectif.

D'un mot, rappelons ce que c'est qu'un droit subjectif : l'activité individuelle, dit un auteur (2) que nous avons souvent cité, considérée au point de vue juridique, apparaît à trois degrés : les simples intérêts, purs avantages de faits que personne n'est tenu juridiquement de respecter ; sans nul doute, l'intéressé peut demander à l'Etat de protéger ses intérêts, mais il doit se remettre entièrement entre ses mains et s'incliner devant sa décision quelle qu'elle soit, et cette demande il la formule en un recours qui est dit *gracieux* ou *hiérarchique* (3). A coté de ces simples intérêts, nous trouvons les *droits reflets (Reflexrecht)* qui sont des obligations imposées par la loi à l'autorité publique, mais qui ne donnent pas l'exercice d'une action directe ; en dernier lieu, nous trouvons le droit subjectif, dont nous avons déjà dit quelques mots dans notre première partie ; ce droit est celui dont la réalisation peut être obtenue par un moyen

(1) Barthélemy, *op. cit.*, p. 111.

(2) Barthélemy, *Essai, op. cit.*

(3) En Allemagne, c'est le *Beschwerde* par opposition au *Rechtsweg*, à la *Klage* ou *Verwaltungsklage*, action qui correspond au droit subjectif ; Stein, *Verwaltungslehre*, p. 440 et suiv. ; Orlando, *Guarentigie della liberta, loc. cit.*, p. 985. Cf. Barthélemy, *op. cit.*, p. 9, note 2.

juridique à la disposition du sujet. Et ce moyen juridique, c'est l'action en justice : entre le droit et l'intérêt, c'est la seule différence ; ils se présentent souvent de la même façon ; ils ne sont séparés que par l'existence d'un moyen juridique qui est l'action en justice. Or, précisément, les autorisations sont de véritables droits subjectifs, car ils sont garantis par un recours contentieux, le recours pour excès de pouvoirs.

Mais, trois catégories d'objections se dressent ici : d'une part, dit-on, il ne doit pas exister de droits subjectifs à l'encontre de l'Etat (1), car le particulier ne peut être mis sur le même pied que l'Etat ; les droits ne sont pas égaux ; or ce n'est que s'il a devant lui des droits de valeur égale que le juge peut donner tort ou raison, et l'admission de la théorie contraire serait avouer l'omnipotence du pouvoir judiciaire. « Jamais, dit Meier, il ne serait venu à l'esprit des Romains, maîtres en cette matière, l'idée de reconnaître à l'autorité judiciaire un pouvoir absolu vis-à-vis de l'administration publique » (2). C'est Gneist qui répond à l'objection : il est impossible de nier qu'il n'y a pas d'autorité supérieure à l'Etat, qui puisse condamner l'Etat ; mais c'est une confusion seule qui peut faire admettre que l'Etat est la même chose que l'administration de l'Etat : l'Etat englobe en un tout, le pouvoir judiciaire et l'administration. Et, somme toute, la question n'est pas de soumettre l'Etat au pouvoir judiciaire ; la question se résout uniquement à faire un départ entre les diverses fonctions de l'Etat. Nous avons répété qu'en France, la théorie de la séparation des fonctions, de toutes les fonctions, était considérée comme un

(1) Meier, *Lehrbuch des deutschen staatsrechtes*, p. 1157.
(2) *Ibid.*

principe fondamental. C'est l'admission de ce principe qui permet de reconnaître l'existence de droits subjectifs et leur possibilité contre l'Etat, mais ce principe est chez nous parfaitement reconnu.

La seconde objection consiste à affirmer qu'il n'y a pas de droits subjectifs parce que le recours pour excès de pouvoir n'est pas un recours contentieux (1). L'argument est un argument capital, car si l'on admet que le recours pour excès de pouvoir est un recours contentieux, on admet par là même que le recours pour excès de pouvoir protège des droits subjectifs, car on reconnaît en France, de même que l'on admet pareille chose en Allemagne, que les recours contentieux protègent des droits subjectifs (2). Nous n'en dirions pas autant en Italie (3), où l'on ne considère pas comme des droits subjectifs les intérêts qui sont garantis par un recours contentieux. Devant la quatrième section du Conseil d'Etat, le recours protège un intérêt qui par certains côtés participe de la nature du droit, par d'autres du caractère de l'intérêt pur. Ainsi, si on essaie d'obtenir d'abord justice par la voie hiérarchique, *l'intérêt légitime* se dépouille de sa nature en perdant le bénéfice que la loi lui avait concédé et tombe à la condition de *pur intérêt* (Art. 28, loi du 2 juin 1889 et art. 31, loi du 1er mai 1890) (4).

La question est donc capitale et si nous arrivons à prou-

(1) Duguit, *op. cit.*, p. 579. Jacquelin, *Principes dominants*, p. 230, 238, 251, 254.

(2) Stengel, *Lehrbuch des deutschen Verwaltungsrechts*, p. 42.

(3) Porrini, *La giurisdizione d'annulamento* (*Archivio giuridico*, 1892, p. 504).

(4) Barthélemy, *op. cit.*, p. 23.

ver ce qui, il faut bien le dire, est à peu près universellement admis, que le recours pour excès de pouvoir est un recours vraiment contentieux, nous aurons avancé dans la solution du problème que nous nous sommes posé.

C'est surtout en se basant sur les origines historiques du recours pour excès de pouvoir, que la doctrine a nié le caractère contentieux de ce recours ; et le doute, lorsque la question s'est posée pour la première fois, était en effet possible, car d'un côté, il était possible de douter de la qualité en laquelle statuait le chef de l'Etat ; ses fonctions n'étaient pas distinctes ; il était juge suprême en matière administrative ; il était chef supérieur de l'administration ; et la réunion, la confusion de ces pouvoirs venait de ce que, en l'an VIII, lorsque le Conseil d'Etat avait été réorganisé, le principe de la justice retenue avait été de nouveau indiqué. On sait que, de par ce principe, ce n'était pas le Conseil d'Etat qui statuait, il n'avait pas d'attributions juridictionnelles propres, c'était le chef de l'Etat qui, après que le Conseil d'Etat avait préparé la question, après même qu'il lui avait donné son avis, était investi de ce pouvoir de juridiction ; or, comme le chef de l'Etat était en même temps chef supérieur de l'administration et par voie de conséquence, muni d'un pouvoir de contrôle sur les autorités subordonnées à son pouvoir, il était en effet difficile de se prononcer sur le point de savoir en quelle qualité le chef de l'Etat prononçait. Etait-ce comme juge ? était-ce comme chef suprême de l'administration ? le recours était-il gracieux ? était-il contentieux ? Le doute cessait, si l'on veut bien penser qu'à l'époque où le Conseil d'Etat fut reconstitué, les recours contentieux en matière administrative étaient loin d'être vus avec faveur ; car, la crainte dominait des ennuis que pouvait causer à l'administration l'intervention du juge ; or, le recours pour excès de pouvoir étant né peu de temps après que le Conseil d'Etat avait été réorganisé, on peut croire que, sous l'influence de ces idées, c'est au chef de l'Etat, considéré comme autorité administrative supérieure et non comme juge, que l'on entendait déférer l'acte en question (1). De plus, la décision rendue avait un effet *erga omnes*, et ce caractère d'universalité de l'effet de la décision contribuait puissamment à faire regarder le recours comme purement gracieux. C'était si bien la manière de voir, non seulement de la doctrine, mais même du Conseil d'Etat, que la préparation des décisions à rendre sur le recours pour excès de pouvoir, n'était nullement confié à la commission contentieuse, à laquelle le décret du 11 juin 1806 avait donné la mission de préparer les décisions rendues au contentieux par le chef de l'Etat, mais à une simple section administrative.

Aujourd'hui encore, affirment les mêmes auteurs, le recours

(1) Nous ne pouvons pas admettre l'argumentation en un point de M. Marie (*op. cit*, p. 26). Quand il présente comme un argument contre le caractère contentieux du recours que... « les premiers griefs admis à l'appui du recours pour excès de pouvoir ont été l'incompétence et le vice de forme ; et le chef de l'Etat annulant des actes administratifs entachés de semblables vices n'apparaissait-il pas alors surtout comme un supérieur hiérarchique rappelant ses subordonnés à l'observation de la loi et non pas comme un juge exerçant la fonction juridictionnelle. » Car l'incompétence et le vice de forme étant restés deux des cas d'ouverture les plus graves du recours pour excès de pouvoir, manifestement contentieux aujourd'hui, comme nous le prouverons, l'argument ne tendrait-il pas au contraire à prouver que dès le début, le recours pour excès de pouvoir a été un recours contentieux ; de plus, le fait de *rappeler à l'observation de la loi* constitue, semble-t-il, une fonction essentielle de la juridiction : sans nul doute, un supérieur hiérarchique *peut* le faire ; mais la juridiction, elle, *doit* le faire.

pour excès de pouvoir doit être considéré comme un recours
gracieux, non pas à titre de survivance historique, mais
parce qu'il y a des arguments qui militent encore en faveur
de cette opinion.

Si l'on considère les griefs qui donnent passage au
recours, on peut noter le détournement de pouvoir ; or,
si, à la rigueur on peut considérer que, dans les autres cas,
la question est une question de droit, ici la chose est impossible. Et d'abord, disons en passant que le problème ne nous
touche pas, puisque nous ne parlons jamais ici que de la
violation de droits (1) comme donnant lieu à ouverture du

(1) Nous disons des droits et non des droits acquis comme le fait la
loi. L'expression ici n'a aucun intérêt; généralement, le terme droit
acquis est opposé à aptitude ou droit concédé. (Grivaz, *La question des
églises de Savoie et la théorie des droits acquis*. Revue Pillet 7 octobre 1897. Baudry-Lacantinerie et Houques Fourcade, t. I, p. 83,
n° 132. Cf. Barthélemy, *op. cit.*, p. 80). La distinction peut avoir
de l'intérêt au point de vue de la rétroactivité des lois : elle n'en a aucun
ici; le recours pour excès de pouvoir est ouvert, tout comme le recours
contentieux ordinaire en cas de violation des droits. Cependant, il est
juste de signaler que l'on a fait un certain nombre de tentatives pour
faire des droits soumis à ce contentieux de l'annulation des droits d'une
nature spéciale ; d'une manière générale, on les considère comme de
nature inférieure; ce qui est tout l'opposé de la vérité, puisque dans la
plupart des cas, il s'agit de droits individuels, c'est-à-dire des droits les
plus forts et les plus respectables que l'on puisse concevoir. On a dit
de ces droits (Hauriou, p. 318) que c'étaient des droits certains, mais
quelque peu indéterminés dans leur étendue. Il y a, croyons-nous, une
grande part de vérité dans cette affirmation, malgré ce que dit Barthélemy
(*op. cit.*, p. 81). Sans doute, on aurait tort de généraliser, mais très
souvent, cela est vrai. Barthélemy donne comme exemple des cas où
suivant nous, le recours pour excès de pouvoir ne devrait pas être admis
(délivrance d'un alignement, d'un permis de chasse, etc.). Dans ce cas,
la détermination des droits est évidente, mais dans toutes les hypothèses
et ce sont les plus nombreuses, où la souveraineté, le pouvoir d'appréciation sont entiers, en matière de droits individuels précisément, n'est-

recours : nous signalons néanmoins l'argument, en tant qu'il est susceptible de rejaillir sur la généralité de la théorie. Donc, dit-on, dans le détournement de pouvoir, qu'examine-t-on ? Une pure question de fait rentrant dans les attributions hiérarchiques. Le détournement de pouvoir, c'est « ce grief qui consiste à reprocher à un individu d'avoir usé de ses pouvoirs dans un but autre que celui pour lequel ils avaient été confiés, ou en s'inspirant de considérations qui devaient lui rester étrangères ». En se livrant à cette appréciation toute de fait, nous le répétons, le Conseil d'Etat, à la sagacité duquel on fait appel, ne joue-t-il pas rôle d'une autorité purement gracieuse et nullement juridictionnelle ? Et l'effet *erga omnes* dont nous avons déjà parlé aujourd'hui

il pas parfaitement vrai de dire que le droit est certain, que son étendue seule est indéterminée. Cela est tellement vrai que M. Barthélemy appellera plus tard le recours pour excès de pouvoir, un contentieux de *limitation*. L'épithète serait-elle exacte si les droits étaient parfaitement déterminés ? mais on ne peut dire que cette idée puisse servir de critérium, car elle n'est pas exacte dans tous les cas ; elle est très souvent juste, elle est beaucoup plus juste que la théorie qui fait du recours contentieux ordinaire le protecteur des droits irrévocables, du recours en annulation pour violation de la loi et des droits acquis, le défenseur des droits reconnus par de simples règlements, car si l'on entend, et cela est en effet l'acception que l'on donne au mot, par irrévocables des droits garantis par la loi ou un contrat, il faut dire que la majorité des droits défendus par le recours en annulation pour violation de la loi et des droits acquis sont irrévocables parce qu'ils procèdent de la loi en ce sens qu'ils sont garantis par elle (Propriété, etc.), il faut ajouter que les droits procédant d'un contrat sont souvent protégés par notre recours (retrait par le préfet de l'approbation qu'il a donnée à une délibération du conseil municipal en vertu de laquelle le maire a passé un contrat) ; et enfin que les droits procédant d'un règlement peuvent donner ouverture à un recours de pleine juridiction (contentieux des pensions départementales et communales). Nous croyons donc que l'un ou l'autre de ces critériums, le premier pour défaut de généralité, le second pour inexactitude, doivent être repoussés.

comme autrefois se produit toujours ; qu'est-ce à dire, sinon
que nous ne nous trouvons pas en présence d'une décision juridictionnelle, puisque l'effet des décisions juridictionnelles
est de ne produire de résultats que vis-à-vis de la partie
qui a réclamé cette décision et nullement vis-à-vis de ceux
qui n'ont pas été parties à l'instance, ou présents, ou repré-
sentés ? Cette annulation à laquelle aboutit le recours, c'est
une suppression complète de l'acte que seule une autorité
hiérarchique a la faculté d'accomplir. Et pourquoi encore,
à la différence du recours contentieux, le recours pour excès
de pouvoir est-il dispensé de la constitution d'avocat ? Les
particuliers étant admis à présenter eux-mêmes leurs requê-
tes et mémoires, sauf à acquitter les droits de timbres et
d'enregistrement (décret du 2 novembre 1864) et parfois
même l'exemption s'étend à ces frais de timbres et d'enregistrement. (loi du 3 mai 1841, art. 58. Loi du 10 août
1871, art. 88). Enfin pourquoi, lorsqu'un recours contentieux suppose à sa base un acte administratif, ce qui entraîne
comme conséquence qu'en cas de silence de l'autorité en question il n'y a place que pour un recours hiérarchique, pourquoi, disons-nous, la loi du 17 juillet 1900, art. 3, que nous
avons déjà rencontrée permet-elle un recours devant le Conseil d'Etat lorsque les autorités administratives saisies d'un
recours contre les décisions d'autorités inférieures, auront
gardé le silence pendant un délai de quatre mois, à dater de
la réception de la réclamation ?

Voilà les arguments invoqués que nous avons exposés,
croyons-nous, dans leur entier. Et malgré leur incontestable valeur, ils ne nous empêchent pas de persister dans notre
première opinion : le recours pour excès de pouvoir est
un recours contentieux. Car, que prouvent surtout les argu-

ments invoqués ? Que le recours pour excès de pouvoir a
été, à l'origine, un recours hiérarchique et gracieux ; mais
cela, nous ne le nions pas. Quant à savoir l'époque précise
à laquelle l'évolution s'est produite, cela ne nous intéresse
pas (1) ; qu'il nous suffise de dire qu'elle s'est produite.

Nous ne pensons pas que les arguments que nous venons
de parcourir soient irréfutables. Le plus grave de tous est
l'effet *erga omnes*. Certainement, lorsque la loi de 1872 est
venue donner au Conseil d'Etat une juridiction propre en
cette matière, et que l'on a cessé de considérer l'annulation
comme émanant du chef de l'Etat, l'effet du recours *erga
omnes* aurait dû disparaître ; mais, à ce moment, les traits
du recours pour excès de pouvoir étaient fixés ; est-ce donc
la première fois qu'une institution en évoluant dans un sens
différent de celui vers lequel elle s'était tout d'abord dirigée, conserve quelques-uns de ses traits primitifs ? d'autant qu'il y avait à cela de très grands avantages ; les tiers
pouvaient profiter du recours exercé par un seul ; remarquons qu'ici la sanction n'est pas absolument adéquate à
l'intérêt lésé ; c'est nécessaire, nous l'avons dit, mais cela
est. Qu'y a-t-il d'étonnant à ce que ce recours soit réglé
d'une manière exceptionnellement favorable pour les particuliers et peut-être est-ce encore cette idée qui nous fournit
l'explication de la dispense d'avocat, de l'absence de frais ;
quant à l'argument tiré du décret du 2 novembre 1864,
M. Jacquelin qui l'invoque (2) y répond lui-même. Il n'y a pas,
dit-il, de recours contentieux sans actes administratifs ; or,
ici, il y a recours même au cas de silence, on ne peut donc

(1) Sur ce point V. Laferrière, t. II, p. 571 et Marie, *op. cit.*, p. 30,
note 1.

(2) Jacquelin, *op. cit.*, p. 239.

pas conclure au caractère contentieux de la réclamation. Ce que M. Jacquelin ajoute, c'est que « les parties peuvent considérer leur réclamation comme rejetée ». Il n'y a donc pas fiction ; il y a vraiment refus ; il y a vraiment acte administratif. En ce qui concerne le détournement de pouvoir, on peut soutenir, avec la plus grande vraisemblance, qu'un tel examen rentre bien dans les attributions juridictionnelles. Il n'y a nulle contradiction à affirmer que le rôle du Conseil d'Etat consiste à étudier le point de savoir si la décision de l'autorité administrative a été le résultat d'une volonté vraiment libre, nous entendons par là « dégagée de toutes les considérations autres que celles qui doivent inspirer cette autorité » (1). Et, bien que la tâche du Conseil d'Etat soit délicate, il peut rentrer dans ses attributions juridictionnelles de l'assumer.

De plus, surtout, il existe des arguments nombreux qui ne laissent pas le moindre doute sur le caractère des recours pour excès de pouvoir (2).

Si nous considérons l'organisation administrative française, en général, et spécialement notre organisation du Conseil d'Etat, nous voyons que, depuis la loi du 24 mai 1872, le principe de la justice retenue a disparu. Le principe de la justice retenue, rappelons-le, était celui aux termes duquel, depuis l'an VIII jusqu'en 1870, sauf pendant la période allant de 1848 à 1852, le chef de l'Etat était censé statuer comme juge en matière contentieuse et non le Conseil d'Etat. Le rôle du Conseil d'Etat se bornait dans la prépara-

---

(1) Marie, *op. cit.*, p. 31

(2) Nous empruntons la plupart de ces développements à l'excellente brochure de M. Léon Marie, déjà signalée : *De l'avenir du recours pour excès de pouvoir en matière administrative*, p. 11 et suiv.

tion des solutions et dans des avis qui n'engageaient en
aucune façon le chef de l'Etat. La loi du 24 mai 1872 a supprimé le principe de la justice retenue(1) et a donné au
Conseil d'Etat un pouvoir propre en ce qui concerne les
les décisions à rendre « sur les recours contentieux et les
demandes en annulation pour excès de pouvoir ». Et l'on
ne peut être tenté de dire que le Conseil d'Etat statue ici,
non comme juridiction, mais comme autorité administrative, parce que, avons-nous dit, le Conseil d'Etat a ici un
pouvoir propre; or, sauf le cas où il statue comme juridiction, le Conseil d'Etat n'a jamais de pouvoirs propres : il
donne des avis, c'est là son rôle le plus général, mais d'une
façon qui n'est point obligatoire, en ce sens qu'il statuera
toujours comme corps délibérant et non comme autorité
administrative. Il y a des cas où, alors même que l'avis du
Conseil d'Etat est exigé expressément par la loi (règlements
d'administration publique prévus expressément par une
loi, etc.), la décision du Conseil d'Etat n'en conserve toujours
pas moins son caractère de simple avis et quand il statue
avec des pouvoirs propres, on peut affirmer sans crainte de
se tromper que c'est comme autorité juridictionnelle. Puis,
comme le fait avec raison remarquer M. Marie(2), on arrive
à des résultats bien extraordinaires avec l'admissission de la
théorie du recours gracieux. Si, dans le recours pour excès
de pouvoir, c'est l'autorité hiérarchique qui statue, on arrive
à cette conclusion que le Conseil d'Etat est le supérieur hiérarchique du chef de l'Etat, car il y a certains actes administratifs
émanés du chef de l'Etat qui peuvent être l'objet d'un recours

(1) Marie, p. 17 et 18.
(2) *Ibid.*, p. 20.

pour excès de pouvoir. Si, au contraire, c'est le Conseil d'Etat juridiction qui statue, l'idée n'a rien de choquant; le chef de l'Etat a le pouvoir suprême en matière d'administration ; le Conseil d'Etat a le pouvoir suprême en matière de juridiction; quoi d'étonnant à ce que le chef de l'administration soit rappelé au respect de la loi par le tribunal suprême chef de la juridiction. La séparation de leurs fonctions n'implique, dans cette apparente subordination, aucune contradiction.

Mais il y a plus. Les textes eux-mêmes nous fournissent un appui. Sans nul doute, la loi du 24 mai 1872 n'est pas d'une clarté parfaite et, tout au contraire, semblerait impliquer une opposition dans son article 9 (1) entre le recours contentieux proprement dit et la demande en annulation pour excès de pouvoir. Mais cette opposition n'est qu'apparente ; il est au contraire tout naturel que la loi de 1872, ayant trouvé le recours pour excès de pouvoir établi auprès du recours contentieux, ait consacré l'état de choses existant; mais cette juxtaposition de termes n'implique en aucune façon opposition d'idées. Le recours pour excès de pouvoir est reconnu par la loi du 10 août 1871 (art. 88), qui, visant les décisions de la Commission départementale, déclare que ces décisions pourront être « déférées au Conseil d'Etat, statuant au contentieux, pour cause d'excès de pouvoir ou de violation de la loi ou d'un règlement d'administration publique », et la loi du 8 avril 1898 (art. 13) déclare formellement qu'il y aura un « recours contentieux

____

(1) Art. 9. — « Le Conseil d'Etat statue souverainement sur les recours en matière contentieuse administrative et sur les demandes d'annulation pour excès de pouvoir formées contre les actes des diverses autorités administratives. »

en cas d'excès de pouvoir » contre les arrêtés préfectoraux relatifs aux autorisations et aux permissions sur les cours d'eau ni navigables ni flottables. On ne peut songer à refuser à ces arguments une incontestable valeur et il semble qu'il ne reste rien des affirmations de nos adversaires, surtout si l'on songe que la loi de 1898 vise dans certains de ces articles (not. art. 47) le recours gracieux; c'est donc que le législateur a entendu opposer un recours à l'autre ; c'est donc qu'à côté du cas où le Conseil d'Etat donne un simple avis, il y a d'autres cas où le Conseil d'Etat statue « au contentieux », c'est-à-dire muni d'un pouvoir propre et en qualité de juridiction.

Puis et surtout, ce qui nous décide, c'est la Jurisprudence elle-même du Conseil d'Etat. Le Conseil d'Etat a reconnu à maintes reprises que, statuant sur le recours pour excès de pouvoir, il se prononçait « au contentieux » (1); le Conseil d'Etat est, sans nul conteste, le mieux placé pour savoir en quelle qualité il décide et lorsqu'il proclame que ses décisions sont exercées « au contentieux » il serait absurde de soutenir encore que nous sommes là en présence d'un recours gracieux et hiérarchique.

Et enfin pourquoi rencontrerions-nous, si nous devions adopter cette théorie du recours gracieux et hiérarchique, des conditions comme celle de la capacité nécessaire pour ester en justice, pourquoi ce délai de trois mois prévu par le décret du 22 juillet 1806 (réduit à deux mois par la loi du 13 avril 1900), qui est le délai du recours contentieux ordinaire, pourquoi, si ce n'est parce que le recours pour excès

(1) C. E., 10 juillet 1885, 3 février 1888, 1er février 1889, 8 février 1889, 7 juin 1889, 20 juin 1890, 2 juillet 1892, 28 novembre 1895, 10 juillet 1896, 13 novembre 1896, 2 avril 1897, 18 mars 1898.

de pouvoir est, lui aussi, un recours contentieux? D'ailleurs avec l'admission du recours gracieux, une pareille exigence se comprendrait mal; car on ne voit pas la raison pour laquelle on enfermerait la sagacité et la bienveillance de l'autorité administrative supérieure dans des bornes aussi étroites; en dernier lieu, la théorie du recours parallèle ne se concevrait pas et serait contraire à la règle généralement admise qu'un acte administratif peut être l'objet d'un recours gracieux et d'un recours contentieux; si le recours pour excès de pouvoir est un recours contentieux, on comprend alors pourquoi le même acte administratif ne peut donner lieu à deux recours de la même nature.

Lorsque nos adversaires, frappés par ces raisons, affirment comme M. Duguit (1) que proclamer que le recours pour excès de pouvoir est un recours contentieux, c'est ne pas se souvenir des origines historiques de l'institution, nous pouvons répondre, à notre tour, qu'affirmer pareille chose est ne pas voir que la forme est contentieuse et le fond gracieux, lorsque, dis-je, nous nous heurtons à de pareilles affirmations, nous avons le droit de faire une double objection : d'une part, pourquoi, si le recours est resté gracieux, a-t-il emprunté toutes les conditions du recours contentieux, et, d'autre part, depuis quand un recours est-il à la fois hiérarchique et contentieux? il est tout l'un ou tout l'autre. A nous de décider et en vérité, croyons-nous, les raisons sont assez puissantes pour que le doute soit aujourd'hui bien difficilement possible (2).

(1) Duguit, *op. cit.*, 581.

(2) On peut encore soutenir — cela l'a été — que le recours pour excès de pouvoir n'est pas une action contentieuse parce qu'un des éléments fait défaut : la présence d'un demandeur et d'un défendeur; le

Enfin Gerber (1) présente une troisième objection contre l'existence des droits subjectifs, objection que nous avons encore à exposer et à réfuter. Lorsqu'un procès a lieu entre particuliers, la fin de l'action est à la fois d'abord « de faire poser en fait contre l'adversaire certains rapports ou certains événements relevant du droit », et ensuite de faire mettre en lumière, pour le cas spécial et concret qui doit être jugé, l'existence et l'étendue de l'obligation de protection juridique qu'il assume. En fait, l'action est tout à la fois une action contre le particulier et contre l'Etat ; contre le particulier, le demandeur exerce un droit subjectif, et contre l'Etat, le « droit à la protection juridique » (*Rechtschutzanspruch*). Et quand c'est l'Etat qui est l'adversaire, on ne saurait parler de droits subjectifs ; les droits en question ont l'apparence de la subjectivité, ce n'est qu'une apparence ; car le droit contre l'Etat est tout ensemble créé et protégé par le droit objectif et de plus est réalisé par lui ; donc le droit que l'Etat concède seul, il veut l'exécuter ; ce

demandeur c'est le requérant, le défendeur, dit-on, où est-il ? Nous répondrons que le défendeur, ici, c'est la *puissance publique* ; c'est elle qui a agi, c'est elle qui se défend et que l'on n'aille pas nous dire que la chose est impossible parce que l'Etat puissance publique ne saurait voir contester ses droits de souveraineté, car d'un côté, et à l'inverse de M. Hauriou, nous ne saurions penser que l'individu est désarmé vis-à-vis de la puissance publique, cette puissance publique n'existant en fin de compte que dans l'intérêt des administrés ; puissance publique ne veut pas dire omnipotence ; nous n'en voulons de meilleure preuve que dans la limitation apportée à ses droits par le recours pour excès de pouvoir ; d'un autre côté, la puissance publique n'est pas l'Etat ; par exemple, un département attaque pour excès de pouvoir un décret d'inscription d'office, il n'agit pas contre l'Etat et il n'y a pas lieu d'appliquer l'art. 54 de la loi du 10 août 1872 ; le préfet pourra représenter le département (C. E., 27 janvier 1873, *département du Gard*).

(1) Gerber, *Uber offentliche Rechte*, p. 78-79. Grundzüge, p. 34, 50, 227.

qui prouve qu'il n'y a là que de l'objectivité, et les *reflets*
du droit objectif existent là où l'on croit se trouver en présence de droits subjectifs. Une semblable théorie, sédui-
sante à première vue, ne peut supporter l'examen, car il
n'y a aucun droit subjectif s'il faut admettre les prémisses
imposées. Le droit, si fort qu'il soit, émanât-il d'un jugement, ne peut être exécuté par son titulaire ; le temps où
l'on se faisait justice à soi-même est passé. L'Etat est
investi de la mission de protéger les droits subjectifs en
exécutant le jugement ; donc le particulier qui a un droit
subjectif contre son adversaire, a un droit subjectif contre
l'Etat ; contre l'adversaire, il a un droit subjectif proprement
dit ; contre l'Etat, il a un droit à ce que son droit subjectif
soit protégé (*Rechtschutzanspruch*) ; il faut donc dire, ou
qu'il a des droits subjectifs contre l'Etat, ou qu'il n'y a
jamais que des reflets du droit objectif.

Faisons remarquer que l'Etat en plaidant contre l'adversaire entend bien s'en remettre aux décisions du juge ; il
n'y a aucune impossibilité juridique, venons-nous de dire,
à ce qu'un droit subjectif existe contre lui, il n'y a qu'une
difficulté de fait : mais toutes proportions gardées, il y a
autant d'inégalité dans une semblable situation qu'il peut
s'en rencontrer dans la situation offerte par deux plaideurs
de rang et de richesse très différents ; et bien mieux, la
situation de l'adversaire de l'Etat est toujours favorable.
Car l'Etat bénéficie de la présomption « d'honnête homme » ;
si donc un jugement n'est pas exécuté, ce n'est pas la faute
de l'Etat, c'est la faute personnelle, dont il doit être responsable personnellement, du fonctionnaire chargé d'assurer l'exécution des décisions judiciaires.

Les trois catégories d'objections dont nous avions annoncé

plus haut l'existence ne résistent donc pas à un examen attentif et nous sommes en mesure d'affirmer que des droits subjectifs peuvent exister contre l'Etat d'une part, et d'autre part que le caractère de droits résulte de la possibilité d'intenter cette action vraiment contentieuse qu'est le recours pour excès de pouvoir.

Mais nous avons supposé jusque-là que les autorisations pouvaient donner ouverture au recours pour excès de pouvoir. Nous n'avons certes pas l'intention d'examiner les cas quasi-innombrables où la vérité de cette assertion est prouvée ; quelques espèces suffiront à la démontrer. Nous avons vu que l'art. 69 de la loi municipale contenait une véritable autorisation administrative. La décision ministérielle ou préfectorale approuvant une décision municipale et la rendant exécutoire, peut être attaquée pour excès de pouvoir devant le Conseil d'Etat. Bien entendu, lorsque la délibération a été suivie d'un contrat de droit commun, c'est le pouvoir judiciaire qui doit se prononcer sur la validité du contrat. Mais il peut y avoir un renvoi de l'autorité judiciaire d'une question préjudicielle dont est saisi le Conseil d'Etat (1). Les autorisations de plaider sont encore de véritables autorisations administratives. Elles ont en effet, pour but de rendre actuel un droit que chacun possède à l'état potentiel, celui de défendre ses intérêts. Or, lorsque l'arrêté du Conseil de préfecture ou du Conseil d'Etat contient une violation de droits acquis, nous sommes persuadé

---

(1) Morgand, *La loi municipale*, t. I, p. 371. V. Cons. d'Etat, 1er février 1866, *Catusse*. 26 mai 1866, *Moly*. 9 janvier 1867, *Vardier*. 1er août 1867, *Delaplane*. 9 avril 1868, *Rivolet*. 29 juin 1869, *Prieur*. 21 juillet 1870, *Pourteau*. 7 mai 1873, *Ducros*. 12 novembre 1874, *Sainte Marie du Mont*.

que le recours pour excès de pouvoir est ouvert (1). De
même, en matière d'établissements insalubres et dangereux

(1) V. Cons. d'Etat, 25 avril 1845, *Cambessède* (Leb. *Chr.* p. 692).
Nous croyons que le Conseil d'Etat est compétent, tant en vertu des
traditions que de l'art. 9 de la loi du 24 mai 1872, disposant que le Conseil d'Etat statue souverainement « sur les demandes d'annulation
pour excès de pouvoir formés contre les actes des diverses autorités
administratives ». V. en ce sens Laferrière, t. II. Pour d'aucuns (Chauveau et Tambour, *Code d'instruction administrative*, 1877, 5ᵉ édit., 2 vol.
in-8, t. II, n° 1107. Fontaneau, *Des actions exercées par ou contre les
communes*, 1888, p. 272. Bazille, *Des autorisations de plaider nécessaires aux communes et aux établissements publics*, 1878, p. 150), en
cas d'excès de pouvoir, la personne morale a le choix entre la voie du
pourvoi administratif et celle du pourvoi contentieux; enfin, une troisième opinion soutient que les lois de 1837 et de 1884 ayant organisé,
en ce qui concerne les communes, un mode d'obtenir réformation des
arrêtés du Conseil de préfecture leur portant grief, il y a impossibilité
de le déférer au Conseil d'Etat par le recours pour excès de pouvoir.
(Cons. d'Etat, 21 déc. 1837, *commune de Pimprez;* 5 septembre 1838,
commune de Châtillon d'Azergues cité par Reverchon. *Des autorisations
de plaider nécessaires aux communes et aux établissements publics*,
1853, 2ᵉ édit., 1 vol. in-8; 19 février 1840, *ville d'Yvetot*). Nous repoussons
absolument le second et le troisième de ces systèmes, tout en comprenant parfaitement pourquoi ils ont été échafaudés. L'art. 126 de la loi
municipale du 5 avril 1884 organise un recours au Conseil d'Etat en cas
de refus d'autorisation du Conseil de préfecture; il ne peut, dit-on y
avoir qu'un recours de la même nature : le recours pour excès de pouvoir est donc impossible. L'erreur vient de ce que l'on se trompe sur la
nature de l'intervention du Conseil d'Etat. Le Conseil d'Etat intervient
ici non comme juridiction contentieuse, mais comme autorité administrative. La tutelle des communes en matière d'autorisation de plaider a
été donnée aux Conseils de préfecture, dont le supérieur hiérarchique
est le Conseil d'Etat : c'est en tant que supérieur hiérarchique que le
Conseil d'Etat se prononce; et si les termes de l'article 126 « introduit
et jugé » peuvent faire un instant illusion, cette illusion se dissipe par
les mots qui suivent : « en la forme administrative », c'est-à-dire, comme
le fait remarquer Morgand, « qu'il est statué par un *décret* rendu en
Conseil d'Etat, en effet, c'est un acte de tutelle administrative, et non
une question contentieuse. » Morgand, *op. cit.*, t. II, p. 259. Tous les

le recours pour excès de pouvoir est également possible (1). Enfin, en matière de police et surtout de police municipale, nous rencontrons une quantité innombrable d'autorisations. Les arrêtés et notamment les arrêtés municipaux peuvent-ils être déférés au Conseil d'Etat ? La Jurisprudence du Conseil d'Etat répond par l'affirmative et nous croyons que c'est toujours pour le même motif, mais encore ici le recours pour excès de pouvoir est le seul recours posssible (2).

caractères de l'autorisation se retrouvent ici : « acte individuel, discrétionnaire, rendant actuel un droit éventuel. » Nulle raison de repousser le recours pour excès de pouvoir ; seules, les autorités qui interviennent, jouant généralement un rôle différent de celui dans lequel nous les voyons ici, étaient capables de nous induire en une erreur que la loi elle-même, dans son art. 126, s'est empressée de dissiper. Le seul recours contentieux ici, c'est le recours pour excès de pouvoir.

(1) Le préfet peut autoriser ou refuser l'autorisation demandée : il est complètement libre. (Rigauld et Maulde, *Dictionnaire d'administration municipale*, V. *Etablissements insalubres*, n° 22). Le recours pour excès de pouvoir est possible, (v. Conseil d'Etat, 6 mai 1853. Lebon, p. 498, S. 54, 2, 71. D. P. 54, 3, 1. Cependant voir Conseil d'Etat, 25 février 1876. Lebon, p. 191, S. 78, 2, 92. D. P. 76, 3, 50, voir Michel Pelletier, *Manuel de droit commercial*, v. *Etablissements insalubres classés*, n° 20. Constant, *Code des Etablissements industriels classés ateliers dangereux, insalubres ou incommodes*, n° 99, p. 205). Nous savons cependant qu'ici, se rencontre une exception que nous avons déjà signalée en matière d'autorisation d'établissement insalubre ou incommode (art. 2, Décret 5 octobre 1810) le recours est de pleine juridiction ; nous savons que c'est là une anomalie ; mais nous ne comprenons, par exemple, pas pourquoi M. Barthélemy (*op. cit.*, p. 12) refuse à la liberté de l'industrie et du commerce, la possibilité de donner des droits à l'individu et ne voit ici qu'un intérêt garanti, il est vrai, juridictionnellement, mais qui n'est qu'un simple intérêt.

(2) V. parmi beaucoup d'autres : Conseil d'Etat, 5 mai 1865, *de Montailleur ;* 25 mai 1870, *Lesage-Goetz ;* 2 août 1870, *Bouchardon ;* 5 déc. 1873, *Lièvre*. Ici l'intervention du recours pour excès.de pouvoir est notable, car de règle générale, elle est impossible lorsque l'acte peut être porté par une autre voie devant un tribunal judiciaire ou administratif ;

Ces exemples suffisent, pensons-nous, pour montrer que les autorisations sont soumises à l'application de l'idée que nous avions émise que toute autorisation administrative ne peut être attaquée par le recours pour excès de pouvoir. Mais ici se dresse encore un objection capitale. Qu'est-ce à dire ? Nous avons annoncé que l'autorisation crée un droit subjectif, que le trait propre, distinctif, essentiel, du droit subjectif (1), c'était l'action en justice ; nous avons, croyons-

à cette exception il y a, croyons-nous, deux raisons : la première c'est l'application de la règle générale que toute autorisation administrative est subordonnée au recours pour excès de pouvoir ; la seconde, c'est que refuser le recours pour excès de pouvoir pour la raison que le tribunal répressif peut être saisi, c'est forcer les particuliers à commettre une contravention pour se faire rendre justice. Cf. Morgand, *op. cit.*, t. II, p. 33.

(1) Nous posons comme principe que le trait caractéristique du droit subjectif, c'est l'action, et par conséquent que l'intérêt et l'action ne sont séparés que par là. Avec Barthélemy, nous pensons que c'est là le seul critérium possible. Ce serait cependant présenter les choses d'une manière inexacte que d'affirmer qu'une telle conception est universellement admise. Malgarini (*Della liberta civile nella constituzione moderna*, p. 170) fait remarquer que si le procès avait lieu entre particuliers, personne ne songerait à considérer le point de savoir si l'objet de la demande est un droit ou un intérêt pour déclarer que l'action est recevable ou non. L'argument est basé sur une équivoque : les procès entre particuliers se présentent généralement de telle sorte que le fond du litige est discuté avant que la question du droit ou de l'intérêt soit tranchée : cependant, au cas où le fond du litige n'est pas l'objet du débat, la question du droit ou de l'intérêt est discutée sous forme d'exception préjudicielle. Nous ne méconnaissons pas que le critérium adopté est formel et que partant, la limitation est toute extérieure. (Falco, Discours à la Cour de Cassation italienne, séance du 3 janvier 1857 ; Tiepolo, *La Giustizia amministrativa ed il dicentremento*, dans le journal la *Giustizia amministrativa*, IIIᵉ année, fasc. 13-17). Mais c'est cependant le seul critérium possible car il n'y a pas d'autres distinctions fondamentales entre le droit et l'intérêt.

nous, réussi à prouver que le recours pour excès de pouvoir constituait bien un recours contentieux ; mais pour que la démonstration fût complète, il faudrait prouver que dans tous les cas où il y eu autorisation, il y a possibilité de l'exercice d'un droit subjectif, possibilité d'intenter l'action.

Rappelons-nous ce que nous avons dit du droit et de l'intérêt : entre eux aucune différence véritablement substantielle, une simple différence de sanction (1) et c'est tout. Or, si la différence qui sépare l'intérêt du droit est une pure différence de sanction, c'est en recherchant les *motifs* qui ont inspiré la sanction que nous saurons quand il y a simple inté-

---

(1) C'est même là ce qui choque tant de bons esprit : on fait remarquer que prendre comme critérium du droit, l'action, est absurde, car l'action n'est qu'une conséquence, qu'un effet du droit ; ce n'est ni la manifestation de son existence, ni la preuve de sa réalité ; encore si les dispositions positives contenaient l'énumération des droits garantis juridictionnellement ; mais cette énumération est inexistante, car elle est impossible ; c'est donc faire une pétition de principe que de rechercher pour savoir si l'on est en présence d'un droit ou d'un intérêt, si on peut ou non s'adresser à l'autorité judiciaire, puisque précisément pour savoir si l'on peut ou non s'adresser à l'autorité judiciaire il faut savoir si l'on a ou non un droit (V. Filomuso Guelfi, *Recensione all' opera di G. Franceschelli, la Giustizia nell' amministrazione e le IV Sezione del Consiglio di Stato* dans *la Revista per la scienze giuridiche*, vol. XIII, fasc. I. Meucci, *Instituzioni di diritto amministrativo, op. cit.*, I, p. 12) ; mais cette théorie purement négative n'édifie rien à la place de ce qu'elle détruit : aussi est-ce, probablement frappé par cette considération que toute distinction substantielle fait défaut, que Meucci (*op. cit.*, t. I., *ibid.*) propose de prendre comme départ la Convention ou la loi. Un intérêt est-il garanti par la Convention ou la loi ; c'est un droit muni d'une action. Ce système est inacceptable doublement, d'abord parce qu'il y a d'autres sources de droit que la Convention ou la loi (V. Barthélemy, *Essai, op. cit.*, p. 123 et suiv.) ensuite parce qu'il y a dans le droit des intérêts protégés par la loi qui ne sont évidemment pas des droits (V. Bré-

rêt ou droit (1). C'est ce point de vue qui a dirigé les recherches les plus anciennes qui aient été faites à ce sujet (2).

Tout intérêt, on le sait, est susceptible d'une reconnaissance juridique ; mais cette reconnaissance peut être donnée non seulement dans l'intérêt individuel, mais encore dans l'intérêt général : c'est-à-dire que l'ordre juridique peut protéger aussi bien l'intérêt individuel que l'intérêt général. Mais les rapports qui unissent les intérêts particuliers à l'intérêt général peuvent être différents ; il y a des degrés ; et l'existence de ces degrés conduit à faire une distinction ; les intérêts des particuliers peuvent donc être reconnus et protégés dans un but général : cette reconnaissance et cette protection, en pareille hypothèse, forment l'objet du droit public : ou elles peuvent être dirigées en un sens exclusive-

mond, *Traité théorique et pratique de la compétence administrative*, 1 vol. in-4°, 1894, n° 748). Sans nul doute, l'action n'est que la conséquence du droit, la sentence ne proclame pas le droit, parce qu'il existe, mais le droit existe parce que la sentence le proclame (Windscheid, *die actio des romischen Civilrechts, — die actio abwehr gegen Muther,* Dusseldorf, 1857), mais précisément parce que, en principe, c'est une conséquence que nous nous rallions à ce critérium formel, de pur fait, nous en convenons, laissé à l'interprétation du juge, mais qui est le seul possible.

(1) Jellineck, *op. cit.,* p. 40 et suiv. ; Ihering, *L'esprit du droit romain,* traduction Menlenaere, Paris, 1880, vol. IV, p. 315 et suiv. ; Besitzwille, Iéna 1889, p. 24 et suiv. ; voir article Besitz dans l'*Handworterbuch des Staatswissenschaften,* Iéna, 1891, vol. II, p. 414 et suiv. ; Sarwey, *das öffentliche Recht,* etc., *op. cit.* Partie I, § 7, p. 79, n° 4, *b. e.,* § 9, p. 112 ; voir l'étude de Raneletti, *A proposito di una questione di competenza della IV Sezione del Consiglio di stato Avezzano* ; Angelini, 1892, § 10, p. 52 et suiv., § 11, p. 58 et suiv.

(2) Loi 1, § 2, D. de justitia et jure 1, 1.

mènt individuel ; normalement, tel est l'objet du droit privé (1).

Mais, de plus, la protection de l'intérêt du particulier, effectuée dans l'intérêt général, n'est pas accordée à l'individu en tant qu'individu, comme personnalité isolée, mais comme membre de la société ; en tant que partie intégrante de la comnauté, l'individu se trouve dans une série de situations juridiquement reconnues et les facultés, les pouvoirs qui découlent de ces situations juridiquement reconnues, sont les droits subjectifs publics (2). Par conséquent, les droits subjectifs publics n'existant en l'individu qu'autant que les intérêts de l'individu sont dirigés vers l'intérêt général, nous en tirerons cette conclusion inéluctable qu'ils ne donneront lieu à la protection juridique que dans la mesure ou ils seront conformes à l'intérêt général. De pareils intérêts sont donc de véritables droits subjectifs en ce qu'ils donnent ouverture

---

(1) V. *A proposito di una questione*, etc. *op. cit.*, Rancletti, § 11, p. 59-61.

(2) V. Jellineck, *op. cit.*, p. 81. C'est là l'opinion dominante en Allemagne et comme c'est à ce pays que la théorie a été empruntée, il est intéressant de le signaler. Wach, *Handbuch des deutschen civilprocessrechts* I, p. 93 et suiv. ; Prazak, *Archiv für offentliches Rechte*, IV, p. 270. Dantscher von Kollesberg, *die politischen Rechte der Unterthanen*, p. 54-75 ; Gierke, *Genossenschaftstheorie und die deutsche Rechtssprechung*, p. 182, etc.; v. encore Jellineck. p. 49 et suiv., p. 59 *in fine* et suiv. Une pareille théorie se rapproche beaucoup de la conception traditionnelle au sens objectif du droit public, et de la distinction qu'elle établit avec le droit privé : *publicum jus est quod ad statum rei romanae spectat, privatum quod ad singulorum utilitatem.* D. *loc. cit.* Ciceron de oratore I, 46, 49; Savigny, *Sistema*, etc., I, § 9, p. 22 et suiv.; Gravina, *Institutiones, etc.*, titre I ; Filomusi Guelfi, *Enciclopedia cit.*, § 23, p. 57 et suiv.; Orlando, *Diritto costituzionale, cit.*, n° 28, p. 26 et suiv., n° 40, p, 32 et suiv.; Contuzzi, *Diritto costituzionale, cit.*, p. 93 et suiv.

à cette protection juridique qu'est l'action, mais ce sont des droits subjectifs publics, parce que, étant essentiellement dirigés dans le sens de l'utilité collective, la protection est subordonnée à l'appréciation de cette utilité collective.

Les droits individuels sont-ils des droits subjectifs, c'est-à-dire peuvent-ils donner lieu à la protection juridictionnelle, lorsqu'ils sont violés ? A considérer uniquement la raison pure, il faudrait répondre affirmativement ; il n'y a pas droit et droit ; dès l'instant qu'il y a violation d'un droit il devrait y avoir protection juridictionnelle ; car la puissance de l'Etat n'est pas sans limites, et comme nous ne cessons de le répéter, cette puissance se voit sans cesse restreinte par les droits de l'individu ; une telle solution, cependant, est inadmissible, et cela pour plusieurs motifs : d'une part, sous un régime d'Etat, le nombre des droits individuels va sans cesse en augmentant, et encore que ces droits individuels soient infiniment respectables, cependant, il est impossible, sous peine d'anihiler complétement l'Etat, de déclarer qu'ils doivent tous, et dans toute leur intégrité, être respectés ; car, d'autre part, ces droits ne sont pas absolument intangibles, en ce sens que l'Etat, peut, pour raison d'intérêt général, les limiter ou les réglementer; aussi, comprend-on que, pour qu'un droit individuel soit protégé et sanctionné, il faut non seulement qu'il soit violé, il faut de plus qu'il ait été antérieurement consacré par la législation objective (1). Mais nous croyons que dès qu'un droit individuel a été reconnu par une loi, que cette loi soit une loi constitutionnelle, que ce soit une loi ordinaire, dès qu'il est atteint par la puissance publique pour un motif autre que l'intérêt général, il doit triompher ; car si le droit existe

(1) Hauriou, *Manuel*, p. 54 et 55, note 3 et p. 312, note 1 et suiv.

antérieurement à la législation objective, du moment que cette législation objective le consacre, il est évident qu'il doit s'épanouir sous peine de méconnaître la liberté de l'individu.

En est-il ainsi dans notre droit administratif français ? « Pour appartenir au contentieux administratif, dit M. Ducroq (1), il faut que la réclamation dirigée contre un acte administratif proprement dit soit fondée sur *la violation d'un droit acquis* et non sur la lésion d'un simple intérêt. Il y a droit acquis violé chaque fois que l'acte ou le fait contre lequel on réclame a été accompli au mépris d'une obligation de l'administration, résultant d'un texte de loi, de réglement ou d'un contrat sous la protection duquel le réclamant peut se placer ; alors seulement la voie contentieuse au fond est ouverte contre l'acte administratif. Il en est ainsi, parce que, si l'on ne peut opposer à l'administration, un droit qu'elle soit tenue de respecter, une obligation légale réglementaire ou contractuelle qui la lie, elle est autorisée par la loi à répondre : *Jure feci* ».

Cette formule nous conduisait à sanctionner d'une

______

(1) Ducrocq, 7ᵉ édition, t. II, p. 24. — Dans le même sens, Brémond, *Compétence, op. cit.*, n° 750. « On peut dire qu'il y a en principe violation d'un droit, lorsque l'acte ou le fait contre lesquels on réclame a été accompli au moyen d'une obligation imposée à l'administration par la loi, les règlements ou un contrat. » Et dans le même sens Enrico Mazzocolo (*La riforma del Consiglio di Stato*). « Lorsque l'administration agit dans les limites de la loi, elle est dans son droit, et par conséquent, ne peut se heurter qu'à de simples intérêts des citoyens ; mais lorsqu'elle agit en dehors de la loi, elle n'est plus dans son droit ; elle ne doit avoir d'autorité que celle qu'autorise la loi ; donc vis-à-vis d'un acte illégal de l'administration, les intérêts du simple citoyen sont transformées en droits « *l'interesse si transforma per la violazione della legge in un vero e proprio diritto* ».

manière rigoureuse les atteintes portées aux droits individuels consacrés par le droit objectif. En France, il en est différemment, car on ne considère malheureusement pas qu'à
toute *obligation* de l'administration corresponde un droit
subjectif, on ne considère pas que « l'obligation n'est que
la physionomie passive d'un droit subjectif ». Et nous en
avons des exemples. C'est ainsi que les obligations militaires sanctionnées par des règles pénales très rigoureuses
n'emportent aucun droit subjectif pour les particuliers (1) :
car « il ne suffit pas, pour prouver l'existence d'un droit subjectif d'invoquer à l'appui d'un intérêt une règle de droit objectif. Il y a en effet une différence entre l'intérêt qui a un rapport de causalité avec la loi et celui qui n'a avec elle qu'un
rapport occasionnel ; dans le premier cas l'intérêt devient
un droit ; dans le second cas, il reste un intérêt ; ce n'est
point en effet, la même chose de dire qu'un droit dérive de
la loi, ou de dire qu'on a un avantage indirect à l'observation de la loi » (2).

Sans nul doute ; mais lorsqu'un droit, non seulement
dérive de la loi, mais encore est antérieur à la loi, n'est
que *reconnu* par elle, nous croyons qu'il devrait être, au cas
où il est violé, méconnu, ou simplement réglementé dans
un intérêt autre que l'intérêt général, protégé juridictionnellement ; qu'il faille l'intervention de la législation objective pour la protection des droits individuels, cela est nécessaire dans l'intérêt de la puissance de l'Etat, mais c'est déjà
une concession faite à cette puissance, car les droits individuels se tiennent d'eux même vis-à-vis de la puissance pu-

(1) Barthélemy, *Essai, op. cit.*, p. 131.
(2) *Ibid.*, p. 132.

blique et ont droit, en dehors de toute intervention législative, à leur libre et complète expansion.

Aussi comprend-on que cette théorie de notre droit administratif français soit très vivement combattue (1) et que l'on ait pu affirmer « la négation du gouvernement juridique dans l'Etat français » (2). C'est une méconnaissance flagrante du droit individuel et de la liberté individuelle.

Nous disons droit individuel, liberté individuelle et non liberté simplement. Et à ce propos, il nous faut remarquer qu'il y a lieu de ne pas confondre la liberté individuelle avec la liberté proprement dite ; la liberté individuelle ne peut être *lésée* que par l'Etat parce que les droits individuels n'existent que vis-à-vis de l'Etat (3) ; les drois individuels, en effet, sont exclusivement limités par la puissance publique ; les droits individuels supposent en effet une réglementation ; les droits individuels existent complètement en dehors des relations d'individu à individu, des relations particulières ; c'est ainsi que si un individu (4) empêche un autre individu d'écrire un article de journal, il ne porte pas atteinte à la liberté de la presse, mais à la liberté pure et simple. Or, la distinction a de l'intérêt. Les atteintes à la liberté pure et simple sont de la compétence des tribunaux judiciaires ; les atteintes aux libertés, aux droits individuels, sont de la compétence exclu-

______

(1) V. Stahl, *Staats und Rechtslehre* ; v. Gneist, *op. cit.* ; v. en sens contraire, Meier, *Lehrbuch des deutschen Staatsrechtes*, p. 1157, 1158, etc.

(2) Gneist, *op. cit.*

(3) Beccaria, *Délits et peines*, § 11.

(4) Barthélemy, *op. cit.*, p. 91.

sive des tribunaux administratifs ; bien plus, ne pouvant être lésés que par la puissance publique, il n'y a que le recours pour excès de pouvoir qui puisse les protéger. Nous résumons donc nos diverses propositions précédentes en ceci : les droits individuels, antérieurs à toute législation objective, mais non à l'état de société, sont des droits conformes à l'utilité sociale. Mais précisément parce que ces droits sont essentiellement des droits utilitaires en ce sens qu'ils n'existent que dans l'apport qu'ils donnent à l'intérêt collectif, la puissance publique les limite ; cette limite, c'est l'intérêt général ; ils existent donc et devraient avoir droit complet à la protection lorsque l'intérêt général n'est pas en jeu ; le recours pour excès de pouvoir ne tend qu'à une seule chose : la défense des droits subjectifs contre les actes de puissance publique. Et nous allons avoir l'explication de l'unique sanction du recours pour excès de pouvoir, l'annulation : les droits subjectifs sont à la puissance publique des bornes, des limites ; il doit donc tendre seulement à la limitation de la puissance publique et pour que cette limitation soit adéquate à son but, il suffit qu'il y ait le retranchement de l'acte *lésant* les droits individuels ou tout au moins la partie de l'acte qui lèse ces mêmes droits.

De là, nous allons en tirer cette double conséquence : D'une part que les autorités administratives exerçant la puissance publique dans les actes que nous avons appelé autorisations n'est pas absolument libre, ne jouit pas d'un pouvoir entièrement discrétionnaire ; sa limitation c'est l'intérêt général. D'autre part, et, c'est là la seconde conséquence, il nous faut donc conclure qu'en cas de refus de l'administration d'un de ces actes en question, il y a toujours lieu de se

demander si c'est l'intérêt général qui a inspiré le refus ; il
y a donc ici, pour le Conseil d'Etat, un pouvoir de fait (1),
quand un recours est ouvert au cas de refus. La jurisprudence du Conseil d'Etat n'est pas ici absolument invariable ;
voici, croyons-nous ce qui devrait se produire. Tantôt le
législateur a estimé qu'il n'y avait pas lieu de spécifier
quand il y a intérêt général ; dans ce cas, le refus ne peut
être déféré au Conseil d'Etat parce qu'il y a *présomption*
que ce refus a été inspiré par intérêt général ; tantôt le
législateur, tout en laissant, quant au fond, un pouvoir discrétionnaire à l'administration, a jugé que l'intérêt général
commandait certaines conditions de formes et les indiquant(2)

(1) On a dit que c'était là une différence capitale entre le Conseil
d'Etat et la Cour de Cassation : le Conseil d'Etat est souvent juge du fait,
la Cour de Cassation, jamais. Cela n'est pas absolument vrai, car la
Cour de Cassation possède, en certains cas, le pouvoir d'apprécier les
faits ; c'est ainsi qu'un cas de force majeure ou de contrainte, et,
croyons-nous, par extension, de nécessité, la Cour Suprême décide que
la détermination de ces cas ne peut être effectuée souverainement et en
dernier ressort par les juges du fait. V. Cass., 7 novembre 1890 (s. 91.
1239). — Cass. 28 février 1861 (s. 61, 1671); Cass. 10 avril 1883 et
22 décembre 1884 (s. 85, I. 217, p. 490) (p. 1885, I. 522 et 1166) ; voir
Cass. 18 avril 1883 (s. 83. I. 361, p. 1883, I. 929 et la note). — Cf. mon
discours, *De l'état de nécessité et du délit nécessaire, op. cit.*, p. 38 et
la note.

(2) En matière d'établissements insalubres et dangereux v. circ. minist.
int. 15 décembre 1852. — Dufour, t. II, n° 618 p. 605, Deglas. *Nouveau
Code pratique des propriétaires et locataires*, n° 973, p. 435. — Rigauld et Maulde, *op. cit.*, n° 54 (Cons. d'Etat, 29 décembre 1858, Lebon, p. 766, s. 59, 2569, D. P. 59, 3, 76). En matière d'autorisation
de plaider il y a controverse. Nous trouvons un arrêt du Conseil d'Etat
du 11 juillet 1884 (Lebon, p. 588, D. P. 86, 3, 9.), décidant que le
recours contentieux pour excès de pouvoir n'est pas ouvert, v. en ce
sens Morgand, t. II., p. 266. Revue générale d'administration, 1884.
t. II., p. 432. Derouin et Worms, p. 149, *Traité des autorisations de
plaider*. Nous croyons au contraire que les autorisations de plaider

dans certains cas, apprécie lui-même l'intérêt général et guide l'administration ; nul doute qu'un recours ne soit ouvert quand l'administration ne remplit pas ces conditions de formes ou ne se laisse pas guider par l'appréciation de l'intérêt général faite par le législateur. Nous avons vu cela pour des actes d'exécution ; tantôt enfin, le pouvoir est entièrement discrétionnaire, au moins en apparence, car il est toujours limité, comme nous venons de le dire, par l'intérêt commun ; cette troisième hypothèse se rencontre fréquemment en matière de permission de voirie. Dans une pareille hypothèse un refus intervient ? Que faut-il décider quant au recours ? Les principes commandent une distinction. Le refus n'est pas motivé. En ce cas, l'autorité administrative est couverte par la présomption dont nous parlions, elle a agi dans un intérêt autre que l'intérêt particulier. Il n'y a nul recours, sauf bien entendu le recours hiérarchique, mais encore une fois nous n'entendons parler ici que des recours contentieux. Supposons que l'autorité administrative prenne soin de décider que son refus a pour cause non l'intérêt général, mais l'intérêt pécuniaire qui ne semble pas l'intérêt général. D'après tout ce que nous avons dit, les principes commanderaient impérieusement que le recours pour excès de pouvoir fût ouvert. La jurisprudence décide le con-

étant de véritables autorisations, bien que données par un conseil administratif, mais qui est ici une véritable autorité administrative, peuvent en cas de refus inspiré par l'intérêt particulier, être déférées au Conseil d'Etat pour excès de pouvoir. V. en ce sens sur l'admission générale du recours, Laferrière, *Traité des Recours Contentieux*, t. II, p. 372. Ducrocq, 5ᵉ édit., *Droit administratif*, t. I, p. 252. Reverchon, *op. cit.*, n° 91. Chauveau et Tambour, *Code d'instruction administrative*, t. II, n° 1107. Fontaneau, *op. cit.*, p. 272. Bazille, *Étude sur la juridiction administrative*, p. 156. Béquet, v. Commune, n° 2956.

traire (1) ; nous considérons cette jurisprudence comme absolument fâcheuse ; tout droit individuel doit pouvoir s'exercer s'il ne se heurte pas à l'intérêt général ; du moment que l'intérêt général n'est plus en jeu, l'obstacle s'effaçant, le droit doit pouvoir se produire. Si l'on envisage l'administration, elle est en faute. Elle doit agir en l'espèce dans l'intérêt exclusif du domaine ; elle agit dans un intérêt différent ; l'acte doit tomber (2) ; il y a détournement de pouvoir, et surtout, pour nous, le vrai motif de la recevabilité du recours, c'est la violation des droits (3).

(1) V. C. d'Et., 26 déc. 1891 (*Compagnie générale du gaz*), D. 93, 3, 28 ; 6 mars 1885 (Bonhomme). D. 85, 3, 113 ; 25 janvier 1884 (*Le Blanc*). D. 85, 3, 86 ; 19 mars 1880 (*Compagnie générale du gaz*). D. 80, 3, 109. Disons que cette jurisprudence est complètement invariable ; c'est ainsi qu'elle admet qu'une commune peut s'interdire, par des engagements, la faculté d'accorder à d'autres intéressés la permission d'user du sous-sol des voies communales. Non seulement c'est là un refus d'autorisation, mais une promesse de refus ; nous ne voulons pas citer tous les arrêts sur la question ; nous nous contentons de rapporter ceux qui nous paraissent les plus récents : 17 nov. 1882 (*Compagnie générale des eaux*), Cf. cass., 25 juillet 1882.— V. Cons. d'Etat, 11 janvier 1895 (*Compagnie générale du gaz de Limoges* contre *ville de Limoges*), —*Revue des concessions départementales et communales*, décembre 1901, p. 12. C. d'Etat, 2 février 1894 (*Dame veuve Stears, c. ville d'Argentan*). Revue, *ibid.*, p. 111. C. d'Etat. 8 mars 1895. — (*Compagnie générale de Bourg, c. ville de Bourg*). Revue *ibid.*, p. 211.

(2) V. en ce sens *Revue générale d'administration*, avril 1885, p. 426. Lebon, note sans arrêt, Bonhomme, 6 mars 1885. Leb. 85, 167.

(3) Evidemment, en cas de refus, la jurisprudence n'admet pas que ce soit la violation des droits acquis qui donne ouverture au recours ; il faudrait pour cela qu'elle admît la subjectivité de pareils droits, en matière d'actes de tutelle, autorisations ou approbations d'actes, qui sont de véritables autorisations administratives, M. Laferrière (t. II, p. 546) admet que, bien qu'on invoque généralement l'incompétence, le retrait de pareils actes lèse plutôt les droits acquis que les conditions de forme ; nous qui ne voyons pas de différence entre le retrait et le refus,

Il est hors de doute que la recevabilité du recours serait très délicate, car ce serait au représentant à prouver que l'administration a agi sans intérêt différent de celui qui devait la guider ; le recours serait d'autant moins fréquemment recevable que le simple refus, sans motifs, devrait être interprété dans le sens de l'administration, l'administration jouissant d'un pouvoir que l'on peut appeler discrétionnaire, puisqu'il n'est limité que par l'intérêt général.

Et ce que nous disons des permissions de voirie, de ces autorisations, nous le disons de toutes les autorisations ; toute autorisation refusée dans une fin autre que l'utilité de la collectivité devrait tomber sous le coup du recours pour excès de pouvoir, l'autorisation contenant potentiellement même en fait un droit véritable. La jurisprudence ne partage pas cet avis et cela pour de multiples raisons.

La jurisprudence du Conseil d'Etat est ici d'autant plus singulière qu'en une hypothèse très voisine, celle du retrait d'autorisation (1), elle admet le recours pour excès de pou-

nous croyons que c'est aussi la violation des droits et non des droits acquis, — nous savons combien cette expression est impropre ou tout au moins inexacte — qui permet l'exercice du recours pour excès de pouvoir.

(1) Les arrêts sont très nombreux en matière de voirie. V. c. d'Etat, 19 mars 1868 (*Dubus*). Lebon, p. 316 ; arrêt, 21 mars 1873 (*Ragas*). Lebon, p. 269 ; arrêt du 29 novembre 1878 (*Dehaynin*). Lebon, p. 959 ; arrêt, 6 décembre 1878 (*Larbaud*), p. 972 ; arrêt, 19 mars 1880 (*Compagnie du gaz*). Lebon, p. 333 ; arrêt, 15 novembre 1895 (*Tauveron*). D. 96, 3, 89. Lebon, p. 706 ; c. d'Etat, 4 janvier 1895 (*gaz d'Agen*). D. 96, 3, 7 ; s. 97, 3, 21. Leb. p. 3 : arrêt, 29 février 1886 (*Charret*). D. 87, 3, 74 ; 21 mars 1873 (*Dubus*). D. 73, 3, 91 : arrêt, 19 mars 1880 (*Compagnie générale du gaz*). D. 80, 3, 109 ; v. 15 juin 1883, *Société française de matériel agricole;* 15 juin 1883, D. 85, 3, 21 ; S. 85, 3, 32. Nous

voir ; et n'y a-t-il pas contradiction à annuler, par exemple, l'arrêté qui retire une permission de voirie, parce que le permissionnaire ne veut pas s'engager au paiement d'une redevance, qui est la condition même du maintien de la permission et à écarter le recours pour excès de pouvoir contre l'arrêté qui refuse d'octroyer la même permission, parce que le pétitionnaire n'accepte pas de payer une redevance exigée comme condition de la permission (1)? Dans un cas comme dans l'autre, les raisons de droit ne sont-elles pas les mêmes? Dans un cas, comme dans l'autre, l'administration ne mésuse-t-elle pas également de son mandat ? Dans un cas comme dans l'autre, ne porte-t-elle pas atteinte à des droits de l'individu ? Que l'on n'aille pas nous dire que dans le premier cas il y a refus d'une faveur, dans le second cas lésion d'un droit, puisque nous reconnaisons tous les droits individuels comme des droits subjectifs, que tous les administrés ont un droit égal à la jouissance de ce domaine, à condition que cette jouissance n'aille pas à l'encontre de la

disons qu'en matière d'autorisation, la précarité et la révocabilité inspirées par l'intérêt général, devraient être le caractère prédominant. Nous croyons qu'un permis de chasse délivré pourrait, par application de cette idée, être repris au cas où l'intérêt général l'exigerait, par exemple si le préfet n'avait pas été, par suite d'erreur ou de surprise de l'impétrant, éclairé sur la situation exacte de cet impétrant. V. en ce sens, Gillon et Villepin, *Nouveau code des Chasses*, 1851, 1 vol. in-18, n° 170, p. 163. Voir en sens contraire Berriat Saint Prix, *Législation de la chasse et de la louveterie commentée*, p. 75. Petit, *Traité complet du droit de chasse*, 1853, 2ᵉ édit., 2 vol. Douai, t. I, p. 466, n° 323. Leblond. *Code de la chasse et de la louveterie*, 1878, 2 vol. in-18, n° 117 : Giraudeau, Lelièvre et Soudée, *op. cit.*, p. 544. Rogron. *Code de la chasse*, 1850, 2ᵉ édit. 1 vol. in-18, p. 102. Voir encore dans le même sens avis minist. int., 22 juillet 1851, § 3.

(1) V. en sens inverse Hauriou, *Manuel op. cit.*, p. 622 et suiv.

destination ; nous ne voyons pas pourquoi, dans les deux espèces, il y a inégalité de traitement (1).

Nous comprenons cependant parfaitement la jurisprudence en matière de retrait d'autorisation, puisque les droits individuels sont subordonnés à l'intérêt général, il appartient à l'administration agissant en qualité de puissance publique de reprendre les avantages privatifs qu'elle a donnés.

La question de l'intérêt public est toutefois, cela est évident, une grave question ; quand y a t-il intérêt public ? Nous nous trouvons là en présence d'une pure question de fait, sur laquelle on ne peut fournir une réponse immédiate. C'est ainsi qu'en matière de domaine public, la question s'est posée de savoir ce qu'il convenait de décider lorsque l'arrêté de révocation a été inspiré par un intérêt autre que l'intérêt immédiat et spécial du domaine et de la viabilité. Sans vouloir entrer dans des détails qui pourraient nous entraîner trop loin, nous croyons, à consulter les arrêts que nous avons rapportés (2), que le recours pour excès de pouvoir est ouvert ; d'où il ressort que l'intérêt public est seulement ici « l'intérêt spécial du domaine et de la viabilité », c'est-à-dire un intérêt complètement conforme et entièrement adéquat à sa destination, et non tout ce qui n'est pas l'intérêt particulier.

Nous voulons prendre un dernier exemple pour montrer

---

(1) On peut croire qu'il y a ici une contradiction avec ce que nous avons dit plus haut. La contradiction n'est qu'apparente ; d'une part, nous avons déclaré dans notre première partie que nous n'entendions pas adopter immédiatement une solution et d'autre part, nous étions forcé de nous laisser guider par les apparences, n'ayant pas fait la preuve qu'un droit individuel est un droit subjectif par lui-même.

(2) V. *suprà*, p. 246, n. 1.

combien l'intérêt général est une notion contingente et variable dans le temps.

Ainsi, malgré ce qu'en prétend M. Hauriou (1), le Conseil d'Etat déclarait autrefois que les permissions de voirie, bien que précaires et révocables, ne pouvaient être retirées dans l'intérêt précuniaire de la commune (2). Aujourd'hui, la jurisprudence est en sens opposé (3). C'est donc dire, en d'autres termes que jadis, on ne considérait pas que l'intérêt pécuniaire des communes pût mettre obstacle aux droits des permissionnaires (4), en un mot fût un intérêt général ; aujourd'hui on estime que l'intérêt pécuniaire est

(1) V. note de M. Hauriou, dans *Sirey*, *op.*, *cit.* 3, 33.

(2) V. Cons. d'Etat, 6 déc. 1855, *Gaz de la Guillotière*, S. 1856, 2, 442. *P. chr.*, 14 nov. 1873. *Astier*, S., 1875, 2, 277. *P. chr.*, 29 nov. 1878. *Dehaynin*, S. 1880, 2, 155. *P. chr.*, 19 mars 1889, *Compagnie centrale du gaz*, S. 1881, 3, 67. *P. chr.*, 4 janvier 1895. *Compagnie du gaz d'Agen*, S. et P., 1897, 3, 20. V. encore Cons. d'Etat, 15 novembre 1895. *Tauveron* (S. et P. 1897, 3, 145) et Cons. d'Etat 1er Juillet 1898. *Brilloin* (S. et P. 1900, 3, 87).

(3) V. note Cons. d'Etat, 27 déc. 1891. (*Pécard* contre *maire de Nevers, préfet de la Nièvre et ville de Nevers*), S. 3, 33.

(4) La théorie de la permission de voirie qui s'échafaude lentement, tend à accepter la notion des *droits* du permissionnaire vis-à-vis de l'administration, confirmant ainsi l'idée que nous avons développée. L'arrêt Colette du 10 juillet 1896 (S. et P., 1898, 3, 93) s'était déjà servi de l'expression *droits du permissionnaire* : « L'arrêté du 6 janvier 1890 n'est pas non plus une simple permission de voirie délivrée à un tiers dans son intérêt exclusif, et ayant, nonobstant le caractère essentiellement révocable de l'autorisation, fait naître, au profit de ce tiers, des *droits* dont il ne saurait être privé sans excès de pouvoir ». M. Hauriou déclare que ce ne sont pas des *droits acquis*, mais plutôt des *intérêts légitimes* ; c'est leur enlever toute garantie, l'intérêt, si légitime qu'il soit, ne pouvant être nullement protégé par un recours contentieux, de plus affirmer que ce sont des *droits acquis* n'ajouterait rien à leur protection : c'est la subjéctivité qui, comme nous l'avons vu, fait naître l'action, un droit subjectif est toujours acquis.

un intérêt général. Il est vrai que ce sont les circonstances qui ont amené cette jurisprudence ; un nombre considérable de villes avaient autrefois passé des traités avec des compagnies d'éclairage au gaz, puis plus tard, ces mêmes villes avaient donné des permissions de voirie aux compagnies d'éclairage à l'électricité ; les compagnies d'éclairage au gaz intentaient une action en dommages-intérêts aux communes pour favoriser des entreprises concurrentes. Il était donc de bonne administration de trouver un moyen d'alléger les dépenses des communes ; ajoutons-le, le moyen trouvé est strictement juridique ; quoiqu'il en soit de ces circonstances, elles ont amené un revirement de la jurisprudence et ont conduit à regarder comme intérêt général, ce qui, auparavant, ne rentrait pas dans la notion que l'on s'en faisait ; c'est dire que la conception de l'intérêt général est une conception strictement variable et contingente.

D'un mot, résumons nos développements précédents. Est autorisation tout acte de l'autorité administrative rendant actuel et *immédiatisant* un droit individuel du particulier dont l'exercice était suspendu pour cause d'utilité publique. Ce droit individuel est un véritable droit subjectif, parce qu'il donne ouverture à une action contentieuse. Nous croyons avoir prouvé le caractère contentieux du recours pour excès de pouvoir. Mais c'est un droit public ; la notion de l'utilité générale dominant tout, nous dirons plus, primant tout, ce droit ne peut s'exercer lorsque cette notion de l'utilité générale entre en lice ; d'autre part, l'acte de l'administration étant ici, de par la nature même du rôle qu'elle est appelée à jouer, un acte de puissance publique, l'individu en est d'autant plus désarmé, car la puissance publique jouit d'un pouvoir discrétionnaire *quand l'intérêt général est en jeu ;* mais c'est une souveraineté, qui étant aussi limitée n'est donc pas absolue ; c'est donc une erreur de parler de son pouvoir discrétionnaire, puisque en l'absence de toute raison, les droits individuels dont l'existence est antérieure, peuvent lui faire échec.

Evidemment, la souveraineté même relative de la puissance publique est un sérieux danger, mais pour détourner de son acceptation usuelle un mot déjà cité, l'État étant présumé *honnête homme*, ses décisions sont censées être prises dans un but d'utilité publique.

Quoiqu'il en soit, dans les autorisations administratives, l'individu est, malgré qu'on fasse, dans la main de l'administration ; reste à savoir s'il en est toujours ainsi et s'il n'y a pas des cas où l'individu peut lutter à armes plus égales avec cette administration.

CHAPITRE IV

DE LA NATURE JURIDIQUE DES CONCESSIONS

§ I. — De la distinction des Autorisations et des Concessions.
§ II. — De la nature juridique des Concessions.

Il y a peu de termes, dans la langue du droit, qui soient
pris dans des acceptions aussi différentes que le mot *concession* (1) ; aussi le mot de concession n'éveille aucune idée
précise : tantôt en effet, il sert à désigner de véritables ventes, emportant un droit de propriété ou une constitution de
droits réels sur la chose concédée (2), telles sont les concessions de lais et relais de la mer prévues par l'article 41
de la loi du 16 septembre 1807, les concessions des îles émer-
gées dans un cours d'eau navigable ; tantôt on fait rentrer
dans les concessions de véritables autorisations administratives précaires et révocables — telles sont les concessions
sur les rivages de la mer — tantôt enfin, on rencontre dans

(1) V. *Revue des concessions départementales et communales*, fasc.
1ᵉʳ, p. 9 et suiv. Laferrière, *Traité de la juridiction administrative, op.
cit.*, p. 604 et suiv. V. Dalloz, Rep. au mot *concession*, n° 1 et suiv.

(2) Dans ces concessions rentrent encore, croyons-nous (v. en sens
contraire Laferrière, *op.* et *loc. cit.*) les donations des biens faites par
l'Etat à des administrations particulières dans l'intérêt des services
publics ; nous citerons parmi ces actes une ordonnance du Roi du 5 fév.,
3 mars 1835, autorisant la concession à la ville de Versailles du sol du
marché Notre-Dame ; la concession à la ville de Paris par une loi de

la catégorie des concessions des actes qui participent du
caractère de l'une et de l'autre des classes précédentes, emportant sur l'objet concédé des droits, ou plus forts que les
droits précaires et révocables, ou même de véritables droits
réels, mais empruntant à l'autre classe un caractère administratif et de puissance publique qui pourrait faire douter de
l'apparence contractuelle que révèlent souvent des pareilles
manifestations d'activité juridique :

Ce sont, par exemple, les concessions de travaux publics,
dont M. Aucoc a donné une si excellente définition. « La
concession de travaux publics, dit-il, est un contrat par lequel l'administration attribue, aux personnes qui s'engagent
à exécuter un travail, le droit de percevoir, pour la rémuné-
ration de leur industrie et de leurs dépenses, une rétribu-
tion de ceux qui profiteront du travail. L'administration, au

l'église de la Madeleine (Loi 23-30 mars 1832); les concessions faites à
l'Université par le décret du 11 décembre 1808; aux départements,
arrondissements et communes par le décret du 9 avril 1811 ; dans le décret de 1808, nous relevons ces mots : « les biens ayant appartenu au
ci-devant Prytanée militaire... etc., *sont donnés* à l'Université impé-
riale. » Dans le décret de 1811, il est dit : « *nous concédons gratuitement* aux départements... etc... la *pleine propriété* des édifices et bâtiments nationaux. » Il est hors de doute ici que nous nous trouvons en
présence de véritables donations, assimilables à celles de droit civil, et
étant donné que tout contentieux doit être basé sur la *nature* des actes,
nul doute que la compétence devrait être judiciaire; mais ici encore, on
s'attache au *but* de ces actes, et considérant que l'idée dominante est
celle de doter et de développer des services publics, non d'enrichir le
bénéficiaire de la libéralité, la compétence est une compétence administrative. (V. Cons. d'Etat, 27 août 1831; *ministre de l'Intérieur ;* 4 mai
1843, *ville de Bar-le-Duc* ; 7 décembre 1854, *ville d'Aire;* 17 janvier
1868, *ville de Paris*, etc.). Voir cependant en sens contraire une décision de la Cour de cassation, 6 mai 1844 (*ville de Paris*) : depuis, il est
vrai, elle s'est prononcée elle aussi pour la compétence administrative
(24 juin 1851, 2 mars 1870).

lieu de payer directement le concessionnaire comme elle le fait pour l'entrepreneur, le substitue au droit qu'elle aurait elle-même de percevoir un péage, un prix de transport, une indemnité de plus-value ».

Donc, ici, le concessionnaire reçoit une rénumération qui ne consiste pas en un prix déterminé, mais dans le droit de percevoir une redevance sur ceux qui usent de l'ouvrage public ; sommes-nous en présence d'un contrat, ou bien la présence de la puissance publique met-elle obstacle à une convention ? C'est une des questions que nous allons avoir à résoudre.

La concession de mines nous fournit encore l'exemple d'un acte qui, tout en emportant pour le concessionnaire constitution de droits privés, et impliquant des engagements réciproques de l'administration et du concessionnaire, fait cependant douter, par d'autres côtés, de ce caractère contractuel apparent. Avec les concessions gratuites des terres domaniales, notamment en Algérie, nous voyons dualité d'actes, à des moments successifs bien entendu, car nous entendons, dès maintenant, repousser la théorie qui voit ce caractère de dualité dans la même manifestation d'activité juridique. Pendant une période de cinq ans, en Algérie, les concessions sont entièrement gratuites (1) ; le concessionnaire n'est en possession qu'en vertu d'un titre administratif ; il doit accepter certaines conditions de résidence ou d'exploitation, à l'exécution desquelles est subordonné le maintien de sa concession. Au bout de cinq ans, le concessionnaire a le pouvoir de se faire délivrer un titre définitif de

(1) Décret du 30 septembre 1878, art. 2, modifiant le décret du 15 juillet 1874 ; ce dernier décret établissait un système de location avec redevance sous promesse de propriété définitive.

propriété (1), quelquefois même au bout de trois ans, sous certaines conditions, dans l'étude desquelles nous n'avons pas à entrer (2) ; il y a donc ici dans cette catégorie de concessions deux périodes distinctes : période provisoire, période définitive. La première est ouverte par un acte administratif à forme contractuelle, donnant lieu à un contentieux administratif, la deuxième commence avec un acte de puissance publique soumis au contentieux des actes de puissance publique (3), mais crée ensuite une situation subjective privée, dont seuls peuvent connaître, le droit étant un droit de propriété, les tribunaux judiciaires.

Cette multiplicité d'éléments, nous allons encore la trouver dans la concession de créments futurs qui contient d'une part l'autorisation d'occuper une portion du domaine public et d'y construire des digues ou autres ouvrages de nature à favoriser les alluvions et de l'autre une cession d'une chose future, l'alluvion en question, alluvion qui sera susceptible de propriété privée.

Tels sont, rapidement examinés, les principaux actes auxquels on a donné le nom de concessions. Nous voulons dire dès maintenant que nous n'avons pas l'intention de les étudier tous : d'une part, ils présentent entre eux souvent peu d'analogie, ils sont même parfois séparés par des divergences profondes ; d'autre part et précisément parce qu'ils sont différents les uns des autres, ils obéissent à des principes distincts, dont l'étude serait singulièrement longue et complexe.

(1) Décret du 30 septembre 1878, art. 22 et 24.
(2) Décret du 30 septembre 1878, art. 25.
(3) Contentieux d'excès de pouvoir. Conseil d'Etat, 9 février 1879 (S. 80, 2, 64 et 91) ; 31 mai 1878, *de Méritens* ; 21 juin 1878, *Jumel de Noireterre*, etc.

Nous n'avons pas davantage l'intention d'étudier dans tous ses détails un type donné de concession, depuis l'autorité concédante jusqu'aux questions de compétence, de capacité requise et de la manière dont doivent être traitées les difficultés qui surgissent soit entre les parties, soit à l'égard des tiers.

Notre étude sera strictement limitée.

C'est surtout dans leur opposition, si toutefois il y a opposition, tout au moins dans leurs rapports avec les actes que nous avons déjà passés en revue, que nous désirons voir les concessions et lorsque nous aurons recherché s'il y a un critérium et, au cas où il existe, quel est ce critérium entre les autorisations et les concessions, que nous aurons une définition qui nous permettra de connaître plus facilement la nature juridique des actes en question.

§ Ier. — Autorisations et Concessions

Nous avons longuement insisté sur ce point que les actes appelés *autorisations* ne faisaient que rendre actuels des droits préexistant à l'état potentiel, à l'état de germe ; et par contre, nous avons dit que ce qu'il fallait entendre par concessions répondait à une conception différente ; nous avons montré que la concession créait de toutes pièces, chez le concessionnaire, un droit dont on eût, vainement, auparavant cherché la trace ; ce critérium dont nous allons avoir à prouver la réalité est subtil ; dans les concessions qui désignent des ventes véritables, il n'y a nulle difficulté à prouver que si l'acquéreur avait la capacité de devenir concessionnaire, il ne pouvait, en aucune façon, revendiquer un titre à la faveur dont il est l'objet : mais c'est en matière surtout de conces-

sions sur le domaine public que la question devient délicate ;
la loi et la jurisprudence emploient, il faut bien le dire, sinon
indistinctement, tout au moins souvent, les deux termes
autorisation et concession l'un pour l'autre. D'un autre côté,
rien ne peut nous éclairer de manière parfaite. Est-ce à la
forme qu'il convient de s'attacher ? Non, car si l'autorisation (permission de voirie par exemple) se présente le plus
souvent sous la forme d'un simple arrêté, signé du préfet ou
du maire, si, le plus souvent encore, la concession est ac-
compagnée d'un cahier des charges, dans lequel sont rigoureusement déterminés les obligations et les droits respectifs
de l'administration et du concessionnaire, le critérium n'a
aucun caractère de fixité ; l'autorisation, d'une part, peut-être
implicite et résulter du silence de l'administration ; la concession, d'autre part, peut revêtir la forme généralement
adoptée pour les simples autorisations, les concessions de
cimetières, données par arrêté du maire en sont la preuve ; de
ce côté donc, il est impossible de rien espérer.

Du moment que l'on affirme qu'il y a, pour l'administration, dans la concession, des obligations et des droits réciproques, en présence d'un acte sur la nature duquel il est
délicat de se prononcer, ne peut-on pas se décider suivant
la précarité ou la révocabilité des droits en jeu ; l'autorisé
pouvant être dépossédée immédiatement, sans indemnité,
dès que l'intérêt général est en jeu, le concessionnaire ayant,
tout au moins, droit à indemnité. Là encore nous avons,
dans les concessions sur le rivage de la mer, une preuve que
ce critérium n'est pas davantage admissible.

Mais étant donné — cela est admis et nous n'insistons
pas longuement sur ce point — que ce n'est pas la même
autorité qui a qualité pour passer un acte de concession ou

pour donner une autorisation (en matière de voirie notamment, n'est-ce pas là qu'il faut chercher le point de départ de la véritable distinction? Pour délivrer une permission de voirie, par exemple, l'autorité qui doit intervenir est celle à laquelle est conférée la police de la circulation sur la partie du domaine public, dont l'occupation est sollicitée, ou encore celle qui a la mission de la garde et de la conservation de ce domaine public; au contraire, l'autorité compétente pour concéder est celle de laquelle ressortissent les services qui font l'objet de la concession (1). Malheureusement il y a souvent confusion, la même autorité étant chargée de la double mission de garder le domaine public (2) et d'être

(1) Circulaire adressée aux préfets par le ministre de l'Intérieur et des travaux publics, en date du 9 août 1893 : « Les permissions de voirie sont délivrées par l'autorité qui administre les voies auxquelles elles s'appliquent. La compétence résulte ici du classement de ces voies. Les contrats de concession, au contraire, relèvent de l'autorité dans les attributions de laquelle sont placés, à raison de leur nature, les services qui font l'objet de ces concessions, quel que soit le caractère de la voie publique à emprunter. La compétence résulte ici de la nature des services ».

(2) On peut objecter que c'est peut-être la même autorité, mais qu'elle n'agit pas en la même qualité ; qu'ainsi, un maire donnant des permissions de voirie, n'a pas à prendre avis du conseil municipal, qu'au contraire, en tant que chargé des services publics, il doit en référer au corps dont il est le chef : ce critérium ne signifie rien, d'abord parce qu'il est souvent délicat de savoir si, oui ou non, un conseil a été consulté et ensuite parce que en soi, cet avis n'a aucune conséquence ; c'est ainsi que le Conseil d'Etat a décidé que l'autorisation donnée par le maire, d'établir sous le sol des voies publiques des canalisations destinées à recevoir des conduits pour l'éclairage au gaz des particuliers, ne constitue pas une concession, un contrat synallagmatique, mais une simple permission de voirie ; et cela, alors que le conseil municipal a pris acte, dans une délibération, des avantages offerts par le requérant, dans le but de se voir délivrer cette autorisation. V. Conseil d'Etat, 10 déc. 1886 (*Desclée*) D. 88, 3, 43. 14 janvier 1865 (*Compagnie continentale d'éclairage* contre *ville de Marseille*) D. 65, 3, 55. *Id.* 14 février 1861,

préposée aux services publics. D'ailleurs ne l'oublions pas ;
le problème est double : ou tout au moins il se présente
sous unedouble face, ce qui ne nous empêchera pas de traiter en même temps ce double problème ; il ne s'agit pas
seulement de savoir, en présence d'un acte, si l'on est devant
une autorisation ou devant une concession, mais il s'agit surtout, et c'est là qu'est l'intérêt pratique, de résoudre le point
suivant : en présence d'une demande d'un particulier, d'un
administré, suffit-il, pour faire droit à sa demande, d'une
simple autorisation ? Convient-il, au contraire, de passer un
acte de concession ? Nous verrons les deux questions en
même temps.

On peut croire, la concession comportant des prestations réciproques, que, dès que l'administré voit sa jouissance subordonnée au paiement d'une redevance, cette redevance constitue le prix de sa jouissance et transforme l'acte unilatéral
d'autorisation en un contrat de concession ; d'un côté, il est
hors de doute que les occupations du domaine public peuvent
donner lieu au paiement de redevances (1) (lois du 11 Frimaire

D. 61, 3, 65. V. encore, 10 avril 1867 (*De Kerveguen*), D, 67, 1, 397.
Nous verrons plus tard si cette jurisprudence ne s'est pas modifiée, mais
nous retenons seulement ceci, qu'il est impossible, de par l'autorité
permettante, de savoir en présence de quels actes on se trouve, la même
autorité agissant souvent en des qualités différentes.

(1) Le droit de percevoir des redevances n'est pas universellement
admis, ou tout au moins a été longuement contesté (v. *Pand. franç.*
v. *occ. du domaine public.* n°s 186 et suiv.) car, a-t-on dit, le domaine
public n'a pas comme destination de procurer des revenus à l'Etat ; ce
point, aujourd'hui, est élucidé et, à part les cas où les taxes viennent
entraver l'usage commun, il est admis qu'elles sont licites ; le législateur
s'est appliqué à abolir petit à petit celles de ces taxes qui contrevenaient
à l'idée de l'usage commun du domaine (v. loi du 5 août 1879, relative
au classement et à l'amélioration des canaux, disposant que les lignes à

an VII, 18 juillet 1837 et 5 avril 1884); d'un autre côté, il semble bien que ces redevances soient le prix de la jouissance, car la loi de l'an VII se sert d'une expression qui est reprise par les lois postérieures et qui peut faire croire que, sans hésitation possible, il faille décider que l'acte en question est un contrat synallagmatique, non un acte unilatéral de puissance publique; la loi de l'an VII, en effet, se sert de l'expression « *locations* », malgré ce terme, nous croyons cependant que le paiement d'une redevance ne caractérise nullement la concession; il n'y a aucun contrat, pas plus de louage que d'autre chose, dans la permission octroyée par l'administration de retirer du domaine public des avantages privatifs moyennant redevance; d'une part, en effet, ces redevances ont toujours été considérées par une jurisprudence constante comme une taxe de police, nullement comme un prix de location. La preuve en est que le contentieux de ces perceptions appartient, de par cette jurisprudence, aux tribunaux ordinaires et cela non pas en vertu des principes généraux du droit, ce qui contredirait notre affirmation, mais parce que ces perceptions rentrent dans la catégorie des contributions indirectes. Or, si les principes s'appliquaient ici, à quoi bon

créer seraient affranchies de tout péage; loi du 19 février 1880 supprimant les droits de navigation des cours d'eau; loi du 31 juillet 1830, décidant l'interdiction, à l'avenir, des ponts à péage sur les routes nationales et départementales et ordonnant le rachat des ponts existants. Cf. Regray, *op. cit.*, p. 5 et même page, note 1. L'occupation du domaine public a été en principe autorisée par les lois du 28 oct., 5 nov. 1790 et 9 et 20 mars 1791; un arrêt du 9 germinal de l'an IX l'avait spécialement permise pour le domaine public maritime et la loi l'a consacrée. Mais c'est la loi du 30 déc. 1872 qui a autorisé au profit de l'Etat, la perception de redevances. V. sur ce point, décret du 25 mars 1852 pour le département, et la loi du 5 avril 1884 pour la commune.

une législation spéciale? Nous croyons donc que le terme
est formellement contredit par les faits (1).

D'autre part, la question a été tranchée par la Chambre en
1838 lorsque vint, devant la Chambre des Députés un projet de la loi relatif aux permissions d'usines et de prises
d'eaux ; le gouvernement désirait se faire autoriser à accorder, moyennant redevances, des permissions d'usines et de
prises d'eaux sur les fleuves, rivières et canaux dépendant
du domaine public; lorsque le projet arriva à la discussion,
une objection fut formulée par un certain nombre de députés.
Est-ce que le gouvernement ne tendait pas à substituer au
droit de police qui lui appartient un véritable monopole des
choses publiques? L'administration a surtout le droit
d'accorder des permissions et non des concessions de jouis-

(1) En ce sens Déjamme, *Des droits de stationnement sur le domaine
public, Revue d'administration*, 1886, t. II, p. 6. Regray, *op. cit.*, p. 54
et p. 115. V. en sens contraire Béquet (de Récy). V. *Domaine*, n° 1.078.
Pand français. V. *occ. du domaine public*, n° 191. Ducrocq, 6ᵉ édit.
t. II, n° 959. Barthélemy (*op. cit.*, p. 396) se rallie à une opinion intermédiaire ou plutôt il adopte l'opinion de Béquet et de Ducrocq avec certaines restrictions ; il reconnaît que la situation du domaine n'est pas
généralement celle du propriétaire qui loue son bien. Toutefois et par
contre, il admet l'analogie de la redevance avec un prix de location, une
stipulation de loyer ; et de là, il conclut que la légalité de la perception
n'est pas attachée à son autorisation annuelle dans la loi du budget.
Nous développons au texte l'idée que, la plupart du temps, la redevance
a le caractère d'une taxe de police, quoique nous reconnaissions que
souvent les apparences sont contre nous. V. dans ce sens un arrêt
de Cassation du 4 nov. 1890 (*Darbon*) (D. 91, 1, 217. S. 91, 1, 16. *Pand.
franç*. 91, 1, 120). V. cependant en sens contraire un jugement du tribunal civil de la Seine du 21 janvier 1853 (D. 55, 1, 241 et D. R. V. *Voirie par eau*, n° 526), aux termes duquel « le droit de stationnement sur
un canal est une indemnité pour l'occupation temporaire d'une portion
du canal qui constitue, par conséquent, un droit de location et n'a nullement le caractère d'un impôt ».

sance sur les cours d'eau navigables et flottables (1). Ces considérations frappèrent la majorité qui repoussa le projet dans sa séance du 22 mars 1838 (2) et à la suite de cette discussion, dans la loi de finances, fut introduit un paragraphe autorisant la perception de « redevances pour *permissions* d'usines et de prises d'eaux sur les rivières navigables et flottables » (3). D'ailleurs, si nous nous trouvions en présence d'un acte autre qu'un acte unilatéral de puissance publique, si nous devions prendre à la lettre les termes de la loi de l'an VII, si nous nous trouvions en présence d'un bail, le preneur aurait le droit de sous-louer ; les créanciers, usant de la faculté que leur donne l'article 2102 pourraient relouer, etc., et toutes ces conséquences ne se produisent pas.

Et surtout, si chaque fois que nous nous trouvons en présence d'une redevance, nous nous trouvions par là même en présence d'un contrat de concession, il ne pourrait appartenir à l'administration d'user du droit qui ne lui appartient que comme un droit de pure puissance publique, c'est à dire de faire cesser la jouissance sans indemnité d'une manière immédiate, par la seule invocation de l'intérêt général ; or, c'est là précisément une faculté qui appartient à l'administration, qu'il s'agisse du stationnement de voitures de toutes espèces soumis à redevance ou de tout autre avantage ; il est toujours loisible à l'administration, usant de son pouvoir de police, de révoquer les autorisations données et cela sans indemnité (4).

(1) *Moniteur* des 16 janvier et 23 mars 1838, p. 109, 654, 656 et 658.
(2) *Moniteur* du 23 mars 1838, p. 658.
(3) V. Loi du 16 juillet 1840, art. 8.
(4) V. Laferrière, *op. cit.*, t. II, p. 652. Barthélemy, *op. cit..* p. 394. Hauriou, *op. cit.*, p. 673. Gauthier, *Précis des matières administratives dans leurs rapports avec les matières civiles et judiciaires*, p. 117. Gaudry, *Du domaine public*, t. I, p. 82.

Toutefois, nous ne méconnaissons pas qu'une grave objection se dresse devant nous. Si la redevance est le prix d'un louage, l'enregistrement percevra un droit ; si, au contraire, il faut voir dans la permission de jouissance un acte unilatéral de puissance publique n'emportant pas transmission de droit au profit du concessionnaire, si la taxe n'est qu'une indemnisation des frais de garde et de police, l'art. 78 de la loi du 15 mai 1818 ne s'applique pas, mais l'art 88 de la même loi, article qui contient les actes exemptés des frais d'enregistrement.

Pour nous donc la question ne saurait faire de doute, malheureusement la pratique constante de l'enregistrement vient nous apporter un démenti. Tous les faits de jouissance privative, qu'il s'agisse de véritables et indiscutables taux, qu'il s'agisse au contraire de simples permissions de voirie soumises à la règle de la révocabilité sans indemnité, tombent sous le coup de l'application de la loi du 15 mai 1818 (art 78) ; peu importe la nature de ces faits de jouissance (1) ;

(1) Cette confusion nous empêche d'adopter le critérium d'après lequel seraient concessions les actes dans lesquelles les faits de jouissance constitueraient emprise sur le sol public et modification de son assiette ; seraient autorisations, les actes renfermant les permissions moins importantes ; il suffit de dire que l'une et l'autre catégorie de permissions sont également révocables pour que l'on ne songe plus à adopter ce critérium. La jurisprudence d'ailleurs est en ce sens ; c'est ainsi qu'un *traité* par lequel une ville autorise un particulier à construire, sur le domaine public communal, des châlets de nécessité moyennant le paiement d'une redevance proportionnelle aux surfaces occupées, mais avec cette clause que la ville peut ordonner la suppression des constructions et la remise des lieux en l'état primitif sans indemnité, a le caractère d'une permission de voirie ; et cela, malgré que le permissionnaire se soit engagé à établir à ses frais les châlets dont il s'agit en retour de la perception des taxes : et cela, malgré que le même bénéficiaire ait toujours pris l'engagement d'exploiter les châlets et de les remettre à l'expiration d'un cer-

peu importe que les occupations soient simplement super-
ficielles (1) ou qu'elles emportent emprise sur le domaine et
qu'elles modifient son assiette; les arrêtés autorisant ces
divers faits privatifs doivent, dans le délai de vingt jours,
être assujettis au droit de o fr. 20 pour 100 francs ou redevance avec un minimum de o fr. 20 au principal (2).

Malgré tout, nous n'en persistons pas moins dans notre
opinion, tout en reconnaissant que la pratique de l'administration de l'enregistrement constitue, contre nous, un argument
considérable; mais il faut faire remarquer que les théories
de l'enregistrement ont généralement infiniment moins le
souci de donner satisfaction aux préoccupations juridiques

tain délai, à la ville, en bon état d'entretien et sans indemnité ; et cela,
malgré l'existence d'un cahier des charges. V. Cons. d'Etat, 29 nov.
1890 (Dorion), 1892, 3, 48. Pand. franç. 91, 4, 23. Donc, non seulement l'emprise sur le sol n'a pas de signification, mais encore le cahier
des charges emporte nullement comme conséquence que l'acte dont il
est suivi est une concession.

(1) V. not. solut., 8 juin 1891 (Journal enregistrement, n° 23927
(châlets de nécessité) 28 juillet 1888, baraques mobiles), etc. le départ
entre les deux catégories d'occupation est nettement fait par l'art. 98 de
la loi du 5 avril 1884.

(2) V. solut., 8 juin 1891, précitée. La pratique de l'enregistrement
est d'autant plus bizarre que faisaient exception à la règle de la nécessité
de l'enregistrement les permissions d'usines et de prises d'eau (v. décret
du Ministre des Finances du 14 septembre 1880 ; Circ. compt. public du
19 juillet 1881, n° 1.368, 109). Pourquoi le domaine fluvial était-il spécialement favorisé? Ou tout au moins pourquoi la logique recouvrait-elle
ses droits seulement en ce qui le concernait? il est probable que cette
unique exception, logique croyons-nous cependant, a fini par paraître
inexplicable ; au lieu de l'étendre, le ministre des finances l'a suppri-
mée, assujettissant toutes ces permissions, dans le délai de 20 jours,
au droit de 0,20 °/₀ (v. décret du Ministre des finances, 11 juillet 1884.
R. Per. enregistrement, art. 6.913. Journal enregistrement, art. 22.953 ;
V. dans Béquet de Coulonjon et Cantrel, v. Enregistrement, n° 621.

que celui de trouver le moyen d'augmenter ses ressources ;
cela est si vrai que les permissions d'usine qui, dans le principe avaient été soustraites au droit, sont maintenant assu-
jetties au paiement du o fr. 20 o/o.

D'ailleurs, la Jurisprudence tend, dans ses derniers monuments, à critiquer la thèse de l'enregistrement. En 1857,
dans deux jugements (1), le tribunal de la Seine avait
fait droit aux réclamations de l'enregistrement et appliqué le caractère de bail à l'acte administratif, dans lequel
une Compagnie puisait le droit de stationnement de voitures de places ou d'omnibus, moyennant redevances ;
mais, le 21 mai 1876 (2), revenant sur les décisions préci-

(1) V. *Journal Enregistrement*, n° 16.570 ; n° 16.633.

(2) Nous rapportons tout au long le jugement qui contient les principes de la matière, trib. Seine, 27 mai 1876. Garnier, *périodique*, 1876,
p. 483. Cf. Regray, *op. cit.*, p. 353 : « Attendu que la ville de Paris concède diverses autorisations d'occuper une partie de la voie publique :

« 1° A des limonadiers, marchands de vin et restaurateurs pour placer,
sur les trottoirs, des tables et des chaises, destinées aux consommateurs ; 2° à des boutiquiers, qui font sur la voie publique étalage de leur
marchandise ; 3° enfin à des commissionnaires ou autres personnes qui
obtiennent la faculté de stationner en un endroit déterminé d'une rue,
ou devant un numéro désigné pour y exercer leur métier, vendre divers
objets ou établir une échoppe ; que ces autorisations sont accordées pour
une année, par des arrêtés préfectoraux et délivrés, après le versement
d'une somme déterminée, sur les formules spéciales, qui portent en tête
ces mots : « permission de stationner sur la voie publique » ; que ces
formules rappellent aux porteurs de ces autorisations qu'ils n'en jouissent que sous certaines conditions, et, en particulier sous celle de se
conformer, dans le délai qui leur serait indiqué, à tout ordre écrit d'enlèvement ou de déguerpissement qui leur serait notifié par l'administration dans le cas, notamment, où cette mesure serait jugée utile par
M. le préfet de police, au point de vue de l'ordre public, sans pouvoir
prétendre à aucune indemnité pour les dépenses faites.

« Attendu que la régie prétend que ces diverses autorisations constituent des locations immobilières sur la voie publique qui tombent dans

tées, le même tribunal décidait que les autorisations accordées : 1° aux limonadiers, marchands de vins et restaurateurs autorisés à placer sur les trottoirs des tables et des chaises, destinées aux consommateurs ; 2° aux boutiquiers qui

l'application des art. 11 de la loi du 23 août 1871 et 6 de la loi du 28 février 1872, et sont, en conséquence passibles du droit de 0.20 °/₀.

« Mais attendu que les autorisations dont s'agit ne sont point de véritables locations, et que, si elles s'en rapprochent à certains égards, elles s'en distinguent par leur caractère et leur objet ; que d'une part, elles sont constamment révocables au gré de la ville et par sa seule volonté, et, qu'au lieu de s'engager, comme tout bailleur, à faire jouir le preneur de la chose louée, la ville ne contracte aucun engagement ; qu'elle n'est liée par aucun lien de droit et qu'elle ne laisse les permissionnaires user de la faculté qu'elle leur octroie, qu'autant et comme il lui convient; que d'autre part, les rues et les voies publiques de Paris ne sont pas au nombre des biens patrimoniaux de la ville ; qu'elles font partie du domaine public et que l'usage en appartient à tous ; que c'est pour cette raison que la Ville n'a jamais entendu conférer sur elles aux permissionnaires un droit de jouissance qui n'est pas dans son domaine propre, et qu'elle ne pourrait, dans tous les cas, leur céder sans risquer de détourner les rues et les voies publiques de leur destination ; qu'il importe peu que les formules des permissions qui sont l'objet du procès contiennent incidemment, comme l'art. 31 de la loi du 18 juillet 1837, les termes « de location d'emplacement sur la voie publique » — qu'en effet, *c'est la nature des actes*, et non la qualification exacte qu'ils reçoivent des parties, qui détermine l'exigibilité de l'impôt — qu'il suit de ce qui précède, que les redevances, payées par les porteurs des susdites permissions, sont moins des loyers que des taxes municipales perçues par la ville chargée de la police et de l'entretien des rues et voies publiques pour subvenir aux frais de cette police et de cet entretien ; qu'en conséquence, le montant des dites redevances échappe au droit de 0.20 °/₀ réclamé par la régie ».

Nous avons tenu à rapporter ce jugement très motivé que, néanmoins sur deux points, nous ne pouvons suivre ; car, d'une part, il semble admettre dans sa dernière partie, l'impossibilité pour le domaine public d'être l'objet d'autre chose que de permissions de voirie, alors que la location n'est nullement incompatible avec l'usage naturel et normal de la voie publique et d'autre part si l'arrêtiste, vers la fin du document

font, sur la voie publique, étalage de leur marchandise et 3° à des commissionnaires ou autres personnes, qui obtiennent la faculté de stationner en un endroit déterminé d' une rue pour y exercer leur métier, y vendre divers objets ou établir une échoppe, le tribunal, disons-nous, décidait que de pareilles autorisations n'avaient pas le caractère de locations. Enfin, le 16 septembre 1882, le tribunal de

rapporté, déclare « qu'il importe peu que les formules de permissions contiennent, etc., » il regarde au contraire, auparavant, comme un argument que les « autorisations sont accordées... sur les formules spéciales qui portent en tête ces mots « permission de stationner sur la voie publique ». Or, il est un point sur lequel nous ne saurions trop insister, et dont nous avons déjà parlé ; en cette matière, le point de vue formel doit être laissé complétement de côté, on doit s'attacher uniquement aux caractères intimes, à la nature intrinsèque des actes ; nous avons vu qu'un acte, accompagné d'un cahier des charges était, parfois, regardé comme une concession ; qu'un acte délivré en forme de permission de voirie pouvait être une concession ; les termes ont si peu d'importance que les deux formules sont souvent employées l'une pour l'autre, ainsi lorsqu'un acte accompagné d'un cahier des charges permet à un industriel de faire des canalisations pour l'organisation de distributions collectives d'éclairage, cet acte est une concession. V. note Cons. d'Etat, 16 mai 1982, *Compagnie du secteur électrique de rive gauche de Paris* contre *Préfet de la Seine*, *Revue des concessions*, p. 403 et suiv. Or, si nous examinons le cahier des charges, nous verrons employés tous les termes, sauf celui de concession :

Art. 1er. — MM. est *autorisé* à placer en terre, sous les chaussées ou les trottoirs, dans le secteur déterminé, etc., Art 11. — La présente *autorisation* est accordée pour une durée, etc., Art. 13. — Le *permissionnaire* restera absolument maître de ses tarifs, sous réserve, etc... tout *permissionnaire*, dans l'étendue du réseau, etc., Art. 22. — A l'époque fixée pour l'expiration de la présente *autorisation*, la canalisation, etc. Donc les termes ici n'ont nulle importance, le terme *autorisation* étant souvent employé dans un sens sous lequel nous l'avons pris, c'est-à-dire opposé à *concession*, étant souvent aussi employé dans un sens très large, compréhensif des deux idées de concession et de permission proprement dites.

Rouen décidait, dans le même sens, que malgré le paiement d'une redevance exigée par la ville, annuellement, du concessionnaire d'un tramway, à titre de droit de stationnement, l'acte administratif ne renfermait pas un contrat de louage « attendu que l'autorisation donnée au concessionnaire, d'exécuter les travaux nécessaires à l'exploitation de la ligne ne constitue pas un bail et qu'on ne saurait considérer la redevance annuelle stipulée par la Ville, comme représentant le prix de la jouissance de l'emplacement sur lequel les voies sont établies » (1).

La Cour de Cassation (2) ne s'est point encore malheu-

(1) V. Rouen, 16 septembre 1882, de Coulonjon, dans Béquet, *op. cit.*, n° 626, note 1.

(2) On pourrait croire que la Cour de cassation a adopté le système d'après lequel toutes les redevances seraient frappées par l'enregistrement comme loyers de taux ; nous trouvons en effet un arrêt du 12 mai 1875 (S. 75, 3, 7 ; Garnier, *Répertoire périodique*, n° 4.508) déclarant que les concessions faites par la ville de Paris aux marchands des halles constituent des locations immobilières, frappées par les droits qu'a établis la loi du 23 août 1871. Cette décision ne prouve rien ; en effet, il s'agit bien là en vérité, de taux, car les concessions dont il s'agit sont faites sur le domaine privé. (V. dans le même sens : *Décision du Ministre des finances*, 30 sep. 1873. D. 75, 3, 7. S. 74, 2, 125 ; v. encore Dalloz, *Répertoire d'enregistrement*, n° 3.089. Cf. Regray, *op. cit.*, p. 355). Le conseiller rapporteur dans cette affaire (M. Tardif) a fait croyons-nous, très justement la distinction que nous avons faite nous-mêmes : « Lorsqu'il s'agit de marchands forains sans place fixe, qui étalent leur marchandise sur la voie publique, on peut dire que la taxe qui, dans ce cas, est payable par jour, qui est perçue sur le lieu même, est destinée à indemniser la commune des frais de police et de surveillance qui lui incombent. Due et exigée uniquement en vertu des règlements municipaux et du tarif, elle n'est pas rigoureusement le prix d'une location. Mais en est-il de même, lorsque, sur la demande d'un détaillant, adressée à l'administration, de lui accorder moyennant le prix fixé au tarif, la jouissance d'un emplacement déterminé, dans les halles et les marchés couverts qui appartiennent à la Ville, qu'elle a fait

reusement prononcée sur ce point ; mais nul doute qu'elle ne suive la voie qui lui est si nettement indiquée par la Jurisprudence que nous avons exposée et qui est d'autant plus remarquable qu'elle revient sur ses décisions antérieures et adopte une manière de voir diamétralement opposée à celle qui l'avait d'abord guidée.

Nous croyons donc impossible de dire que chaque fois qu'une jouissance privative est soumise à redevance, nous nous trouvons en présence d'une concession et nous croyons également impossible de dire que chaque fois que cette redevance n'est pas perçue, nous sommes en présence d'un acte unilatéral de puissance publique. Les arguments que nous avons donnés sont, croyons-nous, trop nombreux et trop forts, malgré l'argument que l'on peut tirer de la pratique de l'enregistrement, pour nous permettre d'avoir le moindre doute.

Nous avons déjà dit, en examinant la manière dont les concessions se présentaient à nous qu'il était également impossible de regarder comme devant être le critérium adopté, celui en vertu duquel une occupation privative nécessite une concession lorsque l'occupation sollicitée tend, soit à l'appropriation du domaine, soit à l'exécution d'ouvrages destinés à un service public, alors qu'une simple

construire, cette concession a été consentie ? Dans ce cas, il n'est pas contestable qu'une convention a eu lieu, et son caractère ne peut plus être que celui d'un contrat de location : il ne s'agit plus d'une occupation accidentelle ; c'est le contrat qui oblige le preneur à payer à la Ville le prix de la jouissance temporaire qui lui a été transmise, comme il oblige la Ville à la lui assurer exclusivement ». (Conclusions rapportées par M. Regray, *op, cit.*, p. 355 et 356). V. Garnier, *périodique,* 1876, p. 483, 1883, n° 6067-68 *et Répertoire alphabétique, Concession.* Sollier, *Dictionnaire du timbre et de l'enregistrement,* 1860. Chauveau, *Journal du droit administratif,* 1875, p. 7. Barthélemy, *Traité, op. cit.,* p. 396.

autorisation suffit quand l'occupation sollicitée a pour but la satisfaction d'un intérêt personnel ou d'un besoin privé (1). Dans beaucoup de cas, il est vrai que les choses se passent d'une manière telle que l'on peut croire au bien fondé du critérium en question : mais c'est plutôt la conséquence de l'idée que nons allons émettre; de plus, le critérium en question, n'a rien de scientifique, car il fait dépendre la nature juridique de cet acte de son but. Sans nul doute, le but d'un acte n'est pas absolument indifférent à la nature juridique de cet acte ; mais cependant, il est inadmissible d'admettre et d'affirmer, la nature juridique d'un acte étant avant tout la constitution intrinsèque d'une manifestation d'activité donnée, que le but *détermine* la nature juridique. Enfin ce critérium est faux, car nous avons longuement insisté sur cette idée que l'appropriation du sol ne change nullement la nature de l'acte qui permet l'appropriation et que la satisfaction d'un besoin autre qu'un besoin privé ou qu'un intérêt personnel pouvait donner lieu à autorisation.

La distinction, suivant, nous est basée sur le principe de droit public de l'égalité de tous les hommes : tous les administrés doivent être traités, en règle générale, de la même manière ; mais il peut arriver que pour une raison — la raison de l'intérêt général — il soit nécessaire de faire sortir les citoyens de cette égalité, de conférer aux uns un droit plus fort et plus exclusif que de celui des autres, lorsque par exemple les services publics l'exigent; dans ce cas, croyons nous, il faut un acte autre qu'une autorisation; l'autorisation, avons-nous dit, est l'acte dans lequel on rend actuel un droit éventuel, mais cette *actualisation* est subordonnée à l'intérêt général ; on ne peut dire qu'un citoyen a

(1) V. *Suprà.*

éventuellement le droit d'être plus puissant qu'un autre
citoyen ; dans le cas donc où l'égalité est rompue, il faut
une concession ; la concession est donc l'acte qui confère à
un particulier un droit qu'il n'avait pas, alors que l'autorisation n'est que la mise en exercice d'un droit possédé antérieurement en germe ; le concessionnaire de travaux publics,
le concessionnaire du domaine public des cimetières (1),
le bénéficiaire d'un monopole de fait ne peuvent dire qu'ils
avaient le droit de jouir, même potentiellement, des privilèges que l'administration leur a donnés. Mais une double
objection se dresse ici ; d'une part, dit-on, en quoi peut-on
dire que les concessions sur le rivage de la mer, par exemple, les concessions et dérivations minières sur les cours
d'eau navigables ou flottables (Art. 4, Loi 8 avril 1898. Art.
41-42, Loi 8 avril 1898) soient des concessions ? Lèsent-elles
d'une manière ou d'une autre l'égalité des citoyens ? Chaque
citoyen peut les obtenir et elles rompent si peu l'équilibre

(1) Ce n'est pas là d'ailleurs la première fois qu'un critérium profond,
par la difficulté d'application, se voit substituer un critérium tout formel.
Nous n'en prenons qu'un exemple dans le domaine du droit constitutionnel. La souveraineté est le critérium de l'Etat. Mais, en présence
d'un système d'Etats, il est difficile de résoudre la question de savoir
si l'on se trouve en présence d'un Etat fédéral ou d'une confédération
d'Etats. Au lieu de s'en referer au critérium de la souveraineté même,
on s'en refère « au critère extérieur et distinctif de la souveraineté »
qui est le droit de déterminer librement sa compétence, c'est-à-dire
« la compétence de la compétence » ; si le pouvoir central possède
« cette compétence de la compétence » il est détenteur de la souveraineté : il y a Etat fédéral ; au cas contraire, la souveraineté est repartie
entre les divers Etats, il y a non plus *un* Etat composé, mais une confédération d'Etats ; sur cette question V. Le Fur, *op. cit.*, p. 465 et suiv.
Nous pourrions, mais c'est inutile, parce qu'évident, multiplier les cas
où le critérium profond étant impossible à atteindre, on recourt à « un
critère extérieur et distinctif. »

que doit garder l'administration, que l'administration peut
les révoquer sans indemnité. Nous répondrons qu'en effet,
c'est par une erreur de langage que de pareils actes sont
rangés dans les concessions si l'on croit qu'elles ne touchent
pas à l'égalité des citoyens et nous pensons en effet que
toutes les concessions révocables sans indemnité, rentrent
plutôt dans la notion des autorisations telle que nous
l'avons exposée : mais si, au contraire, on considère que
le concessionnaire a des avantages dont on eût vainement
cherché le germe antérieurement à l'acte de concession,
c'est à bon droit qu'on les considère comme de véritables
concessions : car l'égalité peut être rompue de deux façons,
soit parce que l'activité des autres citoyens est entravée,
(comme dans les monopoles de fait) soit parce que le bénéficiaire jouit d'avantages que n'ont pas, ou que n'auraient pas
tous ceux qui requièrent un avantage semblable ou une occupation similaire. Ainsi, nous affirmons très hardiment que,
pour nous, le critérium de la concession est la rupture de l'égalité entre les divers administrés, rupture effectuée par l'administration, par raison d'intérêt général et pour le mieux des
services publics ; sans nul doute, nous trouvons souvent
dans notre littérature administrative des confusions entre
les termes d'autorisation et de concession ; il n'y a pas
lieu de s'en étonner. D'abord, nul langage n'est plus exposé
à varier que le langage administratif ; nous n'en voulons
d'autre preuve que les significations très différentes données, au cours de ce siècle, à l'expression *domaine public* ;
d'autre part, il y a peu de temps que l'on a cherché à établir la distinction des deux termes et le législateur, comme
l'administrateur, croyait donc pouvoir se servir indifféremment des deux expressions.

G. — 18.

Le terme : « concession » a donc un sens très spécial ; on doit s'en servir chaque fois qu'il y a *rupture d'égalité ;* mais, comme il est parfois très difficile de savoir si cette rupture se produit ou non, on devra recourir souvent à un critérium apparent, la *révocabilité*, nous ne voulons pas dire qu'il soit le seul, mais c'est un des plus tangibles.

De ce que le concessionnaire, à une époque déterminée, peut voir sa jouissance finie sans indemnité, de par la seule volonté de l'administration, faut-il en conclure cependant qu'il n'y a pas concession si l'on adopte encore, comme nous le ferons, l'idée que la concession est contrat ? Nullement, l'idée de contrat n'est nullement contredite par l'idée que l'un des contractants se réserve le droit de dénoncer le contrat pour une cause déterminée (art. 1134 Civ). La clause est de style dans certains cas et voilà tout. Donc il y a concession chaque fois que l'égalité naturelle de tous les citoyens est rompue, ou que les citoyens jouissent d'un droit nouveau et plus fort qu'ils n'eussent pu naturellement l'espérer. Mais alors, et c'est là la seconde objection, le critérium que l'on donne des concessions n'est nullement rigoureux ; c'est là une pure question de fait, qui de la solution donnée fait un véritable cercle vicieux. La concession, dites-vous, est l'acte qui rompt l'égalité de tous les administrés ; mais en vertu de quel principe supérieur cette égalité sera t-elle rompue ? Nous répondrons en vertu du principe supérieur de l'intérêt général.

Et l'intérêt général, nous objectera-t-on, qui en sera juge ? Nous répondrons : l'administration, parce que la loi lui aura donné ce pouvoir. Il est évident que l'intérêt général peut commander à l'administration de donner un droit plus fort que celui conféré par une autorisation. Est-ce qu'un

entrepreneur de services publics consentirait à faire des travaux sur la voie publique, par exemple (1), si l'administration
pouvait du jour au lendemain, même pour un motif grave
révoquer les permissions données? Nullement. D'autre part
le citoyen n'est pas aussi désarmé qu'on peut le croire ; en
matière de domaine public et c'est, nous le répétons, la
matière que nous avons choisie en exemple, car c'est là où
les deux catégories d'actes se touchent le plus souvent,
les monopoles de droit sont impossibles. Il est vrai que les
monopoles de fait le sont (2). Mais nous avons dit que les

(1) Lorsque nous parlons de l'impossibilité, pour un entrepreneur,
d'établir un service public sans monopole, nous entendons par là
une impossibilité qui n'a rien de juridique ; à ce point de vue, un service public peut être parfaitement organisé sans monopole. Voir une
note de M. Hauriou sous Conseil d'Etat, 26 déc. 1891, *Compagnie du
gaz de Saint-Etienne c. ville de Saint-Etienne*, s. 94, 3, 2. Non seulement le savant professeur expose l'idée que nous venons d'émettre,
« l'organisation du service public n'entraine pas par elle-même le monopole » (V. encore note sous Conseil d'Etat, 20 déc. 1891, *Chemin de fer
du Midi*, s. 1893, 3, 18 ; P. 1893, 3, 17), mais de plus il se montre
défavorable à cette institution « d'origine douteuse, fille de la seule
nécessité » et conclut dans les questions litigieuses à une interprétation très stricte.

(2) Le Conseil d'Etat admet la validité de ces monopoles de fait, tout
en reconnaissant l'impossibilité des monopoles de droit. Notamment la
haute assemblée reconnait la légalité des engagements par lesquels les
villes en passant un traité avec une compagnie d'éclairage, promettent
de refuser des permissions de voirie à toute entreprise concurrente
« considérant que si les communes ne peuvent constituer au profit d'un
tiers le monopole de l'éclairage privé, il leur appartient pour assurer sur
leur territoire le service de l'éclairage, tant public que privé, de s'interdire d'autoriser ou de favoriser sur le domaine municipal tout établissement pouvant faire concurrence à leur concessionnaire (C. d'Etat,
20 mai 1881, *ville de Brest ;* v. Cass., 8 août 1883, s. 84, 1, 267, Cass.,
12 juin, *Maubeuge*, s. 93, 3, 64 et les renvois) ; 29 décembre 1891,
Saint-Etienne et Montluçon, s. 94, 3, 1 et la note ; v. C, d'Etat, 11

autorisations étaient essentiellement subordonnées à l'intérêt général ; donc les administrés non autorisés ne sauraient se plaindre de l'octroi à un autre administré d'un monopole de fait ; et cela est d'autant plus vrai qu'ils retrouvent d'un

janvier 1895, *Compagnie du gaz de Limoges* c. *ville de Limoges. Revue des concessions*, p. 72 et suiv. ; C. d'Etat, 2 février 1894, *dame veuve Stears* c. *ville d'Argentan. Revue des concessions*, p. 111 ; C. d'Etat, 27 décembre 1901, *Pécard frères* c. *maire de Nevers, préfet de la Nièvre et ville de Nevers. Revue ibid.*, p. 168 ; 29 mars 1895, *compagnie du gaz de Nevers* c. *ville de Nevers. Ibid.*, p. 163 ; C. d'Etat, 22 juin 1900, *commune de Maronne* c. *compagnie du gaz de Déville-lès-Rouen. Revue ibid.*, p. 215 ; C. d'Etat, 22 novembre 1897, *héritiers Jeanmaire, concessionnaires du gaz de Bar-le-Duc* c. *ville de Bar-le-Duc. Revue ibid.*, p. 401, etc. ; v. pour les concessions de distribution d'eau, C. d'Etat, 17 novembre 1882 et le rapport de M. Marguerie, décembre 1882, p. 886 et suiv. Nous opposons ici le monopole de fait au monopole de droit (Condorcet, *Monopoles et monopoleurs*) ; c'est la seule distinction qui ait pour nous de l'intérêt ; ils sont séparés en ce que le premier qui résulte des circonstances a pour seul résultat de *limiter* la concurrence sans la supprimer entièrement, alors que les seconds qui ont leur point d'appui en un texte de loi positif, *suppriment* entièrement la concurrence : il y a encore de nombreuses distinctions des monopoles en naturels, artificiels (*La Concurrence et le monopole*, par Le Hardy de Beaulieu. *Journal des Economistes*, 2ᵉ série, t. 36, p. 325 ; J. Stuart Mill, *Principes d'économie potitique*, trad. Courcelle-Seneuil, 4ᵉ édit., p. 32 ; Fauveau, *Des monopoles naturels. Journal des Economistes*, 4ᵉ série, t. I, p. 67, distingue cinq classes de monopoles naturels ; Foxwell, *Du développement des monopoles dans leurs rapports avec les fonctions de l'Etat. Revue d'économie politique*, 1889, p. 459 et suiv., distingue quatre espèces de monopoles, etc. La distinction que nous avons donnée est la seule qui nous intéresse ; mais cependant nous tenons à dire — par les exemples que nous en avons donnés — qu'elle n'est ni unique ni classique. Sur cette question et sur celle, plus intéressante, de savoir si les communes ont en droit et à considérer l'intérêt économique, le pouvoir de concéder des monopoles, voir le très intéressant travail de M. Pilon que nous avons déjà cité et sur lequel nous reviendrons : *Des monopoles communaux*, Caen, 1898, p. 20 et la note et p. 32 et suiv.

autre côté, par un système de compensation, les avantages qu'ils perdent par ailleurs, étant appelés, dans le cas d'un service public, notamment, à jouir des avantages qui résultent de la concession. Et ce qui prouve combien notre critérium est exact, c'est que, lorsqu'une occupation privative est destinée à la satisfaction d'un besoin purement privé, cette occupation, ne peut être assurée par un acte la rendant irrévocable (1); elle est toujours révocable; pourquoi, sinon parce qu'aucun citoyen n'a, en germe, le droit d'occuper privativement le domaine public, à l'exclusion des autres administrés. Et pourquoi un citoyen n'a-t-il jamais en germe le droit d'occuper à l'exclusion de tout autre le domaine public, sinon parce que l'intérêt général ne peut jamais commander un pareil exclusivisme. Cela est si vrai que, toutes les fois que d'un acte de l'administration résulte un monopole de fait, cet acte de l'administration ne peut pas être une autorisation; ce ne peut *être qu'une concession*. Il est si vrai que l'autorisation n'est faite que pour rendre actuel un droit potentiel, que pour donner à une activité tout son pouvoir, sans empiéter sur la sphère des autres activités, cela est si vrai disons-nous (2) que si une action, un acte, donnait à un individu des droits plus forts que ceux auxquels il a naturelle-

---

(1) Voir les conclusions de M. le commissaire du gouvernement Romieu sous C. d'Etat, 6 juin 1902, *Goret c. maire de Bar-le-Duc. Revue des concessions*, p. 413; v. en outre en matière d'éclairage. C. d'Etat, 25 mai 1900, *Soubirous. Revue des concessions*, p. 375, de canalisation d'eau; 21 février 1890, *commune d'Ivry* et 12 juin 1891, *ville de Maubeuge*.

(2) Ainsi un arrêté de police d'un maire sur le stationnement des voitures d'où résulterait un monopole de fait pour une entreprise d'omnibus serait entaché d'excès de pouvoir (C. d'Etat, 15 février 1864, *Lesbats*, 1ᵉʳ août 1870, *Bouchardon*) alors qu'une concession conférant le même monopole serait valable. Cf. Hauriou. *Précis*, p. 672, note 2.

ment droit, s'il lui donnait par exemple un monopole de fait, cet acte, au cas où ce serait une autorisation, serait entaché d'excès de pouvoir. C'est ce qui explique encore, croyons-nous, pourquoi les entreprises industrielles sont *généralement* (1) réglées par des concessions, l'entrepreneur courrait, ainsi que nous l'avons fait remarquer, des risques trop grands si la vie de l'entreprise n'était pas assurée par une irrévocabilité qui dépasse, je ne dis pas la destination naturelle, mais tout au moins normale de la voie publique ; et là une autorisation ne suffit plus : parce que l'on ne peut plus parler chez l'entrepreneur d'un droit qui lui appartenait ; nous voulons toutefois que l'on ne se méprenne pas sur la portée du terme : droit éventuel ; droit éventuel n'est pas la capacité ; il faut sans nul doute que l'entrepreneur, ou d'une manière plus générale le concessionnaire, soit éventuellement en puissance de la capacité requise pour traiter et pour jouir des droits qui lui appartiendront dans la suite ; ce que nous voulons dire, c'est que, précisément parce qu'ils ne sont pas inhérents à sa nature de citoyen et d'administré, les droits du concessionnaire ne *peuvent* pas s'exercer d'eux-mêmes dès que l'intérêt général ne s'y oppose pas, comme nous le voyons pour les actes dits nécessaires (2) et qui,

(1) Car « s'il est désirable, au point de vue administratif, que toutes les entreprises de distribution de lumière ou de force ne s'établissent qu'en vertu de traités de concession, *il n'est pas niable, au point de vue juridique*, qu'elles peuvent exister en vertu de simples autorisations de voirie ». La jurisprudence en fournit de nombreux exemples (C. d'Etat, 5 décembre 1855 ; 27 mars 1856 ; 17 novembre 1882 ; 22 juin 1888 ; 1ᵉʳ juillet 1898. Cf. dans la *Revue des concessions*, un article de MM. G. Frénoy et L. de La Taste, p. 200 et suiv.)

(2) Sur les actes nécessaires et sur la notion qui se dégage de la jurisprudence. V. Regray, *op. cit.*, p. 134 et suiv. ; v. Cass. criminelle, 31 mars 1865 *(Gachignard)*, s. 65, 1, 368 ; 6 mars 1884 *(Mongis)*, D. 35,

pour contenir une autorisation purement implicite, n'en contiennent pas moins une autorisation.

Donc, résumant nos explications antérieures, nous dirons : *doit* être concession l'acte qui rompt l'égalité naturelle des citoyens ; *doit* être autorisation l'acte qui ne fait que rendre actuel un droit possédé à l'état potentiel; mais nous ajoutons: *peut* être concession et partant rompre cette égalité un acte qui n'est que le prolongement et la conséquence d'un droit potentiel ; cela revient à dire qu'à côté des situations qui lèsent *nécessairement* l'égalité de tous les citoyens, il peut être donné à l'administration, si elle croit que l'intérêt public l'exige, de transformer une autorisation en concession, c'est-à-dire de permettre dans une concession une occupation qui eût pu être naturellement donnée en une autorisation. C'est ainsi que le stationnement des voitures peut être permis en une autorisation ; mais l'administratiou peut juger que l'intérêt supérieur commande que le stationnement appartienne à une personne donnée à l'exclusion des autres; dans ce cas là, comme nous l'avons dit, nécessité d'une concession.

Nous croyons que c'est ce critérium qui, en droit spéculatif, est de beaucoup le meilleur, puisqu'il est basé sur un principe de droit public ; nous ajouterons que, dans le droit objectif, c'est lui qui est suivi et qui est destiné à être adopté ; nous avons montré que chaque fois qu'une appro-

1, 47; s. 85, 1 460 ; 21 novembre 1884 (*Santelli*; 10 janvier 1885 (*Lota*); D. 85, 1, 178-179; s. 86, 1, 190; 17-23 novembre 1893, 3 espèces ; *Plateau, Lieugard, Cordier*), D. 96, 1, 476-477 ; s. 112 et 160 ; v. le Code pénal annoté de Dalloz sous l'art. 471, n° 275 et suiv., 415 et suiv. ; v. en outre Cass. crim., 28 décembre 1894 (*Roy*), s. 95, 1, 156 : Cass. crim. (*M. public c. Planteau*), D. 96, 1, 476, etc.

priation du sol public était destiné à la satisfaction d'un besoin privé, une autorisation suffisait, d'abord parce que l'administration a l'obligation, toutes les fois que l'intérêt général ne s'y oppose pas, de rendre actuel ce droit que l'administré possédait en puissance, et ensuite croyons-nous, parce qu'ici, il ne peut être question de privilège, de rupture du principe d'égalité ; nous ajouterons qu'une circulaire du 15 août 1893, que déjà nous avons eu l'occasion de citer, nous confirme dans notre opinion, au surplus, voici le passage qui nous intéresse : « Il peut arriver qu'un particulier (par exemple dans le cas où sa propriété est coupée en deux par une voie publique) demande à établir sur cette voie, pour son propre usage, une canalisation de gaz ou un conducteur électrique ; rien ne s'oppose à ce que cette autorisation lui soit accordée à titre de permission de voirie précaire et révocable, pourvu qu'il n'en résulte aucun inconvénient pour la circulation. Mais lorsqu'un particulier demande à établir sur une voie publique, quelle qu'elle soit, de grande ou de petite voirie, des ouvrages permanents, destinés à un usage collectif pour faire le commerce de leur exploitation, l'autorité compétente n'a plus seulement à examiner la question de savoir si l'existence de ces ouvrages est incompatible avec l'utilisation normale du domaine public : elle *doit examiner en outre si l'installation demandée n'est pas de nature à créer à son auteur une situation privilégiée*, en laissant le public sans garantie contre ses exigences. Dans l'affirmative, elle doit prendre les précautions nécessaires pour que les avantages offerts par l'exploitation dont il s'agit soient assurés, aussi largement et aussi équitablement que possible, à tous ceux qui seraient en situation d'en profiter. *Il ne suffit plus, dès lors, d'une simple permission de voirie,* etc... *L'autorisation doit être donnée par un acte de concession* qui réglemente cette exploitation et qui en fixe le maximum ».

Ainsi, il paraît résulter de cette circulaire même que chaque fois qu'une occupation tend à faire sortir les administrés de l'égalité dans laquelle ils doivent vivre, il est nécessaire qu'une concession intervienne. Les concessions dont nous avons essayé de prouver les divergences avec les autorisations se séparent des actes d'exécution en ce que le droit objectif joue vis-à-vis des uns et des autres, un rôle différent. Dans les actes d'exécution, le droit est créé par la législation positive elle-même ; dans les concessions, le droit objectif se contente d'indiquer la possibilité, pour l'administration, de faire naître ou de ne pas faire naître un droit chez l'administré. L'administration est libre de donner ou non ce privilège ; l'administration est ici guidée comme toujours par l'intérêt général, mais, ici, ce n'est plus l'activité *juridique* de l'administration que nous voyons en mouvement, comme dans les autorisations, c'est-à-dire cette activité qui, ayant pour but la protection du droit, *limite* la sphère d'activité naturelle à chaque individu, sans autre fin que la conservation de l'ordre et le maintien de la paix ; c'est *l'activité sociale*, c'est-à-dire cette activité qui n'a pas seulement ce but négatif que nous venons d'exposer, mais un but positif de progrès, de développement et qui est atteint non seulement, par la restitution à l'individu de ses droits naturels, mais par la constitution d'autres droits auxquels la seule qualité d'homme et d'administré ne donnait à cet individu aucune raison de prétendre.

§ II. — Nature juridique des Concessions

Nous avons vu, dans notre première partie, que l'acte appelé concession était essentiellement un acte discrétionnaire, laissant à l'administration toujours présumée agissant dans l'intérêt public, une latitude considérable. Nous avons dit que l'administration et c'est, une conséquence de cette idée, était libre d'accorder ou de refuser la concession(1),

(1) « La concession directe étant exclusive de tout concours, le Gouvernement jouit de l'indépendance la plus absolue dans le choix du concessionnaire, nul, en général n'a droit à sa préférence. Il choisit le soumissionnaire qui lui paraît présenter, les meilleures garanties, *sans que les concurrents évincés puissent, sous aucun prétexte, demander par la voie contentieuse, le retrait de la concession.* Il s'agit ici d'une pure faveur, et la voie contentieuse n'est ouverte que lorsqu'un droit positif est lésé » (C. d'Etat, 26 juillet 1854, *Malboz*, 704). V. Christophe et Auger, *op. cit.*, t. II n° 1469, p. 9).

Il est absolument impossible de se pourvoir au contentieux contre un refus de concession (Cons. d'Etat, 28 juillet 1820. Lebon, t. II., p. 712, 23 décembre 1844, Lebon, p. 669, D. P. 45, 3,763).

Prenons encore un exemple : « En matière de concession de cimetières, quel recours appartient au particulier qui croit avoir à se plaindre d'un refus de concession ? s'il n'y a pas de délibération du Conseil municipal, autorisant d'une façon générale les concessions dans des conditions déterminées, le refus d'une concession par la commune nous parait absolument inattaquable ; celle-ci est, *en effet, absolument libre d'établir ou* de ne pas établir de concessions dans son cimetière. » Fuzier Hermann, V. Cimetières, n° 217. La question devient plus délicate lorsqu'il y a une délibération du Conseil municipal autorisant les concessions et que le tarif a été approuvé par le préfet. Fuzier Hermann croit qu'il y a possibilité d'admettre le recours pour détournement de pouvoirs, nous sommes d'un avis diamétralement opposé ; aucune raison ne justifiera ce recours contentieux qui cependant, et de l'avis de tout le monde, est le seul possible ; aussi, lorsqu'il s'agit de justifier sa théorie, Fuzier Hermann ne découvre que des raisons de pur fait : « souvent, dit-il, le caractère injurieux du refus, se manifestera d'une façon très

précisément parce qu'il était impossible à l'administré de revendiquer un droit, soit actuel, soit potentiel à la possession du droit concédé. Il semble donc, à conduire cette idée jusque dans ses dernières limites que, puisque l'administration a le droit d'accorder ou de refuser la concession, elle a, par là même le droit de retirer au concessionnaire les avantages ou les droits concédés ; puisque c'est elle qui donne, elle seule peut retirer et puisqu'elle est guidée par l'intérêt général et l'ordre public, ce même intérêt général et ce même ordre public, semble-t-il, doivent-être suffisants pour lui permettre de retirer à son gré les avantages concédés. Il n'en est rien, et pour peu que l'on parcoure la série des concessions, en se référant non à la terminologie

apparente et le recours devra être admis avec d'autant moins d'hésitation par le Conseil d'Etat que l'on imagine avec plus de peine les raisons d'intérêt général qui auraient pû pousser un maire à refuser une concession à tel individu, quand il en accorde une à tel autre dans les mêmes conditions. Il pourrait arriver cependant que le refus général s'appliquât, par exemple, à toutes les demandes de concessions formées par des individus non domiciliés dans la commune. On comprendrait aisément que le désir de réserver des places à ceux qui y ont pour ainsi dire un droit plus spécial, légitimât le refus du maire. Mais si le refus est spécial à telle demande, on présumera volontiers, *en fait tout au moins*, qu'il n'a pas été dicté au maire par une pensée d'intérêt général et cet acte pourra, par ce motif, être annulé. *Quant au droit même de l'autorité municipale de refuser des concessions dans les lieux où il en est établi par les règlements, à ceux qui se soumettent a ces règlements, il est certain* et résulte avec évidence de la suppression dans le projet d'ordonnance du 6 décembre 1843, d'une disposition qui enlevait expressément ce pouvoir aux représentants de la commune. » Nous ne pouvons accepter cette manière de voir ni adopter de pareilles distinctions, après avoir reconnu que le pouvoir de l'administration ici est *certain*, il faudrait croyons-nous, autre chose que des considérations de fait, il faudrait un texte pour enlever à l'administration le pouvoir discrétionnaire et établir une présomption en contradiction avec sa liberté.

de notre droit administratif, dont nous avons signalé l'inexactitude, mais au critérium indiqué, on peut voir que le retrait ne peut pas être effectué par la seule volonté de l'administration, sans indemnité, et encore que l'on ne puisse invoquer aucune faute de la part des concessionnaires, sur la seule invocation de l'intérêt général. Il est vrai que l'on peut citer un certain nombre de concessions, dont les concessions sur le rivage de la mer, où le retrait de la concession est possible sans indemnité et par le seul fait qu'il y a intérêt général à retirer la concession obtenue ; mais ceci n'est point un argument et à ce sujet, nous ne pouvons que répéter ce que nous avons dit et prouvé : le langage du droit administratif en cette matière, d'une part, est singulièrement imprécis et cette imprécision, d'autre part, tient à ce que la véritable nature des concessions n'est point établie. Pour nous qui considérons la concession comme étant l'acte nécessaire en cas de rupture d'égalité entre les divers citoyens, nous devons nous demander si ces diverses concessions donnent aux permissionnaires une situation privilégiée : question de fait, d'appréciation, variant suivant chaque permission et pour laquelle il est, partant, impossible de fixer des règles immuables ; mais de deux choses l'une : ou bien, on considère que ces diverses permissions créent une situation toute spéciale au permissionnaire, faisant naître en lui un droit nouveau, ou bien l'on estime qu'il n'y a, en la permission, qu'une manifestation d'un droit préexistant, qu'une autorisation ; dans le premier cas, l'administration devra décider qu'il n'y a pas possibilité pour elle, quelle que soit l'urgence des motifs, de révoquer sans indemnité; dans le second cas l'administration jouira, en vertu, des principes que nous avons exposés, d'une liberté pleinement discrétionnaire, en apparence tout au moins, car l'intérêt général en sera la limite.

Et de fait, pour peu que l'on parcoure la série des concessions, concessions de travaux publics, de chemins de fer, concessions dans les cimetières, etc., on verra que le retrait est impossible sans indemnité alors qu'il n'y a aucune faute du concessionnaire, par la seule volonté de l'administration ; il est vrai que dans certaines concessions, nous trouvons une révocation de la concession (1) par le seul fait de l'administration, mais pour certains actes des concessionnaires ; c'est là une véritable déchéance prévue et réglée par la loi et ne comportant nullement un pouvoir souverain de l'administration ; bien souvent, en droit privé, dans les contrats, il nous a été donné d'assister à une dénonciation du contrat pour des faits prévus par les deux parties ; ici, il en est de même.

Mais quelle est la nature de cet acte que nous avons nommé concession ? Les difficultés sont rendues plus grandes encore par ce fait que la concession est attribuée en des actes très divers, et souvent, notamment, en un arrêté ou en un décret, en un mot, en un de ces actes qui, évoquant l'idée de la puissance publique, font croire au pouvoir entièrement discrétionnaire de l'administration. Aussi, ne sommes-nous nullement étonnés, en parcourant la série des opinions qui se sont produites de voir les divergences les plus notables quant à l'attribution, à la concession de sa nature juridique.

Nous avons dit qu'un certain nombre d'écrivains, frappés surtout par le côté formel de la concession, à l'étranger notamment, ont fait de la concession un acte unilatéral et

(1) V. *Suprà.*

ont répudié toute possibilité d'y voir un acte d'une nature contractuelle.

Et quand ceux-là qui ont adopté la théorie de la concession acte contractuel, veulent arriver à une notion plus précise, combien de divergences ne peut-on pas constater : contrat *sui generis* (1) ou acte *sui generis* (2), pour les uns, traité de concession, ou « contrat bilatéral en soi (3) pour les autres ; contrat d'intérêt public rappelant tantôt la vente, tantôt le louage, tantôt la donation » (4) pour certains ; toutes les opinions se sont produites.

Enfin, d'aucuns, faisant une part au côté formel, et une autre part au côté matériel, voient dans la concession, non plus un seul et même acte, mais bien deux actes ; et pour établir cette division, ces mêmes auteurs donnent de la concession une définition toute spéciale ; la concession ne désignera plus l'ensemble de l'acte par lequel le particulier est subrogé dans les droits de l'être public, mais la concession ne sera plus que « le prix de l'entreprise » ; la manifestation de l'activité juridique étrangère à ce prix, ce sera « l'acte qui accompagne la concession » (5) ; sans vouloir entrer dès maintenant dans la critique de cette

(1) Aucoc, Mantellini, Ducrocq, Bathie, *op. et loc. cit.*

(2) Dufour, *op. cit.*

(3) Hauriou, *Précis, op. et loc. cit.*

(4) Perriquet, *Contrats de l'Etat*, n° 254, p. 242.

(5) Pilon, *op. cit.*, p. 75. Aujourd'hui, il y a une tendance à voir dans cette même manifestation d'activité juridique qu'est la concession, non pas *un* acte, mais *deux* actes, comme si l'intimité, ou plutôt la dépendance complète de l'un de ces actes vis-à-vis de l'autre, n'étaient pas la preuve la plus éclatante de cette unité. Nous verrons en étudiant les objections générales que l'on a faites contre le contrat de droit public et surtout les objections spéciales que l'on a élevées contre l'application des principes des contrats aux concessions, les raisons qui ont fait adop-

théorie, critique sur laquelle nous reviendrons, faisons remarquer que cette définition de la concession est toute arbitraire ; et l'on ne peut savoir en vertu de quel principe il est permis de détacher d'un acte ce qui n'en est qu'une partie, puisque les auteurs en question déclarent eux-mêmes que ce n'en est « que le prix » pour donner à cette partie de l'acte, le nom de l'acte tout entier, d'autant que la question reste toujours embarrassante, quand il s'agit de savoir sous quel nom désigner l'acte en question et quelle nature exacte lui assigner.

Quoiqu'il en soit, nous pouvons dire, après ce rapide exposé que trois opinions se sont manifestées en présence de la nature juridique de la concession; acte unilatéral de puissance publique, contrat, acte intermédiaire, tout à la fois contractuel et de puissance publique.

Pour nous, d'abord, la concession ne forme pas un acte à double face, ou plustôt bipartite, tout à la fois contractuel et non contractuel ; d'une part, ceux-là — et c'est cependant une tendance très moderne — qui ne pouvant méconnaître la nature contractuelle, les obligations réciproques des deux parties, l'objet, etc., ont été forcés de sacrifier à l'idée de contrat, mais avec des restrictions, n'ont généralement envisagé que l'hypothèse où, à l'adjonction d'un acte

ter ce caractère bipartite de la concession. Dans le même sens que M. Pilon, voir Regray, *op. cit.*, p. 108, n° 80, s'exprimant comme suit, parlant des concessions de cimetières : « La concession — perpétuelle ou temporaire — s'analyse en un acte de puissance publique, accompagné d'une convention, par laquelle la commune s'engage à fournir au concessionnaire la jouissance à perpétuité, ou pendant trente ans, d'un terrain d'une dimension déterminé. » Nous croyons qu'ici, M. Regray est lui aussi touché par des considérations d'ordre formel. Nous tenons à signaler en passant cette tendance que nous discuterons plus tard.

unilatéral de puissance publique, décret ou arrêté, était adjoint un acte, *instrumentum*, un traité, un contrat; mais, il se rencontre des actes où le traité seul existe, d'autres cas où le traité faisant défaut, l'acte de puissance publique suffit à la concession; comment, dans le premier cas, oser affirmer qu'il y a un acte de puissance publique qui ne se présume pas? Ne se trouve-t-on pas en présence d'un seul contrat? « Certes, il y a entre ces actes du particulier et la concession, une relation, nous dit M. Pilon (1), et l'on peut dire que ces deux actes sont connexes, puisque l'efficacité de la concession est subordonnée à différentes obligations de la part du concessionnaire. Mais, malgré cette intimité, ils ne forment pas un acte juridique unique, et l'on ne peut pas dire que les concessions qui coexistent avec un acte d'obligation, dépendant en partie de l'activité du particulier, en partie de l'activité de la personne publique, sont des contrats bilatéraux d'où naissent des créances et des dettes. Il faut remarquer en effet que, si la concession est la *causa obligationis* du concessionnaire, les obligations du concessionnaire ne sont pas la cause de la concession. Celle-ci a sa *cause* dans la poursuite d'un but d'utilité publique, et l'obligation du particulier est seulement pour elle le *moyen* d'atteindre ce but. La concession ayant pour fin directe l'intérêt public, est donc un acte de puissance publique, c'est-à-dire un acte unilatéral émanant de l'administration qui déclare sa propre volonté. Dire que c'est un acte bilatéral, c'est admettre qu'un particulier peut contribuer à la constitution d'un acte de puissance publique, ce qui est inadmissible ».

Il nous est impossible d'adopter une semblable manière

(1) Pilon, *op. cit.*, p. 67.

de voir. D'abord, nous savons ce qu'il faut penser de cette distinction, admise implicitement par M. Pilon, de la distinction des actes de puissance publique et de gestion, basé sur l'intérêt public et privé; mais, même en admettant qu'elle soit exacte, en quoi la situation de contrat peut-elle faire obstacle à la notion que l'on doit avoir de puissance publique ? En premier lieu, nous avons vu que la puissance publique n'est nullement synonyme de souveraineté, de pouvoir illimité; dans les actes d'exécution, nous avons remarqué comment le pouvoir législatif liait l'administration, agissant comme puissance publique, en la contraignant d'agir dans tel ou tel sens; même dans les autorisations, nous avons insisté sur cette autre idée que la liberté de l'administration n'était pas une liberté complète, sans limites, sans restrictions, mais une liberté dominée par la notion de l'intérêt public (1). Donc, de ce côté nulle difficulté. M. Pilon d'ailleurs, adopte complètement cette idée. Il nous dit non seulement que la concession est essentiellement une *monnaie de puissance publique* (2), mais encore « que la puissance publique est liée » (3), et il va même jusqu'à ajouter que la puissance publique est liée, non par la concession, mais par le traité auquel elle est adjointe.

Faisons d'abord remarquer une anomalie. L'activtié de l'administration oscille, avons-nous dit, entre la puissance publique et la personne privée. Il y a, avons-nous encore dit, contrairement à l'opinion de M. Jacquelin, des actes de pure puissance publique et de pure personne privée;

(1) Voir la section réservée à l'étude des *Actes d'exécution.*
(2) Pilon, *op. cit.*, p. 81.
(3) *Ibid*, *op. cit.*, p. 83.

or, si l'on adopte l'opinion de M. Pilon qui affirme nettement le caractère de pure puissance publique de la concession, on verra un acte de pure puissance publique, non
seulement accompli par l'administration *à l'occasion* d'un
acte de personne privée, mais un acte de pure puissance
publique accompli par l'administration, agissant comme
personne privée, et c'est là un des points qui nous font
repousser la prétendue séparation du traité et de la concession ; car, M. Pilon ne peut admettre que le traité
qui accompagne la concession soit un traité de puissance publique, puisqu'il vient d'affirmer qu'il est inadmissible qu'un particulier concoure à un acte de puissance
publique et que, d'après lui, ce particulier y prendrait
part.

Mais, et c'est encore là une remarque capitale, nous ne
comprenons pas en quoi le fait qu'il y aurait contrat serait
attentatoire à la notion de la puissance publique. D'une
part, le particulier ne force nullement la main à l'administration ; nous venons de dire que l'administration est parfaitement libre d'accorder ou de refuser la concession, et sur
ce point, il n'y a pas de difficultés ; nous avons dit aussi
que la puissance publique est libre d'être liée, soit par la loi,
soit avec l'autorisation de la loi, par l'administration ; et
c'est précisément ce qui se produit ici. D'autre part, nous
ne voyons pas en quoi le fait qu'il y a ou qu'il n'y a pas contrat, qu'il existe un acte ou qu'il en existe deux, du moment
qu'il y a intimité si grande entre les deux actes que l'un ne
se produira pas sans l'autre, nous ne voyons pas, dis-je,
en quoi de pareilles subtilités écartent l'intervention des particuliers dans la production d'un acte de puissance publique. Tout ce que l'on peut dire, c'est qu'il est, en effet, inad-

missible qu'un particulier concoure à un acte de puissance publique en ce sens qu'il ne peut nullement entraver l'administration, auteur de ces actes, ou la provoquer à agir; ce que nous pouvons dire, et c'est l'évidence, c'est qu'il est inadmissible qu'un particulier concoure à un acte de puissance publique, puisque l'acte de puissance publique est par définition l'acte de l'administration et non de l'administré; mais ce que nous avons l'obligation d'ajouter, c'est que, si l'acte de puissance publique est un acte dans lequel la liberté est la règle, cette liberté est plus apparente que réelle, puisque puissance publique et souveraineté, nous en avons donné des exemples, ne sont, en aucune façon, des termes synonymes; ce que nous avons l'obligation d'ajouter, c'est que la puissance publique est dominée (nous ne voulons pas dire par là, encore une fois, qu'il faille y voir le critérium de la distinction) par la notion de l'intérêt public qui plane sur tout le droit administratif et que, si cet intérêt public commande le plus souvent que la puissance publique conserve son entière liberté vis-à-vis de l'administré, ce même intérêt public peut également commander qu'elle se comporte, vis-à-vis des particuliers, de telle manière que la sécurité de leurs rapports soit assurée. Au surplus, la façon de voir de M. Pilon est destructive de la notion de puissance publique en ce sens que l'activité de la puissance publique ne se manifeste pas en dehors des particuliers; prétendre que les particuliers collaborent à un acte de puissance publique parce que la puissance publique prend des engagements vis-à-vis des particuliers, moyennant que les particuliers s'engagent à leur tour vis-à-vis de l'administration, c'est ne pas faire droit à cette idée que l'activité administrative est dominée par la notion de l'intérêt public et sacrifie, à l'occasion, jusqu'à son indépendance ; mais, dira-t-on, une pareille conséquence n'est-elle pas contradictoire avec ce qui a été affirmé plus haut ? Nous avons dit, en effet (1), que nous divisions les actes administratifs en deux classes : actes de puissance publique, actes de gestion ; or, ici, en admettant que nous nous trouvions en présence d'un acte de gestion (2), que fait ici l'intrusion de la puissance publique ?

Nous tenons encore une fois à nous expliquer plus claire-ment et plus complètement. Ce que nous avons dit uniquement, c'est que nous repoussons la théorie de M. Jacquelin en ce sens que nous n'admettons pas cet auteur éminent, qu'il n'y ait pas des actes de *pure* puissance publique, de *pure* personne privée. Nous avons dit, en outre, qu'il était néces-saire pour de multiples raisons, de classer très nettement les manifestations de l'activité de l'administration et notamment pour la raison du contentieux de ces diverses manifestations d'activité ; mais nous n'avons dit que cela et notamment, au contraire, nous avons expliqué la physionomie toute spé-ciale de notre contentieux par la présence d'actes dans les-quels les deux éléments se rencontreraient (3). Mais l'un des deux éléments domine toujours. Ce que nous avons dit, c'est qu'au contentieux des actes de *pure* puissance publi-que revenait de droit le contentieux du recours pour excès de pouvoir ; au contentieux de *pure* personne privée, le con-tentieux judiciaire et enfin au contentieux de ces actes de gestion dans lesquels, bien que la situation de gestion fût incontestable, l'élément puissance publique se rencontrait

(1) V. 2ᵉ partie, chap. III, § 1ᵉʳ.
(2) V. *Suprà*.
(3) V. 2ᵉ partie, chap. III.

également avec une évidence non niable, il fallait un contentieux, qui, tout en donnant satisfaction aux droits des particuliers, respecterait la puissance publique ; c'est notre contentieux administratif de pleine juridiction. Encore une fois,
nous avons dit cela, nous avons affirmé la division bipartite
des actes de l'administration, mais nous n'avons dit que
cela.

Pour nous donc, et nous allons le montrer, la concession est un contrat, mais nous sommes ici en matière de
droit public et contre l'affirmation que nous posons, nous
trouvons deux catégories d'adversaires ; d'une part, ceux
qui nient le contrat de droit public, d'autre part ceux qui,
tout en l'admettant, voient dans la concession des motifs suffisants pour repousser en pareille question, toute
idée de convention ; voyons ces deux points successivement (1).

Et d'abord qu'entendons-nous par contrat de droit public ?
car il ne s'agit pas seulement de prouver que la concession
est un contrat ; il faut encore prouver qu'il y a des contrats
de droit public. Il y a deux manières d'envisager la notion
de contrat : ou bien l'on considère que le contrat est une
opération strictement de droit privé ; ou bien, et c'est là une
conception bien plus scientifique, car pour restreindre ainsi
une notion, il faudrait pouvoir s'appuyer sur quelque fondement, et les auteurs de la théorie restrictive ne s'appuient

(1) Bien entendu, et à supposer que nous fassions la démonstration
du caractère contractuel de la concession, il nous est impossible d'examiner chaque type de concession pour savoir s'il y a lieu ou non d'assi-
miler ces contrats aux contrats de droit privé, voire même en certains
cas, de les y faire rentrer : ce que nous nous proposons seulement de
démontrer, c'est que la concession en général, n'est pas un acte unilatéral, mais est un accord véritablement contractuel et bilatéral.

sur rien, ou envisage le contrat comme une « opération légale
intervenue entre deux ou plusieurs personnes en vue de
créer ou d'éteindre quelque obligation à la charge de l'une
ou plusieurs d'entre elles (1) ». La théorie du contrat de
droit public qui, on peut le dire, est née et s'est développée
en Allemagne, envisage l'intérêt en jeu : « La distinction
entre le droit public et le droit privé, dit Seydel (2) est celle
entre l'intérêt de tous et l'intérêt des particuliers ». Donc,
tout accord de volonté peut prendre la forme de contrat,
pourvu bien entendu que les conditions exigées par le droit
privé : liberté des consentements, capacité des parties, existence d'obligation résultant du contrat, se rencontrent en
pareille matière ; ainsi, lorsque l'Etat, passe des contrats en
matière de services publics au nom de la collectivité, et peu
nous importe qu'il soit fait mention expresse de l'intérêt

(1) Kammerer, *La fonction publique d'après la législation allemande*, Thèse, Rousseau, 1898, p. 90 et suiv.

(2) Seydel, *Baierisches Staatsrecht*, II, p. 184. C. Rehm, *Die rechtliche Natur des staatsdienstes*, p. 150. La théorie du contrat de droit
public, ignorée et pour cause, de notre ancien droit (v. cependant
Loyseau, *Des offices*, livre IV, ch. V, § 39, p. 461. Cf. Nézard, *op. cit.*,
p. 235 et suiv.) est, avons-nous dit, née en Allemagne, où elle s'est développée ; elle y jouit d'une grande faveur. V. notamment Laband; *Staatsrecht des deutschen Reiches*, t. I. Laband va même plus loin que les
autres auteurs, car, pour lui, semble-t-il, la simple existence de deux
consentements suffit pour qu'il y ait contrat, v. *op. cit.*, t. I, p. 401,
n° 1. Stengel, *Staatsrecht der Konigreichs Preussen*, dans le recueil de
Marquardsen, 2ᵉ édit., 1894, t. III. Seydel, *Baierisches Staatsrecht, op.
cit.*, t. II, p. 183 ; *Grundzüge einer allgemeinen Staatslehre*, 1873.
Staatsrecht des Konigreichs Bayern, dans le *Recueil* de Marquardsen ;
Gareis, *Allgemeine Staatsrecht*, dans le *Recueil* de Marquardsen, 1ʳᵉ édit.,
1884, I ; Gaupp, *Wurttembergisches Staatsrecht*, dans le *Recueil* de
Marquardsen, 1ʳᵉ édit.; 1884 ; Mohl, *Encyclopoedie der Staatswissenschaften*, 2ᵉ édit., Tubingen, 1872 ; Jellineck, *System der subjectiven
offentlichen Recht*, Fribourg, 1892.

de la collectivité ou que cet intérêt ressorte des faits, il y a
contrat de droit public. Et l'école allemande poussant la
théorie jusqu'à ses dernières conséquences, va encore plus
loin ; il y a contrat de droit public, non seulement dans les
cas où l'État est partie au contrat, mais même lorsque les
particuliers passent des conventions où l'ordre public est
intéressé ; ainsi les traités internationaux, la naturalisation,
l'expropriation sont des contrats; mais l'adoption, le mariage, en sont aussi ; nous ne voulons pas porter de jugement sur cette façon de voir, d'abord parce que, au point
de vue des concessions, peu nous importe que l'on adopte
ou non cette théorie, puisque dans la concession, il n'y a
pas que les particuliers en présence et parce qu'ensuite, en
France, l'on n'a pas adopté encore une telle conception
du contrat de droit public. Ce n'est pas à dire que l'on ne
reconnaisse pas l'existence du contrat de droit public;
mais on le restreint aux conventions où l'État est en jeu;
de pareils contrats sont connus sous le nom de (1) « contrats administratifs par leur nature » ou simplement de
« contrats administratifs » (2).

Le contrat de droit public chez nous, est plus connu sous
le nom de contrat de puissance publique: « L'administration ne contracte pas toujours en la même qualité, nous dit
M. Laferrière (3); tantôt elle agit pour la gestion de biens
productifs de revenus et dépendant du domaine privé de

(1) Laferrière, *La juridiction, op. cit.*, 2ᵉ édit., 1896, I, p. 588.

(2) Cazalens, *Conclusions comme commissaire du gouvernement
devant le tribunal des conflits dans l'affaire Guidet*, 27 déc. 1879,
S. 81, 3, 36.

(3) Laferrière, *op. cit.*. p. 587. Cf. Löning, *Die Haftung des Staates
aus rechtwidrigen Handlungen seiner Beamten*, 1879. *Werwaltungs-
rechts, op. et loc. cit.* Cf. Nézard, *op. cit.*, p. 240.

l'État, des départements ou des communes ; tantôt comme autorité préposée à la gestion des services publics ; tantôt enfin *comme puissance publique faisant des actes qui portent l'empreinte de cette puissance et qui ont, en même temps, un caractère contractuel ;* dans ce dernier cas seulement le contrat est administratif par sa nature (1) ; comme exemple de ces actes, M. Laferrière donne les concessions qui « concédent les facultés que le droit privé reconnaît aux citoyens ; ces sortes de contrats ne peuvent se réaliser qu'avec le concours de l'autorité publique et en vertu des pouvoirs dont elle dispose ; ils ne relèvent que du droit administratif et de la juridiction administrative ». Et, passant en revue les diverses concessions (2), M. Laferrière montre comment il y a contrat d'une part, puisque l'inexécution d'une obligation, par l'une des parties, délie l'autre partie et montre, d'autre part, comment l'acte étant fait dans un intérêt public, le contrat est un contrat de droit public.

Que faut-il penser de cette théorie ?

On ne saurait voir dans la concession, affirment certains auteurs, pas plus dans la concession que dans d'autres manifestations juridiques, des contrats de droit public, pour la raison excellente qu'il n'y a pas de contrats de droit public (3). Si en effet, dit-on, on passe successivement en revue les divers actes imprudemment qualifiés de contrats de droit public, on voit que tous les éléments du contrat font défaut : d'abord, dit-on, le premier élément, indispensable à la formation du contrat est la liberté des contractants ; or, dit-

(1) Laferrière, p. 588.
(2) *Ibid*, p. 604 et suiv.
(3) M. Larnaude *à son cours*, cité par M. Nézard, *op. cit.*, p. 253.

on, dans le prétendu contrat de droit public, le contractant
n'est pas libre ; qu'il s'agisse du concessionnaire, dans le
contrat de concession, qu'il s'agisse du fonctionnaire, dans
le contrat de fonction publique, le premier, comme le second, est *astreint* « à faire ce qu'il ne voudrait pas faire
volontairement » ; « on ne peut pas dire, ajoute M. Nézard (1) qu'un rapport soit engendré par un acte qui est à
la fois un ordre et un contrat ainsi que le prétend M. Duguit (2), car ces deux notions sont contradictoires, le
contrat suppose la liberté, l'ordre exclut cette liberté. »
Il faut croire que cette raison a frappé certains esprits,
car d'aucuns, notamment Schulze (3), arrivés aux applications, ont reculé devant les conséquences des principes
posés.

Pour nous, nous ne saurions, d'aucune façon, adopter une
pareille manière de voir, et nous affirmons que le premier
élément, la liberté des consentements, existe pleinement.
A quel moment, en effet, doit s'apprécier la liberté ? Elle
doit s'apprécier au moment où l'acte est passé ; or, à cet
instant, quelle contrainte pèse sur le concessionnaire ?
Aucune. Parlant du contrat de fonction publique, M. Kammerer dit avec raison : « Le consentement des citoyens à
devenir fonctionnaires est pleinement libre, attendu qu'ils
n'ont pas d'autres obligations que celles qui sont inscrites
dans la loi ; or, il n'y a pas de texte qui ordonne de devenir
fonctionnaire. Par suite, le rapport ne peut se former que
par accord de volonté ; l'Etat accepte comme fonctionnaire

(1) Nézard, *op. cit.*, p. 253.

(2) Duguit, *Les fonctions juridiques de l'Etat moderne* (*Revue internationale de sociologie*, mars 1894, p. 187).

(3) Schulze, *op. cit.*, *Introduction*, p. 205, n. 1.

une personne qui consent à le devenir. » Faisant application
à la concession de ce que M. Kammerer dit de la fonction
publique, nous disons, nous aussi : où est le texte qui
contraint le citoyen administré à devenir concessionnaire ?
Il n'y en a pas ; lorsque le concessionnaire contracte, il est
entièrement, il est de tous points libre. Sans nul doute,
lorsque le contrat sera passé, il en sera différemment ;
mais que l'obligation résulte de la loi, ou de l'accord
des volontés, l'administré est destiné, quand il assume
librement une obligation, à voir cette liberté restreinte ;
qu'est-ce en effet que l'obligation, sinon un lien de droit,
vinculum juris ? Et qui donc aura l'idée de nier qu'il y a
contrat, parce que, du jour où le contractant s'est asservi
librement à une obligation, il peut arguer de l'absence
de liberté ? Encore une fois, toute l'erreur vient de ce
que la liberté n'est pas appréciée au moment où elle doit
l'être.

Aussi, frappés par ces considérations, nos adversaires
n'insistent pas ; mais c'est sur le second point que portent
tous leurs efforts ; il n'y a pas de contrats de droit public,
disent-ils, non pas parce que les parties ne sont pas libres,
mais parce qu'elles n'ont pas, ou tout au moins l'une d'entre
elles, l'Etat, lorsque c'est l'Etat qui passe le prétendu contrat, la capacité de contracter.

Pour passer un contrat, dit-on, il faut la personnalité
juridique. Or, la puissance publique est-elle une personne ?
Et d'abord avant de poser cette question, faisons une réserve :
c'est bien l'Etat qui contracte dans la concession, mais ce
n'est pas l'Etat puissance publique ; sans nul doute, il y a
de la puissance publique dans l'acte passé ; mais c'est plutôt l'Etat personne civile ; ici, nous allons faire une remarque

que nous retrouverons plus tard encore ; on a une tendance trop grande à faire du rôle de l'Etat un rôle de puissance publique ; non seulement dans l'intérêt de l'individu, ce rôle doit être réduit au minimum, mais encore cette puissance qu'est l'Etat, n'est pas toujours la puissance publique : pour qu'il y ait puissance publique à proprement parler, il faut qu'il y ait commandement ou défense, ordre ou prohibition ; malheureuscment, l'Etat apparaît toujours avec une apparence de force et de grandeur qui fait confondre sa puissance avec la puissance publique ; de plus, il est une tendance trop répandue encore et d'après laquelle on envisage comme impossible que l'Etat, parce qu'il se dresse nanti de droits souverains vis-à-vis des particuliers, puisse, faisant oublier pour un instant les rapports de subordination et d'autorité dans lesquels il se tient vis-à-vis des particuliers, se rencontrer avec eux dans des rapports d'égalité ; c'est une très grave erreur de penser que l'égalité des contractants est une condition de validité de contrats (1). « Quand un entrepreneur s'engage vis-à-vis de l'Etat à construire une caserne ou à creuser un port, dit avec raison M. Kammerer (2), il s'oblige légalement à remplir son engagement, et une fois qu'il l'a rempli, l'Etat s'oblige au même titre à effectuer la contre-prestation promise. Il y a en un mot contrat en bonne et due forme dont l'Etat ne peut se dégager sous prétexte de ses droits souverains, ce qui prouve qu'il peut fort bien s'engager vis-à-vis de ses sujets. S'il le peut pour un contrat ordinaire, pourquoi ne le pourrait-il pas pour le contrat de service public ? Une

(1) Seydel. *Baier. Staatsrecht*, II, p. 183.
(2) Kammerer, *op. cit.*, p. 91.

personne qui est *dans la dépendance d'une autre peut parfaitement contracter avec elle, pourvu que sa liberté* (1), par
rapport au contrat en vue, soit pleinement respectée. Un
fils qui est jusqu'à vingt-cinq ans dans la dépendance de
son père, au point de vue matrimonial, peut fort bien contracter avec lui à tout autre point de vue, dès qu'il est
devenu capable de s'engager vis-à-vis des tiers par la majorité.

S'il n'en était pas ainsi, beaucoup de contrats seraient inexplicables. En réalité, ce qui importe, ce n'est pas l'égalité
des contractants, mais leur liberté ; il ne faut pas confondre
ces deux notions » (2).

Maintenant que nous avons fait cette remarque préliminaire et nécessaire, qui pourrait nous dispenser de la controverse, dans laquelle nous tenons cependant à entrer pour
ceux qui ne seraient pas convaincus de la force de cette remarque, demandons-nous si la puissance publique est une
personne juridique ?

Supposons donc que la concession soit exclusivement
l'œuvre de la puissance publique : la puissance publique
est-elle une personne juridique ? Nous répondrons : incontestablement oui, par des raisons de droit et par des raisons
de fait ; par des raisons de droit : il y a sans nul conteste
des droits de puissance publique (3) et le mot person-

---

(1) Nous venons de démontrer amplement, croyons-nous, que la
liberté des contractants et tout spécialement du concessionnaire, car
pour l'être public, la question fait beaucoup moins de doute, est pleinement respectée.

(2) Seydel, *Baier. Staatsrecht*, II, p. 183.

(3) Hauriou, *op. cit.*, p. 529 et suiv., p. 555 et suiv., p. 556 et suiv.,
p. 613 et suiv.

nalité désigne l'aptitude à être sujet de droits : lors donc qu'il y a des droits, il faut une personne pour les supporter ; cette personne, c'est l'Etat, ce ne peut être que lui, puisque c'est en son nom qu'ils sont mis en mouvement.

Or, ce sujet de droit ne peut-être un sujet de droit privé, car les prérogatives sont en dehors du droit commun ; il s'agit donc ici de l'Etat et de l'Etat puissance publique (1); la puissance publique, ajouterons-nous, est une personne juridique et cela pour des raisons de fait, de protection de l'individu : « Cette protection, dit M. Jacquelin (2), est nécessaire, car le droit n'a de prise que sur les personnes ; on ne peut donc soumettre la puissance publique à la réglementation, même législative, à un contrôle juridique, qu'en la personnifiant ».

Et si nous regardons les faits, ne sommes-nous pas forcé de reconnaître que nous avons vu la puissance publique soumise à un contentieux, spécial il est vrai, mais à un contentieux véritable cependant ; et c'est de la puissance publique que nous avons vu les actes annulés ou quelquefois, par exception, réformés ; or si la puissance publique n'était pas une personne, comment de telles choses eussent-elles pu se produire ? Que la puissance publique ne soit pas personnifiée toute entière (3), qu'elle échappe

____

(1) Hauriou dans Béquet, *Droit administratif*, n° 17. Michoud, *De la responsabilité de l'Etat pour les fautes de ses agents (Revue du droit public et de la science politique*, 1895, II, 2).

(2) Jacquelin, *Une conception d'ensemble, op. cit.*, p. 16.

(3) M. Hauriou déclare (*op. cit.*, n° 29) que « la puissance publique n'est pas personnifiée tout entière, car elle a des degrés ; mais elle l'est en majeure partie, à l'exception de ses manifestations les plus hautes ».

par certains côtés aux conséquences de la personnifi-
cation, ce sont là des conséquences incontestables,
mais qui n'infirment nullement l'ensemble de notre
théorie.

Enfin, objecte-t-on, la troisième condition pour qu'il y ait
contrat, c'est qu'il y ait des obligations et des devoirs réciproques ; c'est qu'il y ait un objet licite ; et ici cet objet fait
complétement défaut. « Qu'est-ce en effet, nous dit M. Nézard (1) que l'objet d'un contrat? C'est l'obligation d'effectuer
une certaine prestation, obligation qui correspond au droit
de l'autre partie d'exiger cette prestation. Or, dans notre
hypothèse, c'est l'Etat puissance publique, l'Etat souverain,
c'est-à-dire celui dont le caractère essentiel est d'avoir le
droit de commander aux citoyens (2) qui a un pouvoir de
coercition supérieur à tous (3) et une volonté qui ne peut être
obligée que par elle-même. L'obligation de la jouissance
publique ne dure donc qu'autant que persiste sa volonté ; si
elle obéit à sa propre décision, c'est volontairement et non
en vue d'une obligation juridique qui lui est imposée par une
puissance étrangère : « La souveraineté, dit Jellinek, est la

(1) Nézard, *op. cit.*, p. 258 et suiv.

(2) Borel, *La souveraineté et l'Etat fédératif,* p. 47. Austin, *Lectures
ou jurisprudence,* I, p. 259 et suiv. Bodin, *De la République*, I, 1.
Jellinek, *Staatenverbindungen,* Vienne, 1882, p. 31. « L'Etat apparaît
comme émettant des ordres absolument obligatoires, qui dans leur
ensemble, posent les règles juridiques des individus entre eux et avec
l'Etat lui-même. *Imperare* est l'exercice des fonctions de l'Etat eu
ce qui concerne les sujets. » Cf. Nézard, *op. cit.*, p. 258, note 1 et
suiv.

(3) Grotius, *Du droit de la guerre et de la paix*, liv. 1, ch. III. « La
puissance souveraine est celle dont les actes sont indépendants de tout
autre pouvoir supérieur, en sorte qu'ils ne peuvent être annulés par
aucune autre volonté humaine. » Cf. Nézard, *op.* et *loc. cit.*

qualité d'un Etat en vertu de laquelle il ne peut être obligé
que par sa propre volonté » (1).

Et d'abord, il nous faut rappeler ce que nous avons dit
tout à l'heure. Le mirage exercé par l'Etat souverain est
tel que malgré soi, l'on est hanté par cette idée que l'Etat ne
saurait se présenter autrement. M. Nézard commence par
poser en principe que dans les contrats, ou dans les pré-
tendus contrats de droit public, l'Etat se présente toujours
comme puissance publique : mais c'est précisément ce
qu'il faudrait démontrer ; et pour peu que l'on regarde
les présomptions qui pourraient militer en faveur de telle ou
telle opinion, l'on est frappé par cette considération que la
puissance publique, à supposer qu'elle existe, n'existe que
faiblement. Quel est en effet le critérium de la puissance
publique? Ordonner ou défendre, commander ou prohiber.
Et précisément, dans les contrats, l'Etat ne commande ni
ne défend, n'ordonne ni ne prohibe : précisément à regarder
les faits positifs, l'Etat, ici, se ravale au rang des particuliers.

C'est impossible, dit M. Nézard : la souveraineté ne peut
tolérer un pareil état de choses. Nous ne saurions être de
cet avis. Au surplus, il y a beau temps déjà, et notre contradicteur le reconnaît, que la conception de Rousseau et de
son école est abandonnée (2).

(1) Jellinek, *op. cit.*, p. 34, Hobbes, *De cive,* ch. II. « L'Etat ne peut
pas s'obliger lui-même, ni envers aucune autre particulier. » Rousseau :
« Il est contre la nature du corps politique que le souverain s'impose
une loi qu'il ne puisse enfreindre. » *Contrat social,* liv. I, ch. VII et plus
loin, parlant de la souveraineté, *Contrat social,* liv. I, ch. VII : « La
limiter, c'est la détruire. »

(2) Nézard, *op. cit.*, p. 259 : « Cette solution, dit-il (la puissance absolue
et sans bornes de l'Etat), est manifestement fausse ».

Rousseau (1) d'ailleurs, concevait lui-même des limites à la souveraineté. En second lieu, on ne peut pas dire que la souveraineté soit tout à fait la même chose que la puissance publique. La puissance publique, si nous osons ainsi parler, c'est sans nul doute la souveraineté, en ce sens que, comme elle, elle participe de son caractère d'autorité, mais c'est la souveraineté introduite dans le domaine administratif, domi-minée par la grande et puissante notion de l'intérêt public, heurtée et limitée par le droit individuel, et susceptible par conséquent, d'autolimitation ou de limitation venant de l'extérieur. Et de fait, n'avons-nous pas vu des actes qui sont notoirement des actes de puissance publique dans la forme et surtout, ce qui est plus important, car ce premier caractère ne saurait guère nous toucher, actes de puissance publique quant au fond, accomplis *obligatoirement* par la puissance publique parce que le droit individuel les y con-traignait. Donc, nous reprochons à l'argumentation de M. Nézard deux choses : d'une part, d'avoir posé en prin-cipe précisément ce qu'il aurait fallu commencer par démon-trer, et en second lieu, d'avoir poussé jusque dans ses der-niers retranchements une conception peut-être exagérée de la souveraineté.

Enfin, dit notre contradicteur, il n'y a pas toujours création de droits : « Quand la partie qui sera entrée en relations avec l'État n'aura pas une action directe

(1) Rousseau, *Contrat social,* livre III, ch. XVI. Dans le même sens, Jellinek, *Staatenverbindungen,* p. 33. « La vraie notion de la puissance publique est donnée par Bluntschli, quand il nous dit que : « L'Etat est lui-même limité à l'extérieur par les droits des autres Etats et à l'in-térieur par sa propre nature et par les droits de ses membres, des individus qui le composent ». *Die Lehre vom modernen Staat,* I, p. 653.

contre la puissance publique, il n'y aura pas de droits,
parce que, seuls les intérêts juridiquement protégés par
une action à la disposition des sujets sont des droits, et
une convention qui ne crée pas des droits n'est pas un contrat. « Or, il en est généralement ainsi, car dit Von Rönne (1)
« la voie de droit (*der Rechtweg*) n'est pas ouverte contre
l'Etat puissance publique ». Encore une fois, ceci est
résoudre la question par la question et c'est supposer toujours que c'est la puissance publique pure qui agit, au lieu
que, pour avoir une solution exacte il faudrait descendre
dans le domaine des faits, or, dans le domaine des faits,
c'est précisément le contraire qui se produit et nous voyons
l'État rappelé au souvenir, *par le droit*, des obligations qu'il
a librement assumées ; que l'on parcoure les règles édictées
en matière de concessions de chemins de fer, de concessions de travaux publics, de concessions de cimetières,
on sera fatalement amené à conclure qu'il y a des obligations pour le concédant et des droits pour le concessionnaire.

Ainsi donc, nous croyons avoir prouvé (2), quoique ayant

(1) Von Rönne, *Das Staatsrecht der Preussischen Monarchie*, 4ᵉ édit.,
Berlin, 1883, t. III, p. 485.

(2) Nous avons dit qu'il ne rentrait pas dans le cadre de cette étude
de rechercher, en présence d'un contrat de concession, si ce contrat se
rangeait dans une catégorie donnée de contrats ou tout au moins pouvait
être assimilée à un type commun et classé de convention ; nous avons
ajouté que nous n'avions pas non plus l'intention de rechercher, ce qui
est une conséquence de la première idée, quelle était la nature du droit
du concessionnaire.

Cependant, il nous faut dissiper une équivoque possible.

Les biens du domaine public (et c'est en cette matière que se rencontrent la plupart des concessions) ne peuvent pas être l'objet d'une
expropriation privée ; c'est là un principe incontestable. (V. Trib.

procédé d'une manière négative, par l'exposé et la réfutation
des objections générales présentées contre l'existence des
contrats de droit public, d'une part, que ces contrats existaient et, d'autre part, que les concessions, les actes que
nous avons nommés concessions, présentaient toutes les
apparences des contrats, en ce sens que nous nous
trouvions en présence de deux volontés libres, capables,
assumant l'une envers l'autre des obligations, en un mot
que les trois conditions requises pour l'existence des con-

Caen, 7 février 1893, *Gaz. Pal.*, 93, 2, 273; Batbie, t. V, n° 322 ;
Guillouard, *Des privilèges et hypothèques*, t. II, n° 649 ; Baudry-Lacantinerie et de Loynes, *Des privilèges et hypothèques*, t. II, n° 910 ; Laurent, t. VI, n°ˢ 29 à 31, etc.) ; ils ne sauraient donc faire l'objet d'une
vente ; mais si les biens du domaine public ne peuvent davantage faire
l'objet de droits personnels, d'un contrat de louage, par exemple, les
deux grandes classes de contrats dans lesquelles pourraient rentrer les
concessions étant écartées, il y aurait, peut-on croire, une présomption
de plus en faveur de ceux qui combattent la théorie de la concession
contrat ; nous nous empressons de dire, sans vouloir bien entendu entrer
dans des détails et surtout sans affirmer que le louage et la concession
ne sont qu'une seule et même chose, ce qui serait contraire à notre
pensée, que les biens du domaine public peuvent faire l'objet d'un contrat de louage, sans nul doute d'une manière exceptionnelle, puisque par
hypothèse, le bailleur s'engage à assurer au preneur la jouissance de la
chose et à le garantir contre tout trouble, puisque par hypothèse aussi,
le preneur prend, de son côté, l'engagement de jouir de la chose, conformément à sa destination et que la destination des biens du domaine
public est que ces biens demeurent affectés à la jouissance commune ;
néanmoins, il n'y a, au bail, aucune impossibilité juridique, pourvu que la
jouissance s'exerce d'une manière conforme à l'intérêt public ; et c'est
en ce sens que les auteurs se sont décidés et que la jurisprudence s'est
formée (V. Pont, Répertoire de Dalloz, *Enregistrement*, n° 3089. Duvergier, t. XVIII, n° 77 ; Toullier, t. III, n° 35. Aubry et Rau, t. IV, n° 467.
Laurent, t. XXV, n° 64. Guillouard, du Louage, t. I, n° 67 ; Perriquet,
n° 223. Cf. Regray, *op. cit.*, p. 86 et suiv. V. Cass. Crim., 18 sept. 1828.
Dalloz, *Jurisprudence générale*, v. *Commune*, n° 693 ; 3o avril 1863,
ville de Boulogne, D. 63, 3, 64).

trats, liberté, capacité, objet, étaient ici réunies. Aussi
bien, nous n'avons pas longuement insisté sur la troisième
de ces trois conditions, parce que personne ne songe à nier
que ces droits et que ces obligations réciproques existent.
Et c'est sans nul doute ce qui a fait affirmer qu'à côté de
l'acte de puissance publique, il y avait un contrat, un traité,
mais que les deux actes, bien que connexes, n'étaient pas
intimes ; c'est ce que nous dit M. Pilon (1) dans un passage
que nous avons déjà cité : « Il faut remarquer, en effet, dit-il,
que si la concession est la *causa obligationis* du concessionnaire, les obligations du concessionnaire ne sont pas la
cause de la concession. Celle-ci a sa cause dans la poursuite d'un but d'utilité publique, et l'obligation du particulier est seulement pour elle le *moyen* d'atteindre ce but. La
concession, ayant pour fin directe l'intérêt public, est donc
un acte de puissance publique, c'est-à-dire un acte unilatéral émanant de l'administration qui déclare sa propre volonté.
Dire que c'est un acte bilatéral, c'est admettre qu'un particulier peut contribuer à la constitution d'un acte de puissance publique, ce qui est inadmissible ».

Nous avons déjà, plus haut, fait nos réserves sur ces affirmations ; à d'autres points de vue, nous ne saurions être du
même avis que l'auteur du passage précité ; mais nous
sommes convaincu, non seulement que la concession est un
contrat, mais de plus un contrat bilatéral ; sans nul doute,
et c'est là l'origine de la confusion, la notion de l'intérêt
public plane sur tout le droit administratif ; mais nous
croyons qu'ici cet intérêt public est *le motif*, les prestations
de l'autre contractant sont *la cause* de la convention. La
preuve en est, non seulement dans ce fait que, toujours, il

(1) Pilon, *op. cit.*, p. 67.

y a de part et d'autre des obligations et des droits, que des
prestations sont exigées des deux parties, mais encore que
l'inexécution des conditions entraîne la résiliation du contrat. Nous sommes de ceux qui pensent que dans les contrats bilatéraux, seule l'inexécution des conditions entraîne
la résiliation du contrat ; s'il n'y avait pas contrat synallagmatique, il n'y aurait pas déchéance (1) ; peu nous importe

(1) « La résiliation, par suite de la déchéance, est la pénalité normale. » (V. Christophle et Auger, *op. cit.*, t. II, p. 38, v. arrêt Conseil
d'Etat, 15 juillet 1881, *Syndic de la faillite de la Compagnie d'Orléans
à Rouen*, Lebon, p. 701 et 11 janvier 1884, *Level* contre *département
du Pas-de-Calais*, Lebon, p. 39 et les conclusions de M. Gomel, commissaire du Gouvernement; v. art. 39, *Cahier des charges modèle des
Compagnies de chemins de fer*). Mais ceci n'a rien d'étonnant ; ce qui
prouve l'existence des obligations et des droits, non seulement du concédant, mais du concessionnaire, c'est que, au cas d'inexécution des obligations du concédant, le concessionnaire est admis à demander la résiliation du contrat. Ainsi, lorsqu'un entrepreneur s'est engagé à construire une église et que la commune ne le met en demeure de commencer ses travaux qu'après un délai de neuf ans, sans qu'il soit allégué
que ce retard puisse être imputé à l'entrepreneur, celui-ci est fondé à
soutenir que les conditions dans lesquelles il s'était engagé, ont été
complètement modifiées, et à demander, en conséquence, la résiliation
de son engagement (*Monge*) du 24 nov. 1876, Cons. d'Etat, D. 78, 5
460 (n° 33). V. même solution admise implicitement (*Chemins de fer de
l'Hérault* contre *département de l'Hérault*, 1er juillet 1881, D. 83, 3, 4).
M. Picard, *Traité des chemins de fer* (t. II, p. 628) dont le nom fait
autorité en la matière admet qu'une compagnie peut faire prononcer la résiliation de la concession contre l'administration pour inexécution des promesses de l'administration. Aussi bien, croyons-nous, avec
MM. Christophle et Auger, que « les concessions de travaux publics sont
des contrats synallagmatiques ou bilatéraux, parce qu'on y trouve deux
parties contractantes s'engageant réciproquement l'une envers l'autre
(art. 1102 civ.) ; d'une part, le concessionnaire qui contracte l'obligation
d'exécuter les travaux, d'autre part, l'administration qui s'oblige, soit
au paiement d'une subvention, soit à laisser percevoir les taxes de péage
ou de transport, soit enfin à l'achat des terrains ou à l'exécution de

que cette résiliation soit connue sous le nom de déchéance, peu nous importe qu'elle le soit sous une appellation plus juridique ; le fait seul nous intéresse et nous le retenons. Mais alors, nous dira-t-on, dans quelle situation bizarre une pareille théorie ne va-t-elle pas nous jeter ? Vous allez faire, peut-on nous objecter, dépendre un acte de puissance publique de la volonté des particuliers. Nous avons réponse à l'objection ; d'une part nous avons dit que la puissance publique peut se lier elle-même et en fait dans un contrat, c'est la volonté du contractant (1) et non de l'autre contractant qui forme l'engagement ; mais de plus, dans l'autre théorie, à quels résultats plus extraordinaires encore ne va-t-on pas arriver : nous allons nous trouver en présence de deux actes connexes, mais *non intimes*, à en croire nos contradicteurs, si peu intimes cependant qu'ils vont être étroitement liés l'un à l'autre, liés à tel point que *l'un ne va pas pouvoir se produire sans l'autre*, bien plus, que de l'aveu de tous, l'un est le *prix* de

certains travaux. » Et nous croyons que cette formule doit être généralisée d'autant plus que c'est précisément le plus souvent pour les travaux publics que les controverses s'engagent.

(1) Nous rappelons que pour nous, la théorie qui, en matière de contrat, nous apparaît comme la seule véritable, est celle d'après laquelle la volonté seule forme le contrat, mais en somme que la théorie adoptée soit celle-ci (v. une bibliographie très complète dans le livre d'O. Bülow, p. 106 et suiv.) ou la théorie de la volonté déclarée, *das Gestandnissrecht* « de la déclaration d'engagement » ou tout autre, peu nous importe ; ce que nous retenons en tous cas, c'est que la volonté d'un des contractants engage ce contractant, que cette volonté soit purement intérieure ou manifestée, en tous cas que la volonté de l'autre contractant ne joue, à ce point de vue, aucun rôle. Sur cette question v. Raymond Saleilles, *Essai d'une théorie de l'obligation,* d'après le projet de Code civil allemand, Paris 1890. René Worms, *De la volonté unilatérale considérée comme source d'obligations,* Paris 1901 (Thèse), etc.

l'autre ; mais ce n'est pas tout : nous allons avoir deux actes reliés par une dépendance si grande, encore une fois, que l'un est la conséquence de l'autre, nous allons, dis-je, avoir deux actes accomplis par une personnne en deux qualités différentes : le premier acte va être passé par une personne morale ou civile, peu importe ; le second va être l'œuvre de la puissance publique ; ce second acte va être un acte de *pure puissance publique* ; or, nous avons vu et dit que si l'acte de puissance publique est un acte qui n'est pas absolument libre, cependant, lorsqu'aucun texte de loi n'intervient, il doit pouvoir, au cas où l'intérêt public le commande, être retiré si l'administration, juge de cet intérêt public, estime qu'un pareil retrait est indispensable ; il semble donc que pareille chose devra se produire ici ; il n'en sera rien ; ce second acte de pure puissance publique est dans une si étroite dépendance vis à vis du premier et par le premier qu'il est irrévocable du fait de ce premier acte ; mais n'y a-t-il pas (et ne vaudrait-il pas mieux le dire dans ce cas là) qu'une seule et même manifestation d'activité juridique, un véritable accord contractuel, dans lesquels, sans nul doute et eu égard a la situation prépondérante de l'un des contractants, il y a des parcelles de puissance publique, mais où on ne saurait voir ici un acte double et dans une dépendance entière l'un de l'autre (1). Et il y a si peu deux actes que souvent les droits et les obligations ne naîtront que dès l'instant où l'administration donnera la concession (2), que dès la production du second de ces actes (3).

(1) Pilon, *op.* et *loc. cit.*
(2) Raneletti, *op. cit.,* § III, n° 23 et suiv.
(3) La jurisprudence d'ailleurs, tend à admettre l'indivisibilité absolue

A côté des objections générales, on nous fait encore deux objections de détail auxquelles il nous faut répondre. D'une part, dit-on, pour peu que l'on regarde la forme de beaucoup de concessions, on est frappé par cette considération que cette forme est essentiellement celle des actes de puissance publique, arrêté ou décret (1), forme unilatérale et qui ne peut que nous faire repousser la théorie du contrat (2). Nous protestons contre cette manière de voir ; sans

de la concession : dans une question un peu différente, il est vrai, nous relevons le considérant suivant, qui contredit, en termes absolus, la théorie de M. Pilon : « Considérant, dit cet arrêt,... qu'il est impossible de décomposer un contrat de concession en autant de parties qu'il comprend de clauses distinctes, pour appliquer à chacune des dites clauses les principes qui lui seraient propres si elles existaient isolément, etc. ». 6 avril, *ville de Montfort l'Amaury* contre *Société des eaux*, Lebon, 1900, art. 272. A plus forte raison, croyons-nous, il est inadmissible de décider que les principes de droit public et de droit privé qui, sans être en opposition complète, sont cependant différents, seront applicables pour deux parties *du même acte*, et nous répétons qu'il est d'évidence, vu leur relation étroite et leur dépendance complète, que ces deux parties ne font pas deux actes, mais ne sont qu'une seule et même manifestation d'activité juridique.

(1) Schulze, *op. cit.*, I, § 129, p. 321 (*Application au contrat de fonction publique*), *Pr. staatsrecht*, I, § 99, p. 308. Zorn, *op. cit.*, I, p. 305-307. Rönne, *op. cit.*, III, p. 406, etc.

(2) Ainsi la concession de cimetière, qui résulte purement et simplement d'un arrêté du maire, a toujours été considéré comme un contrat, v. not. Cass., 9 juin 1898 (S. 1902, 1, 134); v. Cass. 12 février 1901 (S. 1901, 1, 233) et la note d'où nous détachons ce qui suit : « La deuxième objection s'appuie sur la forme de la concession habituellement conférée par un arrêté du maire, comme s'il s'agissait d'une permission administrative et non d'un contrat commutatif.

Bien que cet argument fasse impression sur d'excellents esprits, nous avouons avoir peine à y attacher beaucoup d'importance. En réalité, on fait état d'une pratique administrative qui pourrait être vicieuse sans que, pour cela, les effets légaux de la concession dussent être modifiés. Il ne faut pas perdre de vue que cette concession est une création légis-

nul doute, la forme des actes a une certaine importance :
mais ce qu'on doit considérer, c'est beaucoup moins la forme
que la nature intrinsèque de ces manifestations d'activité ;
trois choses sont exigées pour les contrats : la liberté des
consentements, la capacité des contractants, l'objet. Nous
avons, croyons-nous, prouvé que ces trois éléments se
rencontraient, peu nous importe le reste ; au surplus, un
contrat, pour exister, n'a pas besoin d'être écrit ; rien ne
s'oppose à ce qu'il soit formé sans consentement exprès
dès l'instant que le consentement tacite est certain : « Rien
ne s'oppose, à plus forte raison, à ce que le contrat se
forme par un acte unilatéral d'une des parties, pourvu que
l'autre soit consentante (1) ».

C'est encore par une autre erreur que l'on croit à l'in-
existence du contrat, parce que, dans beaucoup de concessions, il y a un cahier des charges fixe (2) auquel les
parties se réfèrent ; c'est donc, dit-on, que les conditions
ne sont pas débattues ; c'est donc qu'il n'y a qu'une règle
uniforme qui s'applique à tous les concessionnaires, tout au
moins de la même catégorie ; cette règle uniforme n'est pas
créée par le contrat.

lative, et que les communes sont liées par le régime légal des cimetières.
Quand une concession intervient, les droits du bénéficiaire doivent être
fixés par la loi elle-même, et il n'appartient pas au représentant de la
commune d'en dénaturer le caractère. *Malgré la forme unilatérale de
l'arrêté de concession, il semble impossible de contester qu'il y ait
formation d'un contrat,* puisque celle-ci reçoit un émolument et que
tout au moins elle contracte une obligation de faire jouir. *Nous croyons
donc qu'il n'y a pas lieu de s'arrêter aux apparences,* et que le droit
du concessionnaire doit être envisagé indépendamment des formules qui
en constatent l'établissement. »

(1) Kammerer, *op. cit.*, p. 93.
(2) Raneletti, *op.* et *loc. cit.*

Encore une fois, une pareille affirmation nous paraît manifestement inexacte, un contrat fixé par avance « stéréotypé » (1) ne cesse pas, pour cela, d'être un contrat. Comme l'a dit Laband (2), le fait de jeter une lettre affranchie à la boîte constitue un contrat passé avec l'Etat, et cependant, il ne dépend de personne d'en changer la nature : on peut simplement l'accepter ou le refuser ; c'est comme si l'Etat déclarait ne traiter qu'à telles conditions et pas à d'autres. Il y a, d'ailleurs, dans la vie courante, bien des contrats fixés d'avance, une fois pour toutes ; tout transport par chemin de fer, voiture ou bateau, tout dépôt dans une Caisse d'épargne est de ce genre.

Au surplus, il est facile de concevoir des cas où la concession est librement débattue entre le concessionnaire et le concédant.

Nous croyons avoir exposé les objections, tout au moins les principales qui ont pu faire rejeter la conception du contrat appliqué à la concession : quant à savoir la nature exacte de chaque concession, c'est là une œuvre qui ne rentre point dans le cadre de cette étude ; nous avons envisagé la question de plus haut, nous contentant d'affirmer la possibilité, pour l'Etat, d'être réduit au rang des simples particuliers.

Ainsi donc, nous avons vu tour à tour l'administration dans ses rapports avec l'administré, tantôt investie d'un pouvoir très large, tantôt liée par la souveraineté, tantôt engagée par sa propre volonté : nous avons vu successivement l'administré désarmé vis-à-vis de cette administration, ou nanti de certains pouvoirs, insuffisants,

(1) Kammerer, *op.* et *loc. cit.*
(2) Laband, t. I, p. 399 et 401.

il est vrai, eu égard à ses droits, et enfin sur un pied d'égalité complète vis-à-vis de cette administration ; mais toujours nous avons retrouvé cette notion dont le développement, dans notre droit positif, est seule capable d'assurer le bonheur de l'administré : *le souci de l'intérêt général;* car, encore une fois, il est une chose, entre toutes, que nous ne devons point oublier; l'Administration est faite, non pour l'Administration, mais pour l'Administré.

TABLE DES MATIÈRES

A. PÉDONE, IMPRIMEUR-ÉDITEUR, PARIS

9 782019 268688